掘金新三板之股权兵法

National Equities Exchange and Quotations

主　编／陈　影
副主编／邵雷雷　蔡春雷

法律出版社
LAW PRESS · CHINA

编辑委员会

前　言

全国中小企业股份转让系统有限责任公司是在2013年1月16日正式挂牌运行的,这是全国场外市场从试点走向规范性运行的重要转折点。自此以后,新三板的学名就从“中关村股份转让试点”变更为“全国中小企业股份转让系统”。2013年12月14日,国务院发布《关于全国中小企业股份转让系统有关问题的决定》,标志着凡是在境内注册的、符合挂牌条件的股份公司,均可以经过主办券商推荐申请在全国中小企业股份转让系统挂牌公开转让,不再受到高新园区的限制,也不限于高新技术企业,新三板正式扩容至全国;2013年12月30日,全国中小企业股份转让系统配套修订、制定和发布了14项业务制度。自此,全国中小企业股份转让系统市场制度框架体系基本形成,面向全国接受企业挂牌申请工作同步启动。

全国中小企业股份转让系统在场所性质和法律定位上是与证券交易所相同的,都是多层次资本市场体系的重要组成部分。当然,两者也有不同之处,全国中小企业股份转让系统主要定位于为创新型、创业型、成长型中小微企业发展服务;在准入条件上,不设财务门槛,不要求企业盈利,只要股权结构清晰、经营合法合规、治理机制健全、业务明确的股份公司均可以在新三板挂牌;在投资者问题上,全国中小企业股份转让系统将是一个以机构投资者为主的市场,个人投资者也必须在账户上至少有500万元,才可以进行交易。

目前,新三板的发展如火如荼,截至2015年11月,已经有超过4000家企业成功挂牌。基于上述情况,新三板已经成为广大中小微企业以及投资者密切关注的焦点。于是,什么样的企业能够挂牌新三板、拟挂牌的企业如何进行股改以及这些企业有哪些法律上的障碍等都成为中小微企业和投资者迫切想要了解的事情。本书主要站在律师的角度，详细分析和阐述在新三板挂牌过程中，企业所面临的股权和出资方面的法律问题。

本书共分为两个部分，各个部分内容如下：

第一部分为“股东出资与股权的法律问题以及解决方案”。

本部分共分为三个章节：第一章主要探讨新三板企业的股东在出资时的一些法律瑕疵以及解决方案；第二章主要探讨新三板企业的股权是否明晰，包括常见的代持股、股权质押等法律问题；第三章主要探讨股权转让方面的法律瑕疵与解决方案，包括国有股权的转让、股权继承等。本部分是本书的最重要的一个部分，主要为读者介绍了新三板企业在股东出资和股权方面的法律问题，并用大量的挂牌企业案例进行详细的解读。本部分的案例尽可能地涵盖了现阶段所有的挂牌企业所普遍存在的问题。笔者希望通过这些案例的讲述，能够使读者从案例的角度更清楚地了解挂牌企业所存在的法律瑕疵以及解决方案。

第二个部分为“新三板企业挂牌的核心法律法规”。主要收录了《公司法》、最高人民法院《关于适用〈中华人民共和国公司法〉若干问题的规定(三)》、《全国中小企业股份转让系统有限责任公司管理暂行办法》、《全国中小企业股份转让系统业务规则(试行)》、《全国中小企业股份转让系统股票挂牌条件适用基本标准指引(试行)》、《全国中小企业股份转让系统主办券商尽职调查工作指引(试行)》等相关法律法规和规范性文件。

综上所述，本书主要向读者介绍的是股东在出资方面以及股权方面的法律问题，以期能够给广大中小企业以及投资者解答这方面法律上的疑问。本书的顺利出版要感谢同行们、前辈们在该领域做出的前期成果，同时要感谢主办券商以及会计师事务所等中介机构在为企业提供新三板挂牌工作中提供的素材与案例，也要感谢所有关心和支持本书出版的朋友们。

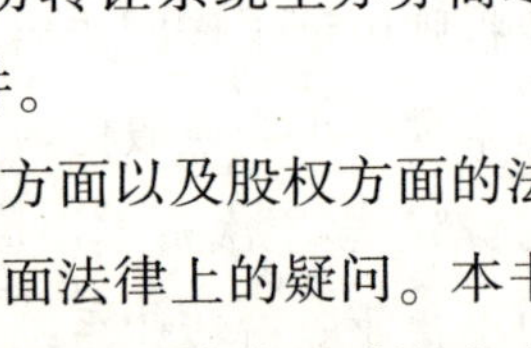

2015 年 11 月

案例分析索引

目 录

第一部分 股东出资与股权的法律问题以及解决方案

第一部分　股东出资与股权的法律问题以及解决方案

第一章　股东出资须合法合规

第一节　无形资产出资瑕疵

内容摘要：本节探讨的是无形资产出资瑕疵问题，主要包括非专利技术出资超过出资比例即20%、无形资产是否是职务发明、无形资产出资未经评估或评估程序有瑕疵、无形资产与公司业务没有联系等。

1994年7月1日开始实施的《公司法》对无形资产出资有以下要求：第一，对用作出资的工业产权、非专利技术等无形资产必须进行评估作价；第二，无形资产出资的金额不得超过有限责任公司注册资本的20%，国家对采用高新技术成果有特别规定的除外；第三，用作出资的无形资产应当依法办理财产权转移手续；第四，必须经法定机构验资并出具证明。

下面将通过三个新三板挂牌企业所存在的一些问题对上述无形资产出资瑕疵进行详细的论述。

关键词：无形资产　职务发明　出资比例　法定评估

【星通联华(430614)】

一、案例陈述

(一)非专利技术的出资

北京星通联华科技发展有限公司(以下简称星通有限)于2002年4月22日设立，初始注册资本为人民币500万元，由3家法人股东出资共同设立：北京华联恒基基础工程有限公司(以下简称华联恒基)以货币出资250万元，占比

50%；北京鑫昌达科技发展有限责任公司（以下简称鑫昌达科技）以无形资产“中国公路交通网”和“中国公路沥青电子商务平台”出资，经评估作价 175 万元，占比 35%；武汉立得空间信息技术发展有限公司（以下简称武汉立得）以无形资产“道路维修数据的自动提取与建库”出资，评估作价 75 万元，占比 15%。

根据公司的书面说明，“道路维修数据的自动提取与建库”、“基于 WebGIS 技术的中国公路交通网”、“基于 WebGIS 技术的中国公路沥青电子商务平台”相关无形资产是公司研发道路智能检测车以及后期研发道路数字化养护管理系统的基础。道路智能检测车自 2002 年开始立项研发，2006 年产品推向市场以来，已在十余省市得到应用，市场反应良好。以道路数据自动提取的数据库技术和 WebGIS 技术为支撑，结合在公路行业多年实践经验和用户的需求，公司研发出了数字化养护管理系统。系统充分利用了智能手机、无线网络、互联网、网络地理信息系统（WebGIS）、全球定位系统（GPS）等技术，实现了信息的实时上传、任务下派、电子地图和卫星图像接入、人员的定位和轨迹回放、道路养护信息与电子地图的匹配互动等功能。该系统已经在福建省公路智能化养护管理中得到应用，目前正加紧做好广东、黑龙江等省的推广应用工作。

股东投入的无形资产均已经过专业评估机构评估。北京方诚会计师事务所有限责任公司接受武汉立得委托，以 2001 年 8 月 10 日为评估基准日，对非专利技术“道路维修数据的自动提取与建库”的公允市场价值采用收益现值法进行了评估，并于 2001 年 8 月 30 日出具了方会评报〔2001〕第 015 号《资产评估报告书》。经评估，该非专利技术的公允市场价值为人民币 75 万元，评估结论使用有效期为自评估基准日起 1 年。

北京方诚会计师事务所有限责任公司接受鑫昌达科技委托，以 2001 年 8 月 10 日为评估基准日，对非专利技术“中国公路交通网”和“中国公路沥青电子商务平台”的公允市场价值采用收益现值法进行了评估，并于 2001 年 8 月 31 日出具了方会评报〔2001〕第 016 号《资产评估报告书》。经评估，该非专利技术的公允市场价值为人民币 175 万元，评估结论使用有效期为自评估基准日起 1 年。

（二）设立时，星通有限股权结构如下

序号	股东	认缴出资额（万元）	首期出资额（万元）	出资比例	出资方式
1	华联恒基	250	250	50%	货币
2	鑫昌达科技	175	175	35%	非专利技术
3	武汉立得	75	75	15%	非专利技术
合计		500	500	100%	

二、律师解读

本案例争议的焦点在于公司设立时非专利技术出资超过20%，与当时《公司法》的规定不符，存在法律上的瑕疵。

依据1994年《公司法》的规定，“非专利技术作价出资的金额不得超过有限责任公司注册资本的百分之二十，国家对采用高新技术成果有特别规定的除外。”另外，国务院办公厅转发科技部等部门《关于促进科技成果转化若干规定的通知》第1条第1款也有规定：“科研机构、高等学校及其科技人员可以采取多种方式转化高新技术成果，创办高新技术企业。以高新技术成果向有限责任公司或非公司制企业出资入股的，高新技术成果的作价金额可达到公司或企业注册资本的35%，另有约定的除外。”据此，根据当时适用的法律和行政法规，以高新技术成果向有限责任公司出资的比例可突破20%。

在此上位法基础上，北京市人大常委会于2000年颁布并于2001年1月1日实施的《中关村科技园区条例》第11条规定：“以高新技术成果作价出资占企业注册资本的比例，可以由出资各方协商约定，但以国有资产出资的，应当按照国家有关国有资产管理的规定办理。”北京市人民政府于2001年3月颁布实施的《北京市中关村科技园区企业登记注册管理办法》第13条进一步明确：“以高新技术成果出资设立公司和股份合作企业的，对其高新技术成果出资所占注册资本（金）和股权的比例不作限制，由出资人在企业章程中约定。企业注册资本（金）中以高新技术成果出资的，对高新技术成果应当经法定评估机构评估。”

本案中,非专利技术成果“基于 WebGIS 技术的中国公路交通网”、“基于 WebGIS 技术的中国公路沥青电子商务平台”以及“道路维修数据的自动提取与建库”是否是高新技术成果值得探讨。中国地质大学、水利部规划设计院、国土资源部信息中心三名专家签署《技术鉴定报告》,一致认定“基于 WebGIS 技术的中国公路交通网”技术及“基于 WebGIS 技术的中国公路沥青电子商务平台”技术达到国内先进水平,尤其在高速公路信息化方面的成功应用,开创该行业的先河;武汉大学测绘遥感信息工程国家重点实验室出具《技术鉴定报告》,李德仁院士等三位专家一致认定武汉立得开发的“道路维修数据的自动提取与建库”技术达到国际先进水平,在国内属于独一无二的专有技术,具备极高的技术创新性。但根据《关于以高新技术成果出资入股若干问题的规定》(1997 年 7 月 4 日起实施,2006 年 5 月 23 日起失效),“出资入股的高新技术成果,应当符合下列条件:(一)属于国家科委颁布的高新技术范围;(二)为公司主营产品的核心技术;(三)技术成果的出资者对该项技术合法享有出资入股的处分权利,保证公司对该项技术的财产权可以对抗任何第三人;(四)已经通过国家科委或省级科技管理部门的认定”。

根据上述规定,要想成为高新技术成果,必须通过国家科委或省级科技管理部门的认定才行。星通有限设立时股东作为出资的非专利技术虽经过技术鉴定,也具备技术创新性,但未通过国家科委或省级科技管理部门的认定,不属于高新技术成果,即不符合《公司法》中“国家对采用高新技术成果有特别规定的除外”的相关规定。星通有限设立时各股东非专利技术出资比例不符合当时有效的《公司法》对出资比例的要求。

但笔者认为,这三项非专利技术出资比例得到主管部门工商局的认可且该出资已经实际到位,到 2012 年,这三项非专利技术账面价值已全部摊销完,净值为 0,并且星通有限整体变更设立股份公司时已不存在无形资产出资超法定比例的情形。

综上所述,笔者认为,出资方面的瑕疵对星通联华申请本次挂牌并公开转让不构成实质性的法律障碍。

【速升装备(430514)】

一、案例陈述

(一)有限公司设立

公司前身速升物流系由王树生、郑卫星、王辉、张学东、无锡市速升物流涂装设备工程有限公司(以下简称无锡速升)共同出资组建,注册资本1000万元,其中王树生以货币和无形资产出资670万元(货币出资470万元、2项专利作价出资200万元),郑卫星以货币和无形资产出资180万元(货币出资80万元、1项专利作价出资100万元),王辉、张学东、无锡速升分别以货币出资50万元。

2003年1月10日,江苏华泰资产评估有限公司出具苏华泰资评报字〔2003〕第003号资产评估报告书对王树生、郑卫星用以出资的专利进行了评估,确认2002年11月30日评估基准日王树生用以出资的2项专利(实用新型专利"双轨腔过渡转换装置"及"十字形过渡转换装置")评估价值为233.83万元、郑卫星用以出资的1项专利(实用新型专利"多功能小车")评估价值为123.90万元,合计评估价值为357.73万元。

2003年6月16日,无锡市科学技术局在速升物流就无形资产出资情况提交的《申请》上盖章确认。《申请》具体内容包括无形资产名称、出资作价、占公司股本总额比例为30%等。

2003年6月16日,无锡安信会计师事务所有限公司出具了验资报告,确认公司注册资本已足额缴纳,各股东以货币出资700万元,以专利权出资300万元。

(二)公司设立时的股权结构如下

序号	股东姓名或名称	出资额(万元)	出资方式		持股比例
			货币(万元)	无形资产(万元)	
1	王树生	670.00	470.00	200.00	67.00%
2	郑卫星	180.00	80.00	100.00	18.00%
3	王辉	50.00	50.00		5.00%
4	张学东	50.00	50.00		5.00%
5	无锡市速升物流涂装设备工程有限公司	50.00	50.00		5.00%
合计		1000.00	700.00	300.00	100.00%

二、律师解读

本案例争议的焦点有两个:第一,王树生和郑卫星用以出资的无形资产是否归属于他们二人。第二,王树生和郑卫星出资的无形资产比例超过当时的法定标准。

(一)无形资产是否为职务发明

在有限公司设立时,王树生、郑卫星用以出资的专利如下:

专利号	专利名称	申请日	授权日	专利权人	专利类型
ZL01263582.0	双轨腔过渡转换装置	2001年11月5日	2002年7月31日	王树生	实用新型
ZL01263583.9	十字形过渡转换装置	2001年11月5日	2002年10月9日	王树生	实用新型
ZL01272713.X	多功能小车	2001年12月10日	2002年10月9日	郑卫星	实用新型

根据《专利法》第6条第2款的规定,“非职务发明创造,申请专利的权利属于发明人或者设计人;申请被批准后,该发明人或者设计人为专利权人”。

第11条第1款规定："发明和实用新型专利权被授予后，除本法另有规定的以外，任何单位或者个人未经专利权人许可，都不得实施其专利，即不得为生产经营目的制造、使用、许诺销售、销售、进口其专利产品，或者使用其专利方法以及使用、许诺销售、销售、进口依照该专利方法直接获得的产品。"第40条规定："实用新型和外观设计专利申请经初步审查没有发现驳回理由的，由国务院专利行政部门作出授予实用新型专利权或者外观设计专利权的决定，发给相应的专利证书，同时予以登记和公告。实用新型专利权和外观设计专利权自公告之日起生效。"王树生、郑卫星作为上述实用新型专利的设计人因申请并取得国务院专利行政部门授权公告而依法取得相关实用新型专利的所有权。同时，两人也未收到国家知识产权局发出的申请专利复审委员会宣告王树生、郑卫星用以出资的实用新型专利无效的书面或口头通知。综上，在上述实用新型专利的专利权期限内，王树生、郑卫星依法享有上述用以出资的实用新型专利的所有权。

那么，王树生和郑卫星用以出资的无形资产属不属于职务发明呢？因为他们二人在申请专利时，均在公司里担任重要职务，王树生担任无锡速升执行董事和经理，郑卫星担任无锡速升监事和工程部部长，因此两个人的职位决定了他们很有可能涉及职务发明。

在尽职调查中了解到，王树生先生1982年毕业于华东工程学院（现南京理工大学）火箭发射装置专业，取得大学本科学历。在求学期间王树生先生掌握了大量的理论知识。1982年毕业后，王树生先生即进入国营新苏机械厂，先后参与和主持了无锡电视机厂、中国南大电子实业公司（海南）、苏州电视机厂彩色电视机生产流水线的设计、安装、调试工作，1987年后转入非标设备的研究和设计工作。1989年后王树生先生进入江苏南方机电集团公司担任研究所所长，开始全面主持该公司在家电、摩托车、汽车整车及零部件领域生产流水线及重大非标设备的研发设计工作，是其多项专利的发明人，直至1996年离开并创办无锡速升。在上述工作期间王树生先生积累了大量的实践经验，提高了理论转化水平，并进一步提升了自身的研究开发能力。郑卫星先生1992年毕业于无锡轻工业学院（现江南大学）机械系，取得大学本科学历，毕业分配后进入无锡南方悬挂输送机厂开始从事各类输送机械、非标设备和生产流水线的设计工作，后转入车间和项目现场从事生产、施工的技术指导和管理工作，参与了上海日立空调器厂四期至七期等多个项目的设计、安装和调试工作，并担任了上海家用空调器厂年产 30 万台空调生产流水线项目的项目经理。1996 年，郑卫星先生离开并参与创办无锡速升。在学习和工作过程中，郑卫星先生掌握了扎实的理论知识，拥有了丰富的工作经验，培养了其良好的研究开发能力。

据此，王树生先生和郑卫星先生具有较强的理论基础，且长期从事生产流水线、非标设备等领域的研发、设计和管理工作，具有独立完成所出资专利的能力。

无锡速升成立于 1996 年，主要从事普通机械、电器机械的设计、加工业务，成立后业务规模一直较小，只有一间 200 多平方米的办公用房、少量的办公设备、十几个员工，业务只是进行项目承接和设计工作，然后由外包单位进行生产制造和安装，没有成立专门的研发机构和配备专门的研发人员，也没有具体的研发计划和相应的资金支持，不具备研发能力。在所出资专利的研发和申请期间，王树生担任无锡速升执行董事、经理，主要从事日常经营管理和项目的承接工作，郑卫星担任无锡速升的监事、工程部部长，主要负责项目的生产、安装和调试工作。王树生和郑卫星没有承担过具体的研发工作或无锡速升交付的研发任务。

上述王树生用于出资的专利是其利用个人业余时间，对早期从事汽车零部件生产线设计时工件转换装置存在问题进行总结和反思做出的发明创造；郑卫星用以出资的专利是用于火车货车转向架检修的多功能吊挂翻转装置，是其利用个人业余时间对当时普遍使用的前苏联台位式检修装置弊端进行研究所做出的发明创造。该等发明创造均是王树生、郑卫星利用个人业余时间独立完成的，不属于在无锡速升本职工作或临时交付的任务中做出的发明创造，其形式主要是技术图纸，也没有利用无锡速升的物质条件，不属于无锡速升的职务发明创造。

无锡速升已于 2010 年解散并注销，其原股东王树生、郑卫星、王辉、张学东分别出具了《声明与承诺》，确认无锡速升当时未开展与所出资专利有关的研发活动，王树生、郑卫星用于出资的上述专利属于其独立完成的个人研究成果，不属于职务发明创造，王树生、郑卫星对上述专利拥有完全的权利，不存在争议和纠纷的情形，其本人不曾亦不会就上述专利主张任何权利。

综上，笔者认为，上述用以出资的专利系王树生、郑卫星的个人研究成果，不属于无锡速升的职务发明创造，其权属清晰、权能完整，不存在争议或纠纷。

（二）无形资产出资超比例

公司前身速升物流成立时，王树生和郑卫星用实用新型专利双轨腔过渡转换装置（专利号：ZL01263582.0）、十字形过渡转换装置（专利号：ZL01263583.9）、多功能小车（专利号：ZL01272713.X）作价出资金额合计为300万元［低于江苏华泰资产评估有限公司的《资产评估报告书》（苏华泰资评报字〔2003〕第003号）评定的评估价值357.73万元］，占注册资本的30%，超过了20%，未经省级科技主管部门认定存在一定瑕疵。

根据速升物流设立当时适用的《公司法》及《关于以高新技术成果出资入股若干问题的规定》（国科发政字〔1997〕326号）和《科学技术部、国家工商行政管理局关于以高新技术成果作价入股有关问题的通知》（国科发政字〔1999〕351号）的规定，以高新技术成果出资入股，作价总金额超过公司注册资本的20%，但未超过35%的，由企业所在省、自治区、直辖市和计划单列市科技管理部门负责审查认定；作价金额在人民币500万元以上，且超过公司或企业注册资本35%的，由科学技术部审查认定。速升物流设立当时的无形资产是否为高新技术成果未按照上述规定取得江苏省省级科技主管部门的认定。

2003年6月16日，速升物流股东王树生、郑卫星、王辉、张学东、无锡速升共同签署《申请》就成立“江苏速升物流涂装工程有限公司”事宜（包括经营范围、注册资本及出资比例、出资方式等）向无锡市科技局申请批复。同日，无锡市科学技术局在该《申请》署名处落款“上述技术属于高新技术”并加盖“无锡市科学技术局”公章，据此可以认定王树生、郑卫星用以出资的专利权被无锡市科学技术局认定为高新技术成果，符合无锡市人民政府办公室《关于进一步改进工商行政管理工作促进地方经济发展的若干意见的通知》（锡政办发〔2002〕149号）关于“以高新技术成果作价出资的，可占到企业注册资本的

35%，比例超过35%且作价金额在100万元以上的，须经省级科技主管部门认定，投资各方约定”的规定。

在得到无锡市科学技术局的批准后，速升物流及其股东依法履行了验资程序并办理了设立登记手续，用以出资的专利权属亦于后期办理了转移手续，速升物流的设立行为真实、有效。速升物流设立之后，依法存续并持续经营至今。截至目前，公司没有因当时的出资行为受到相关部门的处罚或影响公司的主体资格，设立时的股东业已书面确认不会对本次出资行为产生争议或纠纷，也未因此而受到工商或科技主管部门的调查或处分。另经核查，上述用于出资的专利已分别于2011年11月5日、2011年12月10日因有效期届满而终止专利权，所出资金额已于2011年年底摊销完毕。

2006年新《公司法》实施后，取消了以工业产权、非专利技术作价出资比例不超过20%的规定，修订为“全体股东的货币出资金额不得低于有限责任公司注册资本的百分之三十”，据此，律师认为，本次出资行为已符合现行有效的《公司法》之要求，当时的出资瑕疵已随着法律环境的变化得到了自行修正，不会对公司本次股票挂牌构成实质障碍。

（三）结论

综上所述，王树生、郑卫星用以出资的专利系个人研究成果，不属于在无锡速升工作期间的职务发明创造，其权属清晰、权能完整，不存在争议或纠纷。另外，本次无形资产出资占注册资本的30%，超过了20%，虽然未经省级科技主管部门认定，出资存在一定瑕疵，但当时已得到无锡市科学技术局的认定并符合当时无锡市的相关规定，且随着法律环境的变化上述出资瑕疵已得到了自行修正，不会对公司本次股票挂牌构成实质性障碍。

【东电创新（430362）】

一、案例陈述

东电有限责任公司（以下简称东电有限）是由李洋、张铁钢共同出资设立的一家有限责任公司，设立时注册资本为50万元，其中李洋以非专利技术出资

45万元,占注册资本的90%;张铁钢以非专利技术出资5万元,占注册资本的10%。

2005年11月14日,李洋、张铁钢签署《高新技术成果说明书及确认书》,确认李洋、张铁钢共同持有的"移动电子商务系统技术"为高新技术成果,确认其价值为50万元,一致同意将该技术成果投入东电有限。

东电有限成立时股权结构如下:

股东名称	出资方式	注册资本(万元)	实缴出资额(万元)	出资比例
李洋	非专利技术	45	45	90%
张铁钢	非专利技术	5	5	10%
合计		50	50	100%

2005年12月12日,李洋、张铁钢分别与东电有限签署《财产转移协议》,李洋、张铁钢分别将其认缴的非专利技术转移到东电有限。同日,北京富尔会计师事务所有限责任公司出具京富会〔2005〕3A-1061号《非专利技术资产转移专项审计报告书》,确认非专利技术50万元东电有限已登记入账,并办理完财产转移手续。

二、律师解读

(一)无形资产出资超比例

《公司法》(2004年修正)第24条规定:"股东可以用货币出资,也可以用实物、工业产权、非专利技术、土地使用权作价出资……以工业产权、非专利技术作价出资的金额不得超过有限责任公司注册资本的百分之二十,国家对采用高新技术成果有特别规定的除外。"

根据国务院《关于〈北京市新技术产业开发试验区暂行条例〉的批复》(国函〔1988〕第074号)第17条"北京市人民政府可以根据本条例制定实施办法和单行规定"之规定,北京市人大常委会颁布的《北京市中关村科技园区条例》及北京市人民政府颁布的《中关村科技园区企业登记注册管理办法》对中关村科技园区内的高新技术企业的无形资产出资作出了特别规定,允许出资各方协商约定高新技术成果出资占企业注册资本的比例。

《中关村科技园区条例》(2000 年颁布,已于 2010 年 12 月 23 日被废止)第 11 条规定:“以高新技术成果作价出资占企业注册资本的比例,可以由出资各方协商约定……”《中关村科技园区企业登记注册管理办法》(2001 年颁布,已于 2007 年 11 月 23 日被废止)第 13 条规定:“以高新技术成果出资设立公司和股份合作企业的,对其高新技术成果出资所占注册资本(金)和股权的比例不作限制,由出资人在企业章程中约定……”第 14 条:“出资人以高新技术成果出资,应当出具高新技术成果说明书;该项高新技术成果应当由企业的全体出资人一致确认,并应当在章程中写明。经全体出资人确认的高新技术成果可以作为注册资本(金)登记注册。”

东电有限注册地位于中关村科技园区内,成立时以高新技术成果出资,占当时注册资本的 100%。该比例符合《中关村科技园区条例》及《中关村科技园区企业登记注册管理办法》的规定,并且经工商行政管理部门核准注册。因此,上述无形资产出资超比例问题不会影响有限公司设立的效力。

(二)无形资产出资未经评估

虽然东电有限设立时用作出资的无形资产未经评估,但由全体股东出具了高新技术成果说明书及确认书,签署了财产转移协议,经验资机构和审计机构审验,办理了工商设立登记手续并获准注册,工商行政管理部门对此未提出任何异议。另根据股份公司提供的 2013 年 7 月 15 日有限公司股东会决议以及 2013 年 7 月 18 日全体股东承诺函,股东李洋已于 2013 年 7 月 18 日向公司投入 50 万元,计入公司资本公积,用于夯实公司注册资本以避免 50 万元无形资产因未经评估等可能存在的问题。该项投入经北京兴华会计师事务所有限责任公司以〔2013〕京会兴专字第 10010337 号《专项审计报告》审计,确认有限公司已收到股东李洋投入的 50 万元并且对该笔缴存资金进行了账务处理,调增资本公积(其他资本公积)50 万元。

(三)无形资产出资与公司主营业务的关系

公司主要业务为针对教育、交通、金融、通信等企事业单位客户提供窄带宽视频会议与远程监控系统咨询服务、集成服务以及家庭/SOHO 小企业监控产品，而公司成立时的高新技术成果“移动电子商务系统技术”即为该主营业务服务。“移动电子商务系统技术”为手机支付平台，公司客户在购买及使用公司视频会议系统时，可通过该支付平台进行支付。自 2006 年至 2008 年，用户每年通过该平台支付实现收入 1 至 2 万元。由于效益不高，并且中国人民银行即将对支付平台进行规范，故公司自 2009 年开始逐渐不再使用该技术。

2010 年 5 月 19 日，中国人民银行颁布《非金融机构支付服务管理办法》，规定：“非金融机构提供支付服务，应当依据本办法规定取得《支付业务许可证》，成为支付机构。支付机构依法接受中国人民银行的监督管理。未经中国人民银行批准，任何非金融机构和个人不得从事或变相从事支付业务。”而东电有限未能取得《支付业务许可证》，此后，该“移动电子商务系统技术”不再为公司产生经济利益。

（四）无形资产是否为职务发明

李洋在创办东电有限之前，在北京海淀柏安电脑公司任职。北京海淀柏安电脑公司主要从事电脑销售，与“移动电子商务系统技术”无关。2003 年，李洋因自主创业，从北京海淀柏安电脑公司辞职，与张铁钢二人共同研发“移动电子商务系统技术”。

李洋、张铁钢于 2013 年 9 月 9 日出具承诺：李洋、张铁钢用于出资的高新技术成果“移动电子商务系统技术”，系由两人利用业余时间、自行出资研发的，是李洋与张铁钢的个人成果，不属于其在当时所任职公司的本职工作，也不属于其履行当时所任职公司交付的工作或分配的任务，也未利用当时所任职公司的资金、设备等物质技术条件，不构成职务发明。

李洋、张铁钢对该项高新技术成果具有完全的权利，自 2005 年公司成立以来，未因此项高新技术成果出资产生任何纠纷。如因此项高新技术成果产生任何纠纷或给公司造成任何损失，李洋、张铁钢将按当时的出资比例承担一切法律责任和损失。

综上所述，笔者认为，公司在设立时的无形资产出资不影响公司在新三板挂牌。

【铜牛信息(430243)】

一、案例陈述

2005年9月21日,铜牛针织集团及高鸿波等9方共同出资100万元设立了北京铜牛信息科技有限公司(以下简称有限公司),其中无形资产78万元,货币资金22万元。

铜牛针织集团及高鸿波等9方用于出资的无形资产为出资各方共同拥有的非专利技术"易纺制衣ERP系统技术"。受出资人委托,北京新京联成资产评估有限公司对该项无形资产进行评估,并出具了新京评报字〔2005〕第B0096号评估报告书,确认该项非专利技术的评估值为78万元。铜牛针织集团将评估值的16.67%(13万元)以股权形式激励给付军,10.90%(8.5万元)以股权形式激励给高鸿波,8.96%(7万元)以股权形式激励给王泉,6.41%(5万元)以股权形式激励给刘毅,6.41%(5万元)以股权形式激励给黄飞,3.85%(3万元)以股权形式激励给皮纪梅,3.85%(3万元)以股权形式激励给李舜尧,1.92%(1.5万元)以股权形式激励给张永刚。

2005年9月14日铜牛针织集团、高鸿波等签署了"非专利技术分割协议书",明确了各出资方对该非专利技术拥有的权益比例。依据该分割协议书,全体出资人于2005年9月21日签署了"高新技术成果说明书及确认书",一致同意将该高新技术成果作价78万元投入有限公司中。其中,铜牛针织集团以该高新技术成果出资32万元,占注册资本的32%;付军以该高新技术成果出资13万元,占注册资本的13%;高鸿波以该高新技术成果出资8.5万元,占注册资本的8.5%;王泉以该高新技术成果出资7万元,占注册资本的7%;刘毅以该高新技术成果出资5万元,占注册资本的5%;黄飞以该高新技术成果出资5万元,占注册资本的5%;皮纪梅以该高新技术成果出资3万元,占注册资本的3%;李舜尧以该高新技术成果出资3万元,占注册资本的3%;张永刚以该高新技术成果出资1.5万元,占注册资本的1.5%。

二、律师解读

《公司法》第24条第2款规定："以工业产权、非专利技术作价出资的金额不得超过有限责任公司注册资本的百分之二十，国家对采用高新技术成果有特别规定的除外。"

2000年12月8日，北京市人大常委会依据国务院《关于建设中关村科技园区有关问题的批复》（国函〔1999〕45号）颁布了《中关村科技园区条例》（北京市人大常委会公告第25号）（以下简称《条例》）（有效期至2010年12月23日），北京市人民政府于2001年3月2日颁布了《中关村科技园区企业登记注册管理办法》（北京市人民政府令第70号）（以下简称《办法》）（有效期至2007年11月23日）。

上述法规对中关村科技园区内企业以高新技术成果作价出资规定如下：《条例》第11条规定："以高新技术成果作价出资占企业注册资本的比例，可以由出资各方协商约定……"《办法》第13条规定："以高新技术成果出资设立公司和股份合作企业的，对其高新技术成果出资所占注册资本（金）和股权的比例不作限制，由出资人在企业章程中约定。企业注册资本（金）中以高新技术成果出资的，对高新技术成果应当经法定评估机构评估。"第14条规定："出资人以高新技术成果出资，应当出具高新技术成果说明书；该项高新技术成果应当由企业的全体出资人一致确认，并应当在章程中写明。经全体出资人确认的高新技术成果可以作为注册资本（金）登记注册。"第15条规定："工商行政管理机关对以高新技术成果作价出资的，应当在《营业执照》经营范围栏的最后项下注明作为非货币出资的技术成果的价值金额、占注册资本的比例以及是否办理了财产转移手续的情况……"根据当时有效的北京市工商行政管理局于2004年2月6日颁布的《关于印发〈改革市场准入制度，优化经济发展环境若干意见〉的通知》对内资企业注册资本（金）缴付方式进行改革的规定，"投资人以高新技术成果出资，应当出具经全体投资人一致确认的高新技术成果说明书。以高新技术成果作价出资占企业注册资本（金）的比例，可以由投资各方协商约定"。

2005年9月21日,由铜牛针织集团、高鸿波等9方共同签署了《高新技术成果说明书及确认书》,共同确认该非专利技术为高新技术成果,同意以该高新技术成果投入有限公司中。同时,用于出资的此项非专利技术亦由北京新京联成资产评估有限公司进行了评估,并出具评估报告书确认该项非专利技术的评估值为78万元。

2005年10月10日,公司所有股东签订了《财产转让协议》,将该非专利技术转移给有限公司,且经北京中万华会计师事务所审计,该非专利技术已完成转移手续。有限公司也于2005年10月10日召开股东会,全体股东一致同意以非专利技术出资78万元。该股东会决议通过的《公司章程》亦明确载有该项无形资产出资的内容。北京市工商行政管理局核准了公司的设立登记,并在公司营业执照的经营范围栏的最后项下注明了作为非货币出资的技术成果的价值金额。

因此,笔者认为,有限公司成立时无形资产占注册资本的比例符合当时有效的相关规定,出资形式合法,出资有效到位。有限公司设立时,注册资本中非专利技术占比达到78%是符合当时相关规定的,并且取得了北京市工商局核准登记,有限公司的非专利技术出资合法、有效。

第二节　客观原因造成出资贬值不属于出资不实

内容摘要:本节主要探讨的是一个新三板挂牌企业存在的具体问题,即由于客观原因造成的出资贬值是否属于出资不实。在新三板挂牌企业中,有时会遇到一些企业用无形资产出资,在出资时经过了法定机构评估,其价值也得到了所有股东的一致认可,但在几年后,由于市场的变化或客观环境的变化,导致无形资产的价值大大贬值,与企业成立时差距较大,从而引申出本节的讨论。

最高人民法院《关于适用〈中华人民共和国公司法〉若干问题的规定(三)》第15条的规定:"出资人以符合法定条件的非货币财产出资后,因市场变化或者其他客观因素导致出资财产贬值,公司、其他股东或者公司债权人请求该出资人承担补足出资责任的,人民法院不予支持。但是,当事人另有约定的除外。”

上述规定指出，只要出资人可以提出证据证明出资贬值是客观原因引起的，就不用对企业成立时的出资不实问题负责。

关键词：客观环境　市场变化　合理解释　出资贬值

【和隆优化（430290）】

一、案例陈述

北京和隆优化控制技术有限公司（以下简称和隆有限）由自然人于现军、李研、王建珍、高瑞峰、李群共同出资518万元，在北京市工商行政管理局注册成立。其中，于现军以非专利技术出资506万元，李研以货币出资6万元，王建珍以货币出资2.5万元，高瑞峰以货币出资2.5万元，李群以货币出资1万元。

和隆有限设立时的股东及其出资情况如下：

股东名称	出资额（万元）	出资形式	股权比例
于现军	506	非专利技术	97.68%
李研	6	货币	1.16%
王建珍	2.5	货币	0.48%
高瑞峰	2.5	货币	0.48%
李群	1	货币	0.19%
合计	518		100%

2004年4月26日，对于于现军用于出资的“高炉热风炉全自动化燃烧控制”非专利技术，北京北方亚事资产评估有限责任公司出具了北方亚事评报字〔2004〕第046号《高炉热风炉全自动化燃烧控制非专利技术无形资产评估报告书》，评估该非专利技术在资产评估基准日2004年3月31日的公允价值为人民币506万元。

2004年12月25日，北京金晨会计师事务所出具了金晨验字〔2004〕第718号《财产转移验证报告》，证明2004年9月14日，于现军已将其对非专利技术——高炉热风炉全自动化燃烧控制技术的所有权转移至和隆有限。2005年4月1日，和隆有限在北京市工商行政管理局办理完成了非货币出资财产转移的备案手续。

和隆有限设立后2004～2008年实现的净利润比《高炉热风炉全自动化燃烧控制非专利技术无形资产评估报告书》中采用收益现值法所预测的净利润低。

二、律师解读

于现军以非专利技术“高炉热风炉全自动化燃烧控制”出资和隆有限时经过了有资质的评估机构进行评估。评估机构选用的评估方法和评估报告评估的数值都是合理的，评估价值取得了公司届时全体股东的确认，并依法办理了财产转移登记手续，出资程序符合当时主管部门规范性文件的相关规定，合法有效。

针对“公司是否存在出资不实”的问题，笔者认为，在出资程序合法的前提下，判断“是否存在出资不实”实际上是需要判断出资时是否存在评估价值过高的问题。

根据于现军提供的说明，其用于出资的“高炉热风炉全自动化燃烧控制”未能实现预期的价值是由于市场变化等不可控制的客观原因造成的，并不存在出资时的出资评估价值过高的问题。

根据最高人民法院《关于适用〈中华人民共和国公司法〉若干问题的规定(三)》(法释〔2014〕2号)第15条的规定：“出资人以符合法定条件的非货币财产出资后，因市场变化或者其他客观因素导致出资财产贬值，公司、其他股东或者公司债权人请求该出资人承担补足出资责任的，人民法院不予支持。但是，当事人另有约定的除外。”

根据前述司法解释的规定，如果公司股东以符合法定条件的非货币财产出资，即使在出资后存在贬值的客观情况，只要该贬值是因为市场变化或其他客观因素导致的，也不应认定股东出资不实，股东不承担补足出资的责任。于现军提供了合理的解释证明其出资的技术未能实现预期价值是由于市场变化等客观原因造成,结合前述司法解释规定的精神,笔者认为,于现军以非专利技术“高炉热风炉全自动化燃烧控制”出资时不存在出资不实的情形。

股东于现军出资的“高炉热风炉全自动化燃烧控制”主要侧重于提高风温,而对节约煤气的作用较小,刚好于现军用“高炉热风炉全自动化燃烧控制”技术出资时,钢铁企业还处于粗犷式生产阶段,钢铁企业对于节约煤气石没有强烈的需求,而对提高风温有很大需求,且由于当时企业的操作人员操作经验不丰富、不精细,于现军出资的该项“高炉热风炉全自动化燃烧控制”技术正好弥补了这方面的缺陷,符合当时的市场需求。

但随着钢铁行业的进一步发展,球形热风炉、蓄热球等热风炉形式、燃烧形式、蓄热形式的改变,热风炉的蓄热能力已经得到很好的解决,风温已经得到较大提高,企业对于节约煤气的需求增大;这就客观上限制了于现军出资的“高炉热风炉全自动化燃烧控制”的市场使用率,无法实现其预期的价值。

综上所述,于现军提供了合理的解释证明其出资的技术未能实现预期价值是由于客观原因造成,且结合前述司法解释规定的精神,笔者认为,于现军以非专利技术“高炉热风炉全自动化燃烧控制”出资时不存在出资不实的情况。

第三节　股东抽逃出资

内容摘要:股东抽逃出资是指在公司验资注册后,股东将所缴出资暗中撤回,却仍保留股东身份和原有出资数额的一种欺诈性违法行为。股东出资以后,资产就变成了公司的财产,股东不能撤回出资的,只能通过转让的方式收回自己的出资,而不能直接撤回自己的资本,这是公司制度的基本原则。如果股东撤回自己的出资,那么就属于侵犯了公司的财产权,公司有权要求股东返还财产。这主要是为了体现现代公司制度,即公司财产公司享有所有权,公司财产的所有人是公司而不是股东。股东在出资结束后,出资即成为公司财产,为公司所有,股东个人再抽逃资金就成了侵犯公司财产权或所有权了。

在新三板挂牌企业中,有些公司的股东公司法意识比较淡薄,尤其是大股东,以为公司的资金就是自己的资金,经常出现股东在出资后又从公司借款或直接取走公司的资金，从而损害了公司的利益。下面论述的世纪竹邦能源技术有限公司就是这样的一个典型例子。

关键词：抽逃　债权人利益

【竹邦能源(430360)】

一、案例陈述

(一)有限公司设立及增资

北京世纪竹邦能源技术有限公司(以下简称世纪竹邦有限)成立于2003年1月17日。2005年7月4日，世纪竹邦有限召开股东会作出决议，同意世纪竹邦有限注册资本由300万元增加至600万元，其中由赵春祥认缴234万元，由徐必修认缴66万元。世纪竹邦有限提交了2005年7月5日北京市朝阳区太阳宫农村信用合作社的《交存入资资金报告单》、2005年7月6日北京市工商局的《北京市工商行政管理局企业入资核查情况》，并附《北京市工商局改革市场准入制度优化经济发展环境若干意见》。根据《交存入资资金报告单》记载，2005年7月5日公司股东赵春祥、徐必修分别将现金234万元、66万元存入世纪竹邦有限在北京市朝阳区太阳宫农村信用合作社开立的注册资本金账户。

世纪竹邦有限股权结构如下：

股东名称	出资额(万元)	持股比例	出资方式
赵春祥	468	78%	货币
徐必修	132	22%	货币
合计	600	100%	

(二)两次股权转让

2007年1月17日，世纪竹邦有限召开股东会作出决议，同意股东赵春祥所持有的世纪竹邦有限78%的股权出资468万元转让给冯亚林，转让完成后，赵春祥退出世纪竹邦有限。2007年1月17日，出让方赵春祥与受让方冯亚林签订《股权转让协议书》。2007 年 5 月 29 日，世纪竹邦有限召开股东会作出决议，同意股东徐必修将所持世纪竹邦有限 22% 的股权出资 132 万元转让给新股东北京天宇宏建筑咨询有限公司（以下简称天宇宏公司），转让完成后，徐必修退出世纪竹邦有限。2007 年 5 月 29 日，出让方徐必修和受让方天宇宏公司签订《股权转让协议书》。

本次股权转让后世纪竹邦有限股权结构如下：

股东名称	出资额(万元)	持股比例	出资方式
冯亚林	468	78%	货币
北京天宇宏建筑咨询有限公司	132	22%	货币
合计	600	100%	

（三）第二次增资

2008 年 12 月 1 日，世纪竹邦有限召开股东会作出决议，同意世纪竹邦有限注册资本由 600 万元增加至 3000 万元，增资的 2400 万元全部由天宇宏公司认缴。2008 年 12 月 5 日，天宇宏公司从世纪竹邦有限借走 2400 万元。

二、律师解读

在第二次增资中，天宇宏公司先是在 2008 年 12 月 1 日实际出资 2400 万元，紧接着在 12 月 5 日从世纪竹邦有限借走 2400 万元。这一事件涉及股东是否抽逃出资的问题，所以必须认真分析。

1. 从法律意义上讲，公司一经成立，即和股东形成两个完全独立的法律主体，而两个独立的法律主体之间发生民事借贷关系，并不存在借款人侵占公司合法财产权的行为。发生上述往来款后，天宇宏公司有陆续偿还借款，相关说明：2012 年 6 月 11 日，天宇宏公司转让世纪竹邦有限股份时，世纪竹邦有限对天宇宏公司和冯亚林债权债务关系：其他应收款——天宇宏 30,794,506.63 元，主要发生情况：2008 年 12 月 5 日世纪竹邦有限支付 24,000,000.00 元往来款给天宇宏公司；2010 年 3 月 24 日世纪竹邦有限支付 3,100,000.00 元往来款给天宇宏公司。其他应付款——冯亚林4,406,192.43元,主要为2012年4月12日冯亚林借款4,900,000.00元给世纪竹邦有限。2013年5月31日,世纪竹邦有限注册资本由30,000,000.00元减至15,000,000.00元,该时点世纪竹邦有限对天宇宏公司和冯亚林债权债务关系:其他应收款——天宇宏公司28,143,033.41元,主要发生系2008及2010年借款形成;其他应付款——冯亚林7,240,871.16元,主要包括:2012年4月12日冯亚林借款4,900,000.00元给世纪竹邦有限;冯亚林通过典当借款2,300,000.00万元给世纪竹邦有限;减资时,世纪竹邦有限应付各股东减资款15,000,000.00元,其中应付冯亚林12,250,000.00元。

公司就上述债权债务在2013年5月31日通过三方抹账进行处理,其中:世纪竹邦有限应付股东减资款15,000,000.00元由天宇宏公司代为支付,冲减其他应收款——天宇宏公司15,000,000.00元;世纪竹邦有限其他应付款——冯亚林7,230,000.00元由天宇宏公司代为支付,冲减其他应收款——天宇宏公司7,230,000.00元。通过上述抹账后,截至2013年5月31日,世纪竹邦有限对天宇宏公司债权债务情况为:其他应收款——天宇宏公司5,913,033.41元;截至申报基准日2013年6月30日,世纪竹邦有限对天宇宏公司债权债务情况为:其他应收款——天宇宏0元。(其中2013年6月13日收到天宇宏公司还款5,000,000.00元,2013年6月27日收到天宇宏还款913,033.41元。)截至目前,天宇宏公司与公司的借款已经全部清偿完毕,不存在恶意抽逃的主观目的。

2. 从注册资金的作用来看,设立注册资金的根本目的,是由股东以其投入公司的财产对公司的债务承担责任,即公司以其全部财产对其债务承担责任,而股东只以其出资对公司债务承担有限责任。在股东投入资本又被股东借走的情况下,公司和股东对债权人的担保并没有发生变化:第一,公司以其全部财产对其债务承担责任,被股东借走的款项仍然属于公司财产的一部分,公司对其债务的担保程度没有因为股东借款这一事件而降低;第二,借款股东对公司债务的担保责任,借款股东承担着无条件的偿还责任,在公司破产清算时,所有公司的债务人必须归还所借款项作为破产财产的一部分用于对公司债权人的清偿,借款股东作为公司的债务人亦不能例外。因此借款股东对公司债务的担保责任除了对公司的出资外,还包括他借走的款项。因此,他对公司的担保责任并没有因为借款这一行为而降低。所以,公司与天宇宏公司往来款的行为并不损害公司债权人的利益。

3. 从决策程序上来看,公司的现有股东(包括发生拆借期间的其他股东冯亚林)已经对拆借行为进行了追认,履行了相关的程序,同意了历史上的资金拆借行为,不存在潜在纠纷或争议,没有损害公司其他股东的利益。

4. 公司已经承诺,保证今后不再以借款、代偿债务、代垫款项或者其他任何方式将资金出借给关联方使用。实际控制人冯亚林承诺,对于公司以往发生的资金互借行为,如需承担任何责任,由其个人承担。

根据最高人民法院《关于适用〈中华人民共和国公司法〉若干问题规定(三)》第 12 条规定,公司成立后,公司、股东或者公司债权人以相关股东的行为符合下列情形之一且损害公司权益为由,请求认定该股东抽逃出资的,人民法院应予支持:

(1)制作虚假财务会计报表虚增利润进行分配;

(2)通过虚构债权债务关系将其出资转出;

(3)利用关联交易将出资转出;

(4)其他未经法定程序将出资抽回的行为。

结合以上四点,公司在完成增资后,因经营需要与其他公司发生往来款并非抽逃注册资本的行为。

综上所述,笔者认为,公司在第二次增资时股东天宇宏公司并没有抽逃出资,该瑕疵不影响公司在新三板挂牌。

第四节　分期缴纳出资

内容摘要:分期缴纳出资是指公司设立或增加资本时,股东对自己认购的所有股份,不必一次性缴纳全部股款,而是可以按照约定或规定的不同期限缴纳股款的制度。

根据《公司法》(2005年修订)第26条第1款规定,有限责任公司的注册资本为在公司登记机关登记的全体股东认缴的出资额。公司全体股东的首次出资额不得低于注册资本的百分之二十,也不得低于法定的注册资本最低限额,其余部分由股东自公司成立之日起两年内缴足;其中,投资公司可以在五年内缴足。

依照上述规定,当时的公司法认可了分期缴纳出资的制度。分期缴纳出资有利有弊,一方面有利于公司便捷设立和鼓励投资,也有利于资源的优化配置,但另一方面,存在事后缴纳不足的隐患,加大了公司及其债权人承担的风险,也提高了公司管理成本。

实践中,笔者认为,只要符合下列条件,公司存在分期缴纳出资也不会对挂牌产生影响:第一,没有因为未按约定时间出资影响公司的正常经营;第二,未引发债权债务纠纷或股东之间的纠纷;第三,在挂牌前,公司缴足出资。

关键词:债权纠纷　缴足出资　正常经营

【昌盛股份(430503)】

一、案例陈述

(一)有限公司设立

1990年5月,经蚌埠市计划委员会计引字〔1990〕78号文件《关于无线电六厂与台商合资经营热敏电阻项目可行性研究报告的批复》批准,蚌埠市无线电六厂与台湾天元贸易公司(以下简称天元贸易)签署关于合资设立安徽昌盛电子有限公司(以下简称昌盛有限)的合同。合同约定:“1. 总投资额80万美元,其中注册资本70万美元,注册资本中甲方(无线电六厂)占70%,以现汇及部分设备方式投入,乙方(天元贸易)占30%,以设备投入,其余10万美元,为流动资金,流动资金不足部分由合资公司向银行以人民币贷款。2. 注册资本70万美元主要用于购买热敏电阻器专用设备,其投资额按比例分二期投入,其中第一期从合资公司成立时投入,投资额为35万美元,主要用于购买后道生产设备,第二期35万美元,主要用来购买前道生产设备,时间为双方认为时机成熟时再投入（主要等待合资企业取得一定效益，国内外市场进一步扩大，建设工艺更为成熟时，预计一年时间）。"该合同经蚌埠市对外经济贸易委员会外经贸经字〔1990〕第9号文件批准生效。1990年7月6日，安徽省政府核发外经贸皖府资字〔1990〕26号《中华人民共和国中外合资经营企业批准证书》，核准设立昌盛电子。昌盛有限初始设立时的企业性质为中外合资经营企业。

经审验，截至1991年5月17日，昌盛有限已收到蚌埠市无线电六厂以设备和现汇缴纳的注册资本23.3996万美元，天元贸易以设备缴纳的注册资本10.5万美元，合计收到注册资本33.8996万美元，占第一期应投数的96.86%。

昌盛有限设立时的股权结构

股东姓名	出资方式	金额（万美元）	占注册资本总额比例
无线电六厂	货币（美元）、实物	23.3996	33.43%
天元贸易	实物	10.5000	15.00%
合计		33.8996	48.43%

昌盛有限成立时为中外合资企业，当时适用的法律为《中外合资经营企业法》。根据《中外合资经营企业法》第5条规定"合营企业各方可以现金、实物、工业产权等进行投资"、"上述各项投资应在合营企业的合同和章程中加以规定，其价格（场地除外）由合营各方评议商定"。当时的法律对中外合资企业的实物出资不要求进行资产评估，由合营各方评议商定即可，因此，昌盛有限设立时的实物出资未进行资产评估。

以上设备均为昌盛有限生产经营所必需，昌盛有限成立后已实际投入使用，由于上述设备使用时间较长，截至2013年8月31日，上述设备中部分已按报废处理。目前仍在用的设备折旧已提足，原值合计为509,452.73元人民币，累计折旧合计为458,336.23元人民币，账面净值合计为51,116.50元人民币。

1992年1月，无线电六厂以设备补投昌盛电子人民币41,313.65元，按4.7221∶1汇率折合8749美元；补第一期外币购买设备发票差额2255美元。

补投第一期出资后的股权结构

股东姓名	出资方式	金额(万美元)	占注册资本总额比例
无线电六厂	货币(美元)、实物	24.5	35%
天元贸易	实物	10.5	15%
合计		35.0	50%

(二)缴付第二期出资

经审验,截至2000年1月2日,昌盛有限已收到两期出资累计60.9683万美元,其中双环电子以分配股利和实物出资150.5万元人民币,折合为18.1778万美元;天元贸易以分配股利出资64.5万元人民币,折合为7.7905万美元。本期出资完成后,双方已累计出资60.9683万美元,为注册资本的87.1%。

缴付第二期出资后的股权结构

股东姓名	出资方式	金额(万美元)	占注册资本总额比例
双环电子	货币(美元)、实物、股利	42.6778	60.97%
天元贸易	实物、股利	18.2905	26.13%
合计		60.9683	87.10%

(三)缴付第三期出资

经审验,截至2003年7月31日,昌盛有限收到第三期出资合计9.0302万美元,其中双环电子以货币出资6.3222万美元;天元贸易以货币出资2.708万美元。本期出资完成后,双方已累计出资70万美元,为注册资本的100%。

缴付第三期出资后的股权结构

股东姓名	出资方式	金额(万美元)	占注册资本总额比例
双环电子	货币(美元)、实物、股利	49	70%
天元贸易	实物、股利、货币(美元)	21	30%
合计		70	100%

二、律师解读

根据《中外合资经营企业法实施条例》第28条的规定:“合营各方应当按

照合同规定的期限缴清各自的出资额。逾期未缴或者未缴清的，应当按合同规定支付迟延利息或者赔偿损失。”但笔者注意到，昌盛电子设立时的《公司章程》与《合资合同》，未针对股东迟延出资支付相应利息进行约定，且对第二期以后的出资期限约定不明。同时，公司股东第二期出资事宜在当时业已获得蚌埠市财政局批复，第三期缴付出资的余额较小。

昌盛有限设立以来一直运行平稳，没有因为未按约定时间出资影响昌盛电子的正常经营，也未引发债权债务纠纷或股东纠纷。2013 年 10 月 11 日蚌埠市工商局高新区分局出具证明，证明昌盛电子自 1990 年 7 月 26 成立以来，在生产经营过程中，能够严格遵守国家工商管理法律、法规，不存在因违反工商法规而遭受蚌埠市高新区工商分局行政处罚的情形。

2013 年 11 月 15 日蚌埠市商务局出具证明，证明“安徽昌盛电子有限公司变更为内资企业前在每年的外商投资企业联合年检中均为合格单位”。

经核查，根据《中外合资经营企业法》及其实施条例、《中外合资经营企业合营各方出资的若干规定》的规定，外资企业实行认缴资本制，企业在领取企业法人营业执照后再分期缴纳出资。昌盛有限在初始设立时的出资程序与此相符。

原有限公司时期，虽然公司股东实际出资时间较长，但截至 2003 年 7 月 31 日公司的全部出资已经足额到位，公司通过了各年度的工商年检，且公司自成立以来一直运行平稳、业绩良好，没有因为未按约定时间出资而引发债权债务纠纷或股东纠纷。故前述瑕疵未影响公司的正常经营，亦不损害股东及债权人利益。同时，2013 年 10 月 11 日蚌埠市工商局高新区分局出具证明，证明昌盛电子自 1990 年 7 月 26 日成立以来，在生产经营过程中，能够严格遵守国家工商管理法律、法规，不存在因违反工商法规而遭受蚌埠市高新区工商分局行政处罚的情形。

综上所述，笔者认为，根据昌盛电子设立时的《公司章程》和《合资合同》及相关法律法规，昌盛电子在 2003 年缴足出资后，不构成出资不实，故不会对公司在新三板挂牌产生任何影响。

第五节 设立或增资时实物出资未评估的处理

内容摘要:根据《公司法》第27条规定,股东可以用货币出资,也可以用实物、知识产权、土地使用权等可以用货币估价并可以依法转让的非货币财产作价出资;但是,法律、行政法规规定不得作为出资的财产除外。对作为出资的非货币财产应当评估作价,核实财产,不得高估或者低估作价。法律、行政法规对评估作价有规定的,从其规定。根据上述规定,实物出资必须经过依法成立的第三方资产评估机构进行评估,未经评估的,就属于出资瑕疵,会对挂牌新三板产生影响。

《公司法》的初衷是防止股东出资不实,从而损害了公司和债权人的利益,在实践中,经常会发生公司在成立时,有的股东以实物出资,但没有经过评估的情形,所以必须对实物未经评估的公司进行详细的尽职调查,确保实物的实际价值不低于其评估价值。下面将通过三个具体案例,来对本问题进行深入的分析。

关键词:依法评估 出资不实 债权人

【泰信电子(430576)】

一、案例陈述

济南市泰信电子有限责任公司(以下简称泰信有限)成立于1995年5月20日,由陶圣华、郝周明、田育良、丛培勇、贾春光5名自然人以货币和实物方式出资。公司注册资本为50万元。成立时,泰信有限股权结构如下:

序号	股东名称	出资额(万元)	出资方式	出资比例
1	陶圣华	30.00	实物、货币	60.00%
2	郝周明	5.00	实物、货币	10.00%
3	田育良	5.00	实物、货币	10.00%

续表

序号	股东名称	出资额(万元)	出资方式	出资比例
4	丛培勇	5.00	实物、货币	10.00%
5	贾春光	5.00	实物、货币	10.00%
合计		50.00		100.00%

根据山东省济南会计事务所历城分所1995年5月4日出具的《验资证明》记载，泰信有限申请注册资金50万元，个人投入实缴注册资金50万元，其中现金为4.5万元，CATV遥控IC 1万套，价值共计38万元，486计算机3台，价值共计5.4万元，386计算机1台，价值0.8万元，HP4L打印机1台，价值0.7万元，传真机1台，价值0.6万元，上述实物出资没有经过资产评估，不符合1994年7月1日生效实施的《公司法》第27条有关实物出资必须经过评估作价的规定。

二、律师解读

本案例争议的焦点在于，泰信有限设立之初的实物出资均没有进行资产评估，从而形成了出资瑕疵。根据1994年《公司法》第27条的规定，股东可以用货币出资，也可以用实物、知识产权、土地使用权等可以用货币估价并可以依法转让的非货币财产作价出资；但是，法律、行政法规规定不得作为出资的财产除外。对作为出资的非货币财产应当评估作价，核实财产，不得高估或者低估作价。法律、行政法规对评估作价有规定的，从其规定。依照上述法律的规定，本案中的CATV遥控、IC486计算机、386计算机、HP4L打印机、传真机均为实物，必须经过资产评估才能认定为出资合法。

经过尽职调查，山东济南会计事务所历城分所在《验资申请报告表》中确认，38万元的CATV遥控IC的作价依据分别是根据山东省肥城县电子仪器厂开出的收款收据和增城（广东）正果电子公司开具发票进行确认，其中山东省肥城县电子仪器厂开具的收款收据金额为23万元，增城（广东）正果电子公司开具发票金额为15万元；486和386计算机、打印机和传真机是根据这些资产的购置成本作为作价依据。作为实物出资的1万套CATV遥控IC已计入公司的财务账册，并且已将该出资的实物销售，收回货款 40.14 万元。这些实物资产虽未评估，但销售款项远高于所出资的金额 38 万元，因此，不存在出资不实的现象。具体的销售情况如下：

序号	销售日期	凭证号	客户名称	数量(套)	单价(元/套)	金额(元)
1	1995.8.11	记4	天津市中环	500	42.00	21,000.00
2	1995.11.16	记5	电子	500	42.00	21,000.00
3	1995.12.18	记16	机电元件	1000	38.00	38,000.00
4	1996.2.14	记48	公司	2500	44.00	110,000.00
5	1996.3.7	记21	江苏镇江星	3500	38.00	133,000.00
6	1996.3.7	记21	科通讯设备厂	2000	39.20	78,400.00
合计				10,000		401,400.00

计算机、打印机和传真机和现金 4.5 万元已入公司账册，并根据山东省济南会计事务所历城分所在《验资证明》中记载，4.5 万元为存款，计算机、打印机和传真机能够正常使用，并非报废资产，是真实存在的。

在 2012 年 6 月 15 日天健会计师事务所山东分所出具的《审计报告》，截至 2012 年 5 月 31 日，泰信有限的净资产为 16,082,391.7 元，高于其股东所投资的注册资本，因此，在泰信有限设立时虽出资的实物未经评估，但不会损害债权人的利益；泰信有限整体改制为泰信电子时，公司以净资产 16,082,391.7 元中 1500 万元折股为 1500 万股，改制后的公司注册资本和实收资本为 1500 万元，因此，公司的注册资本和实收资本均充实。

1994 年《公司法》规定实物出资必须经过评估，其立法本意是通过该种程序防止股东出资不实而损害其他股东、公司及公司债权人的利益。正如前面所述，泰信有限设立时股东的实物出资虽未评估，但实际价值不低于出资金额，不存在出资不实的情形。《公司法》于 1994 年 7 月 1 日开始实施，泰信有限是《公司法》刚开始实施不久设立的，实务操作中难免有不规范之处。泰信有限设立时，实物出资虽未经评估，但济南市工商局并未因此而不予登记且对此亦未给予任何的行政处罚或要求公司予以纠正，也就是说，工商主管机关亦认可有限公司实物出资未经评估的事实；同时，亦未因实物出资未评估事项产生任何的法律纠纷。

公司实际控制人及原股东陶圣华出具承诺，承诺泰信有限设立时的注册资本真实、充足，不存在损害有限公司及其相关利益人的情形；若因泰信有限设立时实物出资未评估事项造成泰信电子及其相关权益人损失的，所造成的损失全部由承诺人承担。为了进一步解决该出资瑕疵的问题，公司实际控制人陶圣华于2013年11月15日存入与实物出资等值的45.5万元现金，并已进入公司资本公积科目，作为出资溢价。至此，股东陶圣华通过现金补足的方式解决实物出资未经评估的法律瑕疵。因此，律师认为，泰信有限实物出资未经评估的瑕疵不会对本次挂牌构成实质性的法律障碍。

【光莆电子(430568)】

一、案例陈述

(一)1994年12月，公司前身光莆有限设立

光莆有限系由林玉辉先生、林文坤先生与林瑞梅女士于1994年12月共同出资设立。光莆有限成立时的注册资本为50万元，其中林玉辉先生以货币和实物出资17.50万元，林文坤先生以货币和实物出资17.50万元，林瑞梅女士以货币和实物出资15万元。

光莆有限设立时的股权结构如下：

股东姓名	出资额(万元)	出资方式		出资比例
		货币(万元)	实物(万元)	
林玉辉	17.50	10.50	7.00	35.00%
林文坤	17.50	10.50	7.00	35.00%
林瑞梅	15.00	9.00	6.00	30.00%
合计	50.00	30.00	20.00	100.00%

(二)1995年12月，第一次增资后注册资本300万元

1995年11月10日，光莆有限全体股东一致同意向光莆有限增加投资250

万元，其中，林玉辉先生以货币和实物增资 87.50 万元人民币、林文坤先生以应收账款转增股本 7.15 万元并以实物增资 80.35 万元、林瑞梅女士以货币和实物增资 75 万元。

该次增资完成后，光莆有限的股东及股权结构如下：

股东姓名	出资额(万元)	出资方式			出资比例
		货币(万元)	实物(万元)	债转股(万元)	
林玉辉	105.00	80.50	24.50	0.00	35.00%
林文坤	105.00	10.50	87.35	7.15	35.00%
林瑞梅	90.00	28.50	61.50	0.00	30.00%
合计	300.00	119.50	173.35	7.15	100.00%

（三）光莆有限设立及第一次增资时，股东以部分实物资产出资

用于出资的实物资产的明细情况如下：

序号	名称	数量	金额(万元)	备注
1	ZAG－06A 前列腺治疗仪	1 台	29.58	
2	封装机	1 台	26.47	发票记载付款单位为：光莆有限
3	模具	3 套	65.28	
4	测试仪	7 套	25.60	
5	WDESWL91 碎石机	1 台	36.00	
合计			153.35	

注：部分实物资产所对应的发票记载收票单位为光莆有限。根据林文坤、林瑞梅、林玉辉的书面说明，本次增资所出资实物均系林文坤、林瑞梅、林玉辉以自有资金购买，因考虑到后续要投入光莆有限，故部分实物开具发票时直接将付款单位记为了光莆有限。

上述设备中前列腺治疗仪及碎石机为医疗器械，封装机、模具、测试仪为 LED 生产设备。公司股东以部分医疗器械出资，主要系光莆电子设立初期，股

东有意医疗领域发展。上述用于出资的设备均为公司生产所必需的生产设备。

光莆有限设立及第一次增资时股东所出资实物未履行评估程序，不符合当时有效的《公司法》的相关规定。2012 年 5 月 5 日，厦门市大学资产评估有限公司出具了《厦门市光莆电子有限公司部分机器设备评估报告书》（厦大评估评报字〔2012〕第 023 号），对光莆有限设立时林玉辉、林文坤所出资实物进行了评估，评估基准日为 1994 年 11 月 30 日，评估值为 297，800 元。根据该评估结果，相应所出资实物的评估值不低于光莆有限设立时相应实物对应的出资值。同日，厦大评估出具了《厦门市光莆电子有限公司部分机器设备评估报告书》（厦大评估评报字〔2012〕第 024 号），对光莆有限本次增资时林玉辉、林文坤、林瑞梅所出资实物进行了评估，评估基准日为 1995 年 11 月 30 日，评估值为 1，618，650 元。根据该评估结果，相应所出资实物的评估值不低于光莆有限本次增资时相应实物对应的出资值。2013 年 9 月 13 日，林瑞梅、林文坤、林玉辉出具《关于公司设立及第一次增资情况的说明》，确认了上述光莆有限设立及 1995 年 12 月增资情况，且确认截至该说明出具日，林瑞梅、林文坤、林玉辉之间及与公司之间不存在任何纠纷或潜在纠纷；2013 年 9 月 18 日，公司控股股东及实际控制人林瑞梅、林文坤出具《声明及承诺》："公司设立及历次增资均已实际足额履行相应出资义务，公司各股东所持有公司相应股份（或股权）不存在任何现实或潜在纠纷，若公司设立及历次增资存在任何问题或瑕疵，且因相应问题或瑕疵造成损失，本人将承担一切责任。"2013 年 9 月 17 日，厦门市工商局出具《证明》：光莆有限"1994 年 12 月 7 日在我局依法注册，按期年检"。

为了规范公司股东的出资行为，公司实际控制人林瑞梅及林文坤分别向公司交付 90.25 万元，合计交付货币资金 180.50 万元，以货币资金出资的方式对该等未经评估的实物出资部分进行再出资，公司收款后将上述款项计入资本公积。

二、律师解读

根据《公司法》第 27 条的规定，股东可以用货币出资，也可以用实物、知识产权、土地使用权等可以用货币估价并可以依法转让的非货币财产作价出资；但是，法律、行政法规规定不得作为出资的财产除外。对作为出资的非货币财产应当评估作价，核实财产，不得高估或者低估作价。法律、行政法规对评估作价有规定的，从其规定。依照上述规定，公司设立以及第一次增资时，ZAG－06A 前列腺治疗仪、封装机、模具、测试仪、WDESWL91 碎石机等实物出资均没有进行资产评估，所以这些实物出资的程序都存在瑕疵。

笔者认为，光莆有限出资的实物系生产经营中的必需的设备，已入公司的财务账目并用于生产经营，且实物价值经厦大评估复核确认不低于对应的出资值，相关各方亦对设立时的出资无任何现实或潜在纠纷，也得到了相关各方的书面确认，公司不存在出资不实的情形。根据《验资报告》的验证，该部分实物资产已全部交付至公司，公司已就本次出资办理了工商登记；同时公司股东林瑞梅及林文坤亦向公司交付货币资金进行再出资，在客观上起到了使出资方式符合法律规定的目的，有利于公司其他股东、特别是中小股东。虽然光莆有限设立及第一次增资时所涉及实物出资未履行评估程序，但经 2012 年 5 月评估复核的结果，其不存在实物出资不实的情形，相应各方之间就增资事项无任何现实或潜在纠纷，且公司实际控制人林瑞梅及林文坤以货币资金对实物出资部分进行了再出资，因此，公司设立时及 1995 年 12 月第一次增资时的出资瑕疵不会对公司生产经营和本次挂牌产生实质性障碍。

【远大股份(430511)】

一、案例陈述

山东省远大网络多媒体有限责任公司由自然人李鼎、吴东民、王爱香和李晖四人以及山东省远大广告策划传播有限公司(以下简称远大广告)共同出资设立，注册资本人民币 68 万元，各股东出资情况为：

李鼎、吴东民、王爱香和李晖以及远大广告用于出资的货币资金共计人民币 29.5 万元；1997 年 3 月 13 日，远大广告用于出资的资产福特天霸车 1 辆、扫描仪 1 台(作价 22.5 万元，1996 年年底购置)。李鼎用于出资的微机 6 台、光盘机4台(作价11.32万元,1997年元月购置)。李晖用于出资的外置硬盘4块、视频采集卡1块(作价4.68万元,1997年元月购置)。该等实物出资未进行评估,以其原账面价值作价出资,具体如下:

股东	出资的实物	购买时间	账面值(万元)	出资时间
远大广告	福特天霸车	1996.11	21.8	1997.3.13
	扫描仪	1996.11.8	0.7	1997.3.13
李鼎	奔腾586/133(4台)、奔腾586/166(2台)、光盘机(4台)	1997.1.26	11.32	1997.3.13
李晖	外置4G硬盘(4块)、视频采集卡(1块)	1997.1.27	4.68	1997.3.13

二、律师解读

本案例中,公司设立时,股东远大广告出资的福特天霸车1辆、扫描仪1台,股东李鼎出资的微机6台、光盘机4台,股东李晖出资的外置硬盘4块、视频采集卡1块等实物出资没有经过法定的资产评估程序,故而出资存在一定的瑕疵。

但在尽职调查中发现,相关实物购置发票显示的时间集中在1996年11月至1997年1月间,与当时股东约定的1997年3月13日的出资时间非常接近,据此可以判定这些实物是在当时出资的。出资的实物分别为汽车、电脑、扫描仪等,这些实物在短时间内大幅贬值的可能性几乎不存在,因此可以根据发票金额来认定当时的价格,虽然存在一定的误差,但误差应该在可以控制的范围内。而且在股东出资之后,公司日常运营之时,这些实物在平时的业务开展中都发挥了一定的作用。同时,这次出资虽然有瑕疵,但是至今为止,并没有任何权利人主张因为此瑕疵而遭受的损害。

综上所述,笔者认为,这次出资瑕疵没有对公司构成任何实质性的负面影响,公司股东股权也没有因此瑕疵存在潜在的纠纷和风险,公司的债权人也没有因此瑕疵而遭受损失,该程序瑕疵不影响公司在全国中小企业股份转让系统挂牌。

第六节　设立及增资无验资报告

内容摘要:根据《公司法》(2005 年修订)第 29 条规定,“股东缴纳出资后,必须经依法设立的验资机构验资并出具证明”。实践中,某些地方政府为了使设立公司更加方便、更加具有可操作性,而根据地方经济发展的实际情况,制定出因地制宜的法规或政策性文件。虽然这些文件可能与 2005 年修订的《公司法》相关规定有冲突,但是根据以往的经验以及券商的意见来看,这些公司只要符合地方法规或地方政策性文件就可。

关键词:单一货币　银行出具证明

【世安科技(430520)】

一、案例陈述

大连世安科技股份有限公司前身为大连世安科技发展有限公司(以下简称世安有限)。2005 年 2 月 1 日,经大连市工商行政管理局依法登记,世安有限成立。世安有限注册资本 30 万元,其中自然人宗延杰出资 15 万元,胡浩权出资 15 万元。

大连市工商行政管理局于 2003 年 10 月 10 日发布《关于印发〈企业单一货币出资用银行证明替代验资报告的暂行办法〉的通知》(大工商〔2003〕91 号)、于 2009 年 10 月 21 日发布《企业单一货币出资用银行证明替代验资报告的暂行办法和修改意见》(大工商〔2009〕134 号)。根据大连市工商局 2003 年发布的通知,注册资本在 100 万元以下的有限责任公司、非公司企业法人,在设立登记、注册资本增加或出资方式的变更登记中,以单一货币出资的,可用银行出具的证明替代《验资报告》,对于用单一货币出资的企业,登记中可自行选择由银行出具出资证明或具有验资资格机构出具的《验资报告》。

【莱力柏股份(430565)】

二、案例陈述

大连莱力柏自控技术有限公司(以下简称莱力柏有限)是由自然人郑翠环、马树伟共同出资组建。2004年2月26日,全体投资人共同签署《大连莱力柏自控技术有限公司章程》。根据《有限公司章程》,莱力柏有限注册资本50万元(实缴20万元)。其中,郑翠环出资30万元(实缴12万元)、马树伟出资20万元(实缴8万元),出资方式均为货币出资。

2004年2月26日,大连市商业银行开发区支行出具大商银存证〔2004〕第054号《企业设立登记出资证明》:证明截至2004年2月26日,企业出资人以货币出资20万元已存入我行。

根据工商登记档案,莱力柏有限的注册资本为50万元(实缴20万元),各投资人的出资金额及出资比例如下:

股东姓名	注册资金(万元)	实缴出资(万元)	出资比例	出资方式
郑翠环	30	12	60%	货币
马树伟	20	8	40%	货币
总计	50	20	100%	

2005年2月21日,莱力柏有限召开股东会一致决定由公司设立时的股东缴纳认缴出资30万元。

2005年2月28日,大连市商业银行开发区支行出具大商银存证〔2005〕第036号《企业变更登记出资证明》:证明截至2005年2月28日,郑翠环出资18万元,马树伟出资12万元,合计30万元已存入我行。

实缴出资增加后的股权结构如下:

股东姓名	注册资金(万元)	实缴出资(万元)	出资比例	出资方式
郑翠环	30	30	60%	货币
马树伟	20	20	40%	货币
总计	50	50	100%	

2006年10月9日,莱力柏有限召开股东会,股东会决议增资250万元,注册资本由50万元增加至300万元,出资方式均为货币。莱力柏有限根据会议决议制作了章程修正案。

2006年10月10日,中国建设银行股份有限公司大连保税区支行〔2006〕第1-143号《企业变更登记出资证明》,证明截至2006年10月10日,郑翠环出资150万元,马树伟出资100万元,合计250万元已存入我行。

变更后的股权结构如下:

股东姓名	注册资金(万元)	实缴出资(万元)	出资比例	出资方式
郑翠环	180	180	60%	货币
马树伟	120	120	40%	货币
总计	300	300	100%	

2007年7月6日,莱力柏有限召开股东会,决议增资200万元,注册资本由300万元增加到500万元,新增出资均为货币。莱力柏有限根据会议决议制作了章程修正案。在本次增资中,郑翠环认缴增资120万元、马树伟认缴增资80万元。

2007年7月6日,中国建设银行股份有限公司大连保税区支行〔2007〕第1-123号《企业变更登记出资证明》,证明截至2007年7月6日,郑翠环出资120万元,马树伟出资80万元,合计200万元已存入我行。

本次增资后,公司的股权结构变更为:

股东姓名	注册资金(万元)	实缴出资(万元)	出资比例	出资方式
郑翠环	300	300	60%	货币
马树伟	200	200	40%	货币
总计	500	500	100%	

根据大连市工商行政管理局颁发的《企业单一货币出资用银行证明替代验资报告的暂行办法》(大工商〔2003〕91 号)规定,注册资本(金)在 100 万元以下的有限责任公司、非公司企业法人,企业在设立登记、注册资本增加或出资方式的变更登记中,以单一货币出资的,可用银行出具的证明替代验资报告。因此,公司设立登记及增资未经会计师事务所验资。

三、律师解读

本节中的两个例子——世安有限、莱力柏有限均是大连的公司。世安有限在设立时没有进行验资,而莱力柏有限在设立时以及之后的两次增资都没有进行验资。根据 2005 年的《公司法》第 29 条规定,"股东缴纳出资后,必须经依法设立的验资机构验资并出具证明"。而根据大连市商行政管理局颁发的《企业单一货币出资用银行证明替代验资报告的暂行办法》(大工商〔2003〕91 号)规定,注册资本(金)在 100 万元以下的有限责任公司、非公司企业法人,企业在设立登记、注册资本增加或出资方式的变更登记中,以单一货币出资的,可用银行出具的证明替代验资报告。大连市出台的暂行办法与我国法律虽然有矛盾之处,但瑕疵并不大,而且当地工商局出台的一系列政策规定可以使设立公司更加方便、更加具有可操作性。本案中,大连市属企业完全可以参照大连市工商局出台的规定,在注册资本 100 万元以下且以单一货币出资的企业均可以用银行出具的证明代替验资报告。

综上所述,笔者认为两个案例的出资瑕疵并不影响其在全国中小企业股份转让系统中挂牌。

第七节　延期缴付出资

内容摘要：延期缴付出资是指股东在公司设立时，并没有按照公司章程规定，在规定的期限内缴付出资的行为。股东延期缴付出资的行为在一定程度上是损害公司利益的，可能会对公司的正常经营产生影响，也是对其他股东违约的表现，同时，可能会影响到债权人的利益。

在实践中，虽然股东延期缴付出资有一定的程序瑕疵，但笔者认为，只要符合以下条件，就不会影响公司在新三板挂牌：第一，其他股东出具承诺函，同意股东延期缴纳，并对延期缴付的股东不追究违约责任。第二，延期缴纳出资不影响公司正常的生产经营。第三，延期缴纳出资不影响公司债权人的利益，没有产生债权债务纠纷或其他法律纠纷。

关键词：延期缴付　违约责任　债权人利益

【麟龙股份(430515)】

一、案例陈述

2001 年 11 月，沈阳鼎诺、沈阳智龙及邱一平(中国台湾地区自然人)签署共同发起设立中外合资企业沈阳麟龙科技有限公司(以下简称麟龙有限)的合资合同、有限公司章程及相关文件。全体股东约定沈阳智龙以人民币出资 23 万元、沈阳鼎诺以人民币出资 14.5 万元、台湾籍邱一平以美元出资 12.5 万元。各股东应在麟龙有限《企业法人营业执照》颁发之日起 3 个月内一次性缴付出资。

2002 年 4 月 10 日，辽宁万隆会计师事务所有限公司出具《验资报告》，验证麟龙有限已收到第一期出资 423,931.30 元，其中沈阳智龙以实物出资 23 万元、沈阳鼎诺以实物出资 14.5 万元、邱一平以美元出资 5871.78 元，折合人民币 48,931.30 元。

2002 年 7 月 5 日，辽宁万隆出具《验资报告》，验证麟龙有限已收到邱一平第二期出资10,000美元,折合人民币83,300元。截至2002年7月2日,麟龙有限累计收到出资人投入的注册资本金50万元人民币,余额列入资本公积。

根据合营合同、公司章程及《关于沈台"沈阳麟龙科技有限公司"合同、章程及设立企业的批复》,各股东应营业执照颁发之日起3个月内一次性缴付出资。麟龙有限于2002年1月15日取得了营业执照,但股东邱一平分二期出资且第二期出资(8.33万元人民币)于2002年7月5日缴付,超出了约定出资的期限。

二、律师解读

《中外合资经营企业法实施条例》第28条规定:"合营各方应当按照合同规定的期限缴清各自的出资额。逾期未缴或者未缴清的,应当按合同规定支付迟延利息或者赔偿损失。"《中外合资经营企业合营各方出资的若干规定》第7条规定:"合营一方未按照合营合同的规定如期缴付或者缴清其出资的,即构成违约。守约方应当催告违约方在1个月内缴付或者缴清出资。逾期仍未缴付或者缴清的,视同违约方放弃在合营合同中的一切权利,自动退出合营企业。守约方应当在逾期后1个月内,向原审批机关申请批准解散合营企业或者申请批准另找合营者承担违约方在合营合同中的权利和义务。守约方可以依法要求违约方赔偿因未缴付或者缴清出资造成的经济损失。前款违约方已经按照合营合同规定缴付部分出资的,由合营企业对该出资进行清理。守约方未按照第一款规定向原审批机关申请批准解散合营企业或者申请批准另找合营者的,审批机关有权撤销对该合营企业的批准证书。"根据上述条款,麟龙股份设立时的股东沈阳智龙、沈阳鼎诺有权要求邱一平因延期出资赔偿给其经济损失,审批机关有权撤销合营企业的批准证书。

就邱一平延期缴付出资事项,沈阳鼎诺的股东朱荣晖、鲁景义,沈阳智龙的股东倪忠威、颜为民出具了一份声明:邱一平分期并且延期出资系经得到沈阳鼎诺、沈阳的同意,并同意免除邱一平延期出资的违约责任,各方对公司设立时的出资不存在任何争议或纠纷。此外,有关审批机关并未因邱一平延期缴付出资而撤销合营企业的批准证书。同时,邱一平延期缴付出资的行为没有损害债权人的利益,没有发生债权债务纠纷或其他法律纠纷。最后,公司也没有因为邱一平的延期缴付出资而影响正常的生产经营。

笔者认为,邱一平在麟龙有限设立时未按合营合同和公司章程的约定而分期且逾期缴纳出资的行为,系取得了其他股东的同意,并且其他股东对邱一平逾期交付出资的违约责任予以免除,各方均对其出资不存在争议或纠纷。同时,有关审批机关并未因邱一平分期及延期缴付出资而撤销合营企业的批准证书,不影响麟龙有限的合法存续。

综上所述,麟龙股份在全国中小企业股份转让系统挂牌不存在程序瑕疵。

第八节　债权转增股权

内容摘要:债权转股权,是指债权人以其依法享有的对在中国境内设立的有限责任公司或者股份有限公司的债权,转为公司股权,增加公司注册资本的行为。根据《公司法》第 27 条第 1 款,“股东可以用货币出资,也可以用实物、知识产权、土地使用权等可以用货币估价并可以依法转让的非货币财产作价出资;但是,法律、行政法规规定不得作为出资的财产除外。”从上述规定可知,法律、行政法规未对债权出资进行禁止性规定。

用于出资的债权应当符合以下条件:(1)债权合法有效;(2)债权权属清晰、权能完整;(3)债权依法可以评估和转让;(4)债权是被投资公司经营中产生的货币给付、实物给付的合同之债;(5)被投资公司为有限责任公司的,债权出资应当经全体股东一致通过;被投资公司为股份有限公司的,债权出资应当经出席会议的股东所持表决权的 2/3 以上通过。

在新三板挂牌企业中,有些企业会遇到债权转增股权事宜,虽然债权转股权合法,但也必须符合上述 5 个条件才行。实践中,很多企业的债权转股权存在法律上的瑕疵,必须通过尽职调查,详细地了解各个企业的所存在的具体问题。下面将通过三个具体案例详细分析企业债权转股权所存在问题。

关键词:债权合法　出资比例　依法验资

【海红技术(430553)】

一、案例陈述

(一)公司设立及增资的过程

公司前身为成立于2000年7月1日的兰州海红通信设备有限责任公司(以下简称海红有限)。海红有限由自然人桂文明、曹振海出资31万元共同设立。

海红有限设立时的股权结构如下:

股东名称	出资额(万元)	出资比例	出资方式
桂文明	16	51.6%	货币
曹振海	15	48.4%	货币
合计	31	100%	

2004年1月20日,海红有限召开股东会,全体股东同意将海红通信注册资本由31万元增加至260万元,其中:原股东曹振海以货币出资118万元,以短期借款转增资本50万元,合计出资168万元;新股东曹振军以其他应付款转增资本61万元。

2004年3月1日,兰州同仁会计师事务有限责任公司出具《验资报告》,该报告审验确认:截至2004年2月28日,曹振海缴纳出资168万元,其中:货币资金118万元,已于2004年2月16日、2月26日分两次缴存于中国农业银行兰州市磨沟沿分理处海红有限账户(账户号:015601040002303),债权转增50万元("短期借款——曹振海户"余额转增);曹振军缴纳61万元("其他应付款——曹振军户"余额转增);变更后的累计注册资本实收金额为260万元。

第一次增资后,海红有限的股权结构如下:

股东名称	出资额(万元)	出资比例	出资方式
曹振海	183	70.39%	货币、债权
曹振军	61	23.46%	债权
桂文明	16	6.15%	货币
合计	260	100%	

2006年3月18日,股东桂文明、曹振海、曹振军召开股东会,同意:将海红有限注册资本由260万元增加至390万元,新增130万元由曹振海认缴108万元、曹振军认缴22万元。

2006年4月10日,兰州同仁会计师事务所有限责任公司出具《验资报告》确认:经审验,截至2006年4月9日止,海红有限已收到曹振海、曹振军缴纳的注册资本130万元,其中:曹振海以货币方式出资的70.50万元,已于2006年4月9日缴存于中国农业银行兰州市磨沟沿分理处海红有限账户,以"其他应付款"转股37.50万元;曹振军以"其他应付款"转股22万元。

第二次增资后,海红有限的股权结构如下:

股东名称	出资额(万元)	出资比例	出资方式
曹振海	291	74.62%	货币、债权
曹振军	83	21.28%	债权
桂文明	16	4.1%	货币
合计	390	100%	

2007年4月2日,海红有限召开股东会,全体股东决议:将"其他应付款——曹振海"金额410万元转增为注册资本,转增后海红有限注册资本由原390万元变更至800万元。2007年4月8日,兰州同仁会计师事务所有限责任公司出具《验资报告》确认:截至2007年4月2日止,海红有限已收到股东曹振海认缴的新增注册资本410万元,出资方式为债权转增注册资本。

第三次增资后,海红通信的股权结构如下:

股东名称	出资额(万元)	出资比例	出资方式
曹振海	701	87.62%	货币、债权
曹振军	83	10.38%	债权
桂文明	16	2%	货币
合计	800	100%	

2008 年 2 月 1 日,海红有限股东会作出决议:将注册资本增加至 1300 万元,新增 500 万元由股东曹振海认缴。2008 年 2 月 22 日,甘肃新同仁会计师事务所出具《验资报告》,报告称:截至 2008 年 2 月 1 日止,公司已以股东曹振海拥有的债权转增注册资本 500 万元。

2008 年 6 月 11 日,海红有限作出股东会决议:同意将注册资本由 1300 万元增加至 1800 万元;新增注册资本 500 万元由股东曹振海认缴。2008 年 6 月 18 日,甘肃新同仁会计师事务所出具《验资报告》。该报告《附件 3:验资事项说明》确认:曹振海于 2008 年 1 月至 3 月分 8 次合计将 106 万元缴存海红有限在中国农业银行磨沟沿分理处开立的账户 015601040002303 内,于 2008 年 3 月至 6 月分 28 次合计将 394 万元缴存海红有限在兰州市商业银行开发区支行开立的账户 7028273309912012 内,以上款项入账后全部记录在“其他应付款”中,于 2008 年 6 月 12 日转增实收资本(转账凭证号为转 0059 号)。

第四次增资后,海红有限的股权结构如下:

股东名称	出资额(万元)	出资比例	出资方式
曹振海	1701	94.5%	货币、债权
曹振军	83	4.61%	债权
桂文明	16	0.89%	货币
合计	1800	100%	

(二)四次债权的形成

1. 2004 年 1 月债权出资

根据公司提供的《兰州海红通信设备有限责任公司 2004 ~2008 年债转股

(实收资本)明细一览表》、财务凭证、公司相关负责人员说明、验资报告,自公司设立之日起股东即与海红有限发生资金往来,主要是由股东向海红有限提供流动资金借款(其中一部分为股东代海红有限支付相关款项),用于海红有限正常生产经营。

(1)曹振海债权

根据公司提供的《兰州海红通信设备有限责任公司2004~2008年债转股(实收资本)明细一览表》及相关财务凭证,截至2003年1月1日,海红有限欠曹振海的借款余额为37.5万元。2003年3月、2003年10月,海红有限又分别向曹振海借款共计70万元。截至2004年1月20日,海红有限尚欠曹振海的借款余额为79.5万元。

(2)曹振军债权

根据公司提供的《兰州海红通信设备有限责任公司2004~2008年债转股(实收资本)明细一览表》,2003年,曹振军通过直接借款、代海红有限支付房租、代公司为员工发放工资的方式与公司发生借款金额合计61.1645万元(其中直接借款金额为51.6万元)。截至2004年1月20日,海红有限尚欠曹振军的借款余额为61.1645万元。

根据公司提供的相关银行凭证及公司相关负责人员的说明,曹振海、曹振军以现金方式向海红有限提供了上述借款,海红有限除将曹振军于2003年2月、5月、6月、7月、9月、11月提供的9.7895万元借款及2003年12月3万元借款中部分现金用于向员工支付工资和补充公司流动资金之外,本次债权出资之前的其他借款均存入海红有限银行账户。

2.2006年3月债权出资

根据公司提供的《兰州海红通信设备有限责任公司2004~2008年债转股(实收资本)明细一览表》、财务凭证、公司相关负责人员说明,股东曹振海、曹振军为解决海红有限流动资金紧张问题,在2004年10月至2005年11月间陆续向海红有限提供流动资金借款,用于海红有限生产经营。

(1)曹振海债权

根据公司提供的《兰州海红通信设备有限责任公司2004~2008年债转股

（实收资本）明细一览表》，2004年2月至2005年11月间，海红有限向曹振海借款合计42.5万元。截至2006年1月1日，海红有限尚欠曹振海的借款余额为9.5万元。2006年3月曹振海向海红有限提供借款28万元。截至2006年4月9日，曹振海向海红有限提供的借款余额为37.5万元。

（2）曹振军债权

根据公司提供的《兰州海红通信设备有限责任公司2004～2008年债转股（实收资本）明细一览表》，2004年，曹振军向海红有限提供借款共计32万元；2005年3月向海红有限累计提供借款10万元。截至2006年4月9日，海红有限尚欠曹振军的借款余额22万元。

根据公司提供的相关银行凭证及公司相关负责人员的说明，曹振海、曹振军以现金方式向海红有限提供了上述借款，其中曹振海2005年9月提供给海红有限的1万元现金借款，曹振军于2004年9月提供给海红有限8万元借款中的6万元，被公司直接用于补充海红有限流动资金之外，本次债权出资之前的其他借款均存入了海红有限银行账户。

3.2007年4月债权出资

根据公司提供的《兰州海红通信设备有限责任公司2004～2008年债转股（实收资本）明细一览表》，股东曹振海为解决海红有限流动资金短缺问题，在2006年6月至2007年3月间向海红有限提供流动资金借款，用于海红有限正常生产经营。

根据公司提供的《兰州海红通信设备有限责任公司2004～2008年债转股（实收资本）明细一览表》，2006年6月至12月，曹振海向海红有限提供借款410.6548万元。截至2007年1月1日，海红有限尚欠曹振海的借款余额为405.6548万元。2007年1月至3月间，曹振海向海红提供借款78万元。截至2007年4月1日，海红有限尚欠曹振海的借款余额为432.8548万元。

根据公司提供的《兰州海红通信设备有限责任公司2004～2008年债转股（实收资本）明细一览表》、相关银行凭证及公司相关负责人员的说明，曹振海以现金方式向海红有限提供了上述借款，本次债权出资之前的其他借款均如实存入海红有限银行账户。

4.2008年2月及6月债权出资

根据公司提供的资料、公司相关负责人员说明，债权的形成主要是由曹振海在2007年4月至2008年6月期间向海红有限提供流动资金借款而形成，均用于海红有限生产经营。

(1)根据公司提供的《兰州海红通信设备有限责任公司2004~2008年债转股(实收资本)明细一览表》、财务凭证，2007年4月至12月，曹振海向海红有限提供借款共计485万元，2007年4月2日曹振海以债权出资后的借款余额22.8548万元，截至2007年12月31日，海红有限尚欠曹振海的借款余额为507.8548万元；2008年1月，曹振海向海红有限提供借款共计50万元。截至2008年2月1日，海红有限欠曹振海的借款余额为557.8548万元。

(2)根据公司提供的财务凭证，2008年2月至6月期间，曹振海向海红有限提供借款共计484万元。截至2008年6月12日，海红有限尚欠曹振海的借款余额为人民币1041.8548万元。

曹振海以现金方式向海红有限提供了上述借款，除曹振海于2007年12月提供给海红有限20万元现金借款中的10万元、2008年6月565万元现金借款中的515万被海红有限直接用于补充流动资金之外，本次债权出资之前的其他借款均海红有限如实计入银行存款，海红有限向本所律师提供了借款凭证以及资金存入银行账户的凭证。

(三)股东关于债权出资的说明和承诺

涉及以债权出资的公司股东曹振海、曹振军于2013年10月20日出具《关于债权出资的说明和承诺》，承诺如下：

1.股东系以支持公司经营发展为目的，自公司设立至公司改制为股份有限公司期间，采取借款、垫付款项等方式向公司提供资金。

2.股东向公司提供的资金来源合法，为其自有资金，不存在任何权利负担或可得任何第三方所主张权利。

3.因股东提供资金形成的股东与公司之间的债权债务关系真实、合法，对股东具有法律约束力。

4.截至公司整体变更为股份有限公司的审计基准日，以及截至本补充法律意见书出具之日，股东与公司之间不存在任何未结之债权债务。

5. 因债权出资问题给公司、公司股东、公司债权人造成损害的，曹振海、曹振军愿就此全部损害自行承担连带责任。

二、律师解读

（一）以债权出资不违反法律、法规及规范性文件的强制性规定

根据《公司法》第27条的规定，股东可以用货币出资，也可以用实物、知识产权、土地使用权等可以用货币估价并可以依法转让的非货币财产作价出资；但是，法律、行政法规规定不得作为出资的财产除外。法律、行政法规未对债权出资进行禁止性规定。

最高人民法院于2003年1月3日颁布的《关于审理与企业改制相关的民事纠纷案件若干问题的规定》（法释〔2003〕1号）第14条第1款规定："债权人与债务人自愿达成债权转股权协议，且不违反法律和行政法规强制性规定的，人民法院在审理相关的民事纠纷案件中，应当确认债权转股权协议有效。"

2011年11月23日国家工商行政管理总局令第57号公布了《公司债权转股权登记管理办法》（以下简称《管理办法》），明确了债权转股权的具体规则。

公司股东曹振海、曹振军历次以债权出资的行为已依法向工商行政管理机关申请办理工商变更法律手续，工商行政管理机关均已依法核准并办理了工商变更登记，未对以债权出资的方式提出异议。

所以，笔者认为，曹振海、曹振军以债权出资的行为未违反相关法律、法规及规范性文件的强制性规定。

（二）债权出资占公司注册资本的比例符合法律规定

2004年1月股东以债权出资后，股东债权出资占海红有限注册资本的比例为42.69%；2006年3月股东以债权出资后，股东债权出资占海红有限注册资本的比例为43.71%；2007年4月股东以债权出资后，股东债权出资占海红有限注册资本的比例为72.56%；2008年2月及6月股东以债权出资后，股东债权出资占海红有限注册资本的比例为87.81%；截至海红有限变更为股份公司的审计基准日，股东债权出资占注册资本的比例为26.32%。

根据当时的《公司法》第27条第3款的规定，股东货币出资不低于公司注册资本的30%。笔者认为，海红有限历次注册资本变动及注册资本构成及其比例的变动已依法办理工商变更法律手续，工商行政管理机关已依法核准，未对以债权出资的方式及比例提出异议。公司股东用以出资的债权主要是股东向海红有限提供现金借款形成的债权，海红有限已获得与债权等额的货币资金，并且新的《公司法》已经取消了货币出资的最低限额，所以公司注册资本构成及比例符合公司法和工商登记管理的相关法律法规的规定。

（三）股东以债权出资的真实性

依赖于主办券商和律师对公司和公司股东所提交文件资料的审查和合理判断，基于具有合法资格的会计师事务所已就公司股东历次债权出资出具的验资报告，公司已依法办理工商变更法律手续，工商行政管理机关已依法核准股东的债权出资。

主办券商和律师没有发现公司股东以债权出资可能存在虚假出资或出资不实的情形。公司股东曹振海、曹振军已作出说明和承诺，承诺其出资的真实性并承担以债权出资的全部法律后果。

综上所述，笔者认为，以债权转增股权对于海红技术本次挂牌不构成实质性法律障碍。

【天弘激光（430549）】

一、案例陈述

（一）有限公司的设立

2001年1月，自然人金朝龙、郑立宇、郭秀火分别以货币资金25万元、15万元、10万元作为出资共同设立了苏州天弘激光设备有限公司（以下简称天弘有限）。天弘有限设立时股权结构如下：

序号	股东名称	出资额(万元)	出资比例	出资方式
1	金朝龙	25	50%	货币
2	郑立宇	15	30%	货币
3	郭秀火	10	20%	货币
合计		50	100%	

(二)第一次增加注册资本

2003年4月1日,天弘有限召开股东会,全体股东一致同意天弘有限注册资本增加至100万元,其中金朝龙新增出资25万元,郑立宇新增出资15万元,郭秀火新增出资10万元。

本次变更后,天弘有限的股权结构如下:

序号	股东名称	出资额(万元)	出资比例	出资方式
1	金朝龙	50	50%	货币
2	郑立宇	30	30%	货币
3	郭秀火	20	20%	货币
合计		100	100%	

(三)第二次增加注册资本

2005年7月18日,天弘有限召开股东会,全体股东一致同意天弘有限注册资本增加至250万元,其中金朝龙新增出资75万元,郑立宇新增出资45万元,郭秀火新增出资30万元。

本次变更后,天弘有限的股权结构如下:

序号	股东名称	出资额(万元)	出资比例	出资方式
1	金朝龙	125	50%	货币
2	郑立宇	75	30%	货币
3	郭秀火	50	20%	货币
合计		250	100%	

（四）第三次增加注册资本

2008年11月2日，天弘有限召开股东会，全体股东一致同意天弘有限注册资本增加至1000万元，其中金朝龙新增货币出资295万元、新增债权转股权出资80万元，郑立宇新增货币出资225万元，郭秀火新增债权转股权出资150万元。

2008年11月10日，金朝龙、郭秀火分别与有限公司签订《债权转股权协议书》，定以金朝龙对有限公司80万元的债权、郭秀火对有限公司150万元的债权，作为对有限公司的增资。

2008年11月12日，苏州衡平会计师事务所有限公司出具《验资报告》，确认截至2008年11月11日止，天弘有限收到股东新增出资750万元，其中货币出资520万元、债权转股权230万元。天弘有限变更后的注册资本为1000万元。

本次变更后，天弘有限的股权结构如下：

序号	股东名称	出资额（万元）	出资比例	出资方式
1	金朝龙	500	50%	货币、债权
2	郑立宇	300	30%	货币
3	郭秀火	200	20%	货币、债权
合计		1000	100%	

二、律师解读

第三次增资涉及债权转股权事宜，具体情况如下：2008年，天弘有限因资金周转需要，与股东金朝龙、郭秀火口头约定，分别向金朝龙、郭秀火借款80万元、160万元。金朝龙于2008年8月先后向天弘有限汇款20万元、60万元，郭秀火于2008年2月、3月分别向天弘有限汇款60万元、100万元。

2008年11月，经天弘有限股东会审议通过，金朝龙将其享有天弘有限的80万元债权转为股权，郭秀火将其享有天弘有限160万元债权中的150万元债权转为股权。

根据《合同法》第197条第1款规定，“借款合同采用书面形式，但自然人之间借款另有约定的除外。”根据最高人民法院《关于如何确定公民与企业之间借贷行为效力问题的批复》，公民与非金融企业之间的借贷属于民间借贷。只要双方当事人意思表示真实即可认定有效。因此，公司与金朝龙、郭秀火之间的借款行为合法、有效。

上述借款未约定还款期限及利息。根据《合同法》第62条，“履行期限不明确的，债务人可以随时履行，债权人也可以随时要求履行，但应当给对方必要的准备时间”。根据《合同法》第211条第1款规定，“自然人之间的借款合同对支付利息没有约定或约定不明确的，视为不支付利息。”故而律师认为，公司与金朝龙、郭秀火关于借款的口头约定为各方真实意思表示，债权人已依约定履行了借款义务，因此上述债权行为真实、合法、有效。

债权转股权，是指债权人以其依法享有的对在中国境内设立的有限责任公司或者股份有限公司的债权，转为公司股权，增加公司注册资本的行为。根据《公司法》第27条第1款，“股东可以用货币出资，也可以用实物、知识产权、土地使用权等可以用货币估价并可以依法转让的非货币财产作价出资；但是，法律、行政法规规定不得作为出资的财产除外。”法律、行政法规未对债权出资进行禁止性规定。故而金朝龙、郭秀火以其对天弘有限的债权作为出资符合《公司法》关于出资方式的规定。根据《公司法》第27第2款，“对作为出资的非货币财产应当评估作价，核实财产，不得高估或者低估作价。法律、行政法规对评估作价有规定的，从其规定。”依据本条规定，金朝龙、郭秀火以债权出资未办理评估手续，有程序瑕疵，但笔者认为：第一，天弘有限已召开股东会，对以债权出资的事宜进行了审议，全体股东一致确认同意金朝龙、郭秀火以债权作为此次增资的出资，且债权均为债权人向公司提供的货币借款，属于货币债权。因此，金朝龙、郭秀火以其对天弘有限的债权作为出资对天弘有限增资事宜不存在损害其他股东以及天弘有限利益的情形。第二，金朝龙、郭秀火以其对天弘有限的债权作为出资对天弘有限增资经过了会计师事务所审验，此次增资中的230万元已进行了账务上的处理，天弘有限已经收到金朝龙、郭秀火缴纳的新增注册资本。因此，金朝龙、郭秀火已经履行了出资义务，不存在出资不实的情形。第三,此次增资天弘有限办理了工商变更登记手续,未对以债权出资的方式提出异议。第四,新的《公司法》已经取消了货币出资的最低限额,故而在出资比例上不存在程序瑕疵。

综上所述,笔者认为,天弘激光的股东以债权转股权的方式进行增资对于天弘激光本次挂牌不构成实质性法律障碍。

【帝信通信(430408)】

一、案例陈述

(一)有限公司设立

1998年7月8日,沈阳帝信通信电子工程有限公司(以下简称帝信有限)前身沈阳市帝信通信电子工程有限责任公司经沈阳市和平区工商行政管理局核准依法设立。帝信有限系由自然人刘文祥与其岳母陈德凤共同出资设立,其中刘文祥以实物出资40万元,陈德凤以无形资产出资10万,注册资本为50万元。

1998年股东刘文祥、陈德凤签署《股东关于无形资产投入的说明》,约定"基于TURBOWAY系列电话语音卡的综合语音开发软件"作价6万元,"DX-1型电话线路障碍测试卡全套软硬件生产技术"作价4万元。

帝信有限设立时股权结构如下:

股东名称	出资额(万元)	出资方式	占注册资本比例
刘文祥	40	实物	80%
陈德凤	10	无形资产	20%
合计	50		100.00%

(二)2002年7月有限公司第一次增加注册资本及第一次股权转让

2002年7月9日,帝信有限召开股东会,全体股东一致同意有限公司名称由"沈阳市帝信通信电子工程有限责任公司"变更为"沈阳帝信通信电子工程有限公司";股东刘文祥以债转股方式增资250万元,增资后公司注册资本变更为300万元;刘文祥向其妻闫冰无偿转让50万元出资额,陈德凤向其女儿闫冰无偿转让 10 万元出资额。

本次增资及股权转让后股权结构如下：

股东姓名	出资额(万元)		出资方式	占注册资本比例
刘文祥	240		债权	80%
闫冰	60	40	实物	20%
		10	债权	
		10	无形资产	
合计	300			100%

二、律师解读

通过尽职调查了解到，本次股东刘文祥以债权增资 250 万元的出资方式存在瑕疵，但律师认为对本次挂牌转让不构成实质性障碍。根据《公司法》第 27 条第 1 款规定，“股东可以用货币出资，也可以用实物、知识产权、土地使用权等可以用货币估价并可以依法转让的非货币财产作价出资；但是，法律、行政法规规定不得作为出资的财产除外。”根据上述规定，债权不是法律明确规定的出资方式，但股东刘文祥用于转股的债权是因补充帝信有限流动资金而形成，借款方式为货币，债权关系明确。刘文祥与帝信有限虽未签订借款协议，但是根据该借款资金划转的财务凭证，且经财务负责人确认，债权转为股权通过了股东会审议，债权关系真实、合法、有效，且该次增资办理了验资手续，并在工商部门办理注册资本变更登记。该瑕疵未影响到帝信有限存续的合法性、有效性，未影响到公司资本的充实，股东之间亦不存在任何纠纷。

此外，根据最高人民法院《关于审理与企业改制相关的民事纠纷案件若干问题的规定(法释〔2003〕1 号)》规定，“在以下两种情况下认定债权出资有效：债权人与债务人自愿达成债权转股权协议，且不违反法律和行政法规强制性规定的，应当确认债权转股权协议有效。因此，在一般情况下发起人不得单纯以其对第三人的债权出资，即发起人不得以对拟设立公司以外的债权出资”。公司本次债权转股权系债权人刘文祥与债务人帝信有限自愿达成债权转股权协议，且不违反法律和行政法规强制性规定；并且用于转股权的债权系股东刘文祥对帝信有限的债权，并非对第三人的债权，符合上述规定。

另外，根据刘文祥与公司签订的《协议书》中做出的承诺，以及《沈阳帝信通信股份有限公司2013年度第二次临时股东大会》决议，刘文祥于2013年10月22日以现金250万元存入公司账户，以消除该股东于2002年7月以债权250万元转股权未经评估的瑕疵。

公司已于2013年10月22日收到上述250万元款项，根据上述情形，公司认为刘文祥已履行《协议书》中有关其承诺以现金250万元补至公司以消除该股东于2002年7月以债券转股权未经评估的瑕疵。控股股东、实际控制人刘文祥已出具书面承诺，“如因该瑕疵给帝信通信造成损失的，将由本人承担相应责任并以个人资产补偿公司损失”。

综上所述，该瑕疵对公司本次挂牌转让不构成实质性障碍。

第九节　无形资产减资的处理

内容摘要：本节主要探讨的是无形资产出资存在瑕疵依法减资的情况。无形资产的出资瑕疵的补救方法有很多种，包括现金置换以及减资等。本节介绍的是通过减资的方法来补正。

实践中，新三板挂牌企业中不少企业都存在出资瑕疵问题，通过现金置换的方式较多，减资较少。这主要是考虑到减资的条件比较苛刻，而且减资的程序较为复杂。本节中有两个例子：一个是出资的无形资产可能是职务发明而减资；另一个是股东用公司的实物资产出资而减资。

关键词：无形资产　依法评估　债权人利益　减资

【爱知之星(833574)】

一、案例陈述

(一)2003年12月有限公司设立

本公司前身为北京爱知之星科技发展有限公司(以下简称有限公司)，是由自然人宫鹏远、姜景明、李鹏于2003年12月出资设立的有限责任公司。公司设立时法定代表人:宫鹏远;注册资本:100万元人民币。公司设立时股东及股权结构如下:

序号	股东名称	出资方式	出资额(万元)	出资比例
1	宫鹏远	货币	50.00	50.00%
2	姜景明	货币	25.00	25.00%
3	李鹏	货币	25.00	25.00%
合计			100.00	100.00%

(二)2011年1月有限公司第二次增资及第二次股权转让

2011年1月6日,有限公司召开股东会作出决议,决定公司注册资本(实收资本)变更为1000万元人民币,新增注册资本500万元由股东宫鹏远以知识产权(非专利技术"企业小区信息交互系统")出资200万元、以现金出资279万元;董波以现金出资30万元,其中10.5万元计入注册资本,19.5万元计入资本公积;王建春以现金出资30万元,其中10.5万元计入注册资本,19.5万元计入资本公积。同意公司股东刘洋将其持有公司的50万元出资额转让给宫鹏远。

本次增资及股权转让后公司的股东及股权结构如下:

<table>
<tr><th>序号</th><th>股东名称</th><th>出资方式</th><th>出资额(万元)</th><th>出资比例</th></tr>
<tr><td rowspan="2">1</td><td rowspan="2">宫鹏远</td><td>货币</td><td>779.00</td><td rowspan="2">97.90%</td></tr>
<tr><td>非专利技术</td><td>200.00</td></tr>
<tr><td>2</td><td>董波</td><td>货币</td><td>10.50</td><td>1.05%</td></tr>
<tr><td>3</td><td>王建春</td><td>货币</td><td>10.50</td><td>1.05%</td></tr>
<tr><td colspan="3">合计</td><td>1000.00</td><td>100.00%</td></tr>
</table>

2011年1月10日,北京建信资产评估有限责任公司对本次增资涉及的知识产权—非专利技术"企业小区信息交互系统"进行了评估,出具《资产评估报告》,截至评估基准日2010年12月31日,评估价值为204.2万元,股东确认的

价值为200万元。

2011年1月11日,北京诚和信会计师事务所对本次增资出具《验资报告》,确认截至2011年1月10日,公司已收到股东宫鹏远、董波、王建春缴纳的新增注册资本人民币500万元。

(三)2012年4月有限公司第三次股权转让

2012年4月15日,有限公司召开股东会作出决议,决定公司股东宫鹏远将其持有的公司779万元出资额,其中193.5万元转让给张宁、472.5万元转让给李贵生、113万元转让给袁滨,还将其持有公司的200万元的非专利技术出资额转让给李贵生;股东董波将其持有公司的10.5万元出资额转让给李贵生;股东王建春将其持有公司的10.5万元出资额转让给李贵生。本次股权转让中,宫鹏远转让价格为每1元出资额作价1元,董波、王建春股权转让金额均为30万元。

本次股权转让后公司的股东及股权结构如下:

序号	股东名称	出资方式	出资额(万元)	出资比例
1	李贵生	货币	493.50	69.35%
		非专利技术	200.00	
2	张宁	货币	193.50	19.35%
3	袁滨	货币	113.00	11.30%
合计			1000.00	100.00%

(四)2012年10月有限公司第三次增资

2012年10月26日,有限公司召开股东会作出决议,决定公司注册资本(实收资本)变更为3000万元,新增注册资本2000万元由股东李贵生以货币出资100万元,股东李贵生、张宁、袁滨以其拥有的知识产权(非专利技术"营业厅全流程无纸化系统")出资1900万元。

本次增资后公司的股东及股权结构如下:

序号	股东名称	出资方式	出资额(万元)	出资比例
1	李贵生	货币	593.50	73.18%
		非专利技术	1602.01	
2	张宁	货币	193.50	16.93%
		非专利技术	314.45	
3	袁滨	货币	113.00	9.89%
		非专利技术	183.54	
合计			3000.00	100.00%

2012年11月12日，北京中金浩资产评估有限责任公司对本次增资涉及的知识产权—非专利技术“营业厅全流程无纸化系统”进行了评估，出具《资产评估报告》，确认截至评估基准日2012年10月31日，评估价值为1900万元，股东确认价值1900万元。

2012年11月23日，北京全企国际会计师事务所有限公司对本次增资出具《验资报告》，确认截至2012年11月14日，公司已收到股东李贵生、张宁、袁滨缴纳的新增注册资本2000万元。

(五)2014年2月有限公司住所变更及第四次股权转让

2014年2月10日，有限公司召开股东会作出决议，同意股东袁滨将其持有的296.54万元出资额转让给宫彩玲，股东张宁将其持有的507.95万元出资额转让给宫彩玲。

本次股权转让后公司的股东及股权结构及如下：

序号	股东名称	出资方式	出资额(万元)	出资比例
1	李贵生	货币	593.50	73.18%
		非专利技术	1602.01	
2	宫彩玲	货币	306.50	26.82%
		非专利技术	497.99	
合计			3000.00	100.00%

二、律师解读

2011 年 1 月有限公司股东宫鹏远以非专利技术“企业小区信息交互系统”作价 204.20 万元用于增资，2012 年 10 月有限公司股东李贵生、张宁、袁滨以非专利技术“营业厅全流程无纸化系统”作价 1900 万元用于增资。以上用于出资的两项非专利技术的来源系上述股东自行研发成果，增资时进行了价值评估，各方股东一致同意并无任何异议，且非专利技术本身无任何纠纷或潜在纠纷，出资合法有效，股东意思表示真实，并经工商部门核准登记确认。

笔者认为，宫鹏远、李贵生、张宁、袁滨出资时分别担任有限公司执行董事、总经理及分管技术的副总经理等职务，非专利技术与公司经营业务密切相关，不排除其利用公司场地、办公设备等条件进行研发的可能，认定为非职务发明的理由不充分。为维护挂牌后公司其他股东的利益，律师提出将该两项非专利技术出资进行减资。

2014 年 9 月 30 日，有限公司召开股东会作出决议，决定公司注册资本由 3000 万元变更为 900 万元，共减资 2100 万元，减资部分均为股东知识产权出资额部分。其中减少李贵生知识产权出资额 1602.01 万元，减少宫彩玲知识产权出资额 497.99 万元。

2014 年 4 月 22 日，有限公司就本次减资事宜在《新京报》B10 版面进行了公告，通知债权人自接到通知书之日起 30 日内，未接到通知书的自第一次公告之日起 45 日内，有权要求公司清偿债务或者提供相应的担保。在此期间内，公司债权人未向公司提出偿还债务或提供担保的要求。

本次减资后公司的股东及股权结构如下：

序号	股东名称	出资方式	出资额(万元)	出资比例
1	李贵生	货币	593.50	65.94%
2	宫彩玲	货币	306.50	34.06%
合计			900.00	100.00%

综上所述，笔者认为，本次减资前后股东并未发生变更，减资所涉股东已以

事后召开股东会并作出相应决议的方式就本次减资进行了确认,未发生公司债权人就本次减资主张公司清偿债务或提供担保的事项或产生纠纷的情形。同时,李贵生、宫彩玲出具承诺“若本次减资导致公司、股东任何损失的,均由二人承担连带赔偿责任”。本次减资已经工商局登记备案,不存在导致公司股权结构变化的重大风险,故此次瑕疵不影响公司在新三板挂牌。

【恒锐科技(430453)】

一、案例陈述

(一)有限公司设立

公司前身为大连恒锐图像技术有限公司(以下简称有限公司),是经工商局批准设立的有限责任公司,成立于2000年6月18日,注册资本为100万元。

有限公司股东出资情况如下:

序号	股东姓名或名称	出资金额(万元)	出资比例	出资方式
1	王发海	45.00	45.00%	货币
2	那永杰	20.00	20.00%	货币
3	梁德群	12.00	12.00%	货币
4	大连海事大学	10.00	10.00%	货币
5	杨海军	6.00	6.00%	货币
6	毕胜	3.50	3.50%	货币
7	杨永智	3.50	3.50%	货币
合计		100.00	100.00%	

(二)有限公司第二次增资

2005年6月6日,有限公司股东会作出决议,同意增加注册资本800万,注册资本由400万变更为1200万。新增的注册资本由王发海以实物出资360万元、那永杰以实物出资176万元和货币出资65万元、梁德群以实物出资108万元、毕胜以实物出资40万元、王平以实物出资24万元、大连海事大学以实物出资20万元、杨永智以实物出资7万元缴足。

2005年6月9日，大连中天银会计师事务所有限公司出具了《资产评估报告书》，对王发海、那永杰、梁德群、毕胜、杨永智、王平、大连海事大学用以出资的实物资产即办公楼一座（建筑面积5323.59平方米）进行了评估，评估值为735万元。

本次增资完成后，有限公司的出资结构变更为：

序号	股东姓名或名称	出资金额（万元）	出资比例	出资方式	
				货币（万元）	实物（万元）
1	王发海	540.00	45.00%	180	360
2	那永杰	361.50	30.125%	185.5	176
3	梁德群	162.00	13.500%	54	108
4	大连海事大学	30.00	2.500%	10	20
5	王平	36.00	3.000%	12	24
6	毕胜	60.00	5.000%	20	40
7	杨永智	10.50	0.875%	3.5	7
合计		1200.00	100.000%	465	735

（三）有限公司第二次股权转让

2006年3月27日，有限公司股东会作出决议，同意梁德群将81万元的出资转让给王发海、毕胜将30万元的出资转让给王发海、王平将18万元的出资转让给王发海。

2006年3月27日，转让各方签订了《股东出资转让协议书》。本次股权转让后，有限公司出资结构变更为：

序号	股东姓名或名称	出资金额（万元）	出资比例	出资方式	
				货币(万元)	实物(万元)
1	王发海	669.00	55.750%	266	403
2	那永杰	361.50	30.125%	185.5	176
3	梁德群	81.00	6.750%	0	81
4	大连海事大学	30.00	2.500%	10	20
5	王平	18.00	1.500%	0	18
6	毕胜	30.00	2.500%	0	30
7	杨永智	10.50	0.875%	3.5	7
合计		1200.00	100.000%	465	735

（四）有限公司第三次股权转让、第一次减资

2007 年 7 月 26 日，有限公司股东会作出决议，同意原股东之间转让股权、减资，具体情况如下：

1. 同意梁德群将 81 万元的出资额转让给那永杰、王平将 18 万元的出资额转让给那永杰、杨永智将 10.5 万元的出资额转让给那永杰；同意那永杰将 10 万元的出资额转让给毕胜。

本次股权转让后，有限公司出资结构变更为：

序号	股东姓名或名称	出资金额（万元）	出资比例	出资方式	
				货币(万元)	实物(万元)
1	王发海	669	55.75%	266	403
2	那永杰	461	38.42%	179	282
3	大连海事大学	30	2.50%	10	20
4	毕胜	40	3.33%	10	30
合计		1200	100.00%	465	735

2. 同意减少公司注册资本，有限公司注册资本及实收资本由 1200 万元减为 400 万元，减资部分 800 万元包括 65 万元的货币出资及 735 万元的实物出

资。本次减少的注册资本由大连海事大学减少实物出资 20 万元,毕胜减少实物出资 30 万元,那永杰减少实物出资 282 万元、货币出资 22 万元,王发海减少实物出资 403 万元、货币出资 43 万元。

有限公司依法编制了资产负债表及财产清单,并在《半岛晨报》2007 年 7 月 27 日 B14 版就本次减资作出公告。

2007 年 9 月 20 日,大连三迈联合会计师事务所对 2007 年 8 月 31 日的资产负债表、2007 年 1 月至 8 月 31 日的利润表及财务报表附注进行了审计,并出具三迈审字〔2007〕第 113 号《审计报告》。

2007 年 9 月 15 日,有限公司全体股东签署《大连恒锐图像技术有限公司债务清偿情况说明》,承诺此次减资业经所有债权人同意,全体股东并承诺于 2008 年 12 月 31 日前偿清上述债务,并以减资前认缴的出资额为限对公司债务承担责任。

本次减少注册资本后,有限公司出资结构变更为:

序号	股东姓名或名称	出资金额(万元)	出资比例	出资方式
1	王发海	223	55.75%	货币
2	那永杰	157	39.25%	货币
3	大连海事大学	10	2.50%	货币
4	毕胜	10	2.50%	货币
合计		400	100.00%	

二、律师解读

(一)公司减资的简要介绍

公司减资是指公司资本过剩或亏损严重,根据经营业务的实际情况,依法减少注册资本金的行为。

1. 公司减资的条件

公司减资,无论是否造成剩余资本少于法定标准的情况,都必须符合法律规定。为了切实贯彻资本确定原则,确保交易安全,减资要从法律上严加控制。按照资本不变原则，原则上公司的资本是不允许减少的。考虑到一些具体情况我国法律允许减少资本，但必须符合一定的条件。从实际情况看，应具备下列条件之一：

(1)公司资本过多

原有公司资本过多，形式资本过剩，再保持资本不变，会导致资本在公司中的闲置和浪费，不利于发挥资本效能，另外也增加了分红的负担。

(2)公司严重亏损

公司严重亏损，资本总额与其实有资产差距过大，公司资本已失去应有的证明公司资信状况的法律意义，股东也因公司连年亏损得不到应有的回报。

2. 公司减资的程序

(1)股东会决议。该决议内容包括以下方面：①减资后的公司注册资本；②减资后的股东利益、债权人利益安排；③有关修改章程的事项；④股东出资及其比例的变化等。公司作出减资决议时，应注意公司减少资本后的注册资本不得低于法定的最低限额。

(2)编制资产负债表及财产清单。

(3)通知或公告债权人。公司应当自作出减少注册资本决议之日起 10 日内通知债权人，并于 30 日内在报纸上公告。债权人自接到通知书之日起 30 日内，未接到通知书的自第一次公告之日起 45 日内，有权要求公司清偿债务或者提供相应的担保。

(4)变更登记。

3. 公司减资的方法

(1)减少出资总额

减少出资总额，同时改变原出资比例。

(2)减少各股东出资

以不改变出资比例为前提，减少各股东出资。

4. 小结

综上分析可以看出，公司减资是受到严格限制的，而作出这种限制的根本目的是确保交易安全，保护股东和债权人利益。因此在减资的程序中，减资协议必须经股东代表 2/3 以上表决权的股东通过，且要公告或通知债权人，保证债权人有提出清偿或要求提供担保的机会。最后,减资后剩余资本须符合法定限制,如不通知债权人,就会导致程序上严重违法。

(二)案例的具体分析

2005年6月,股东用于出资实物资产(办公楼)产权系公司所有,股东以公司资产出资,不符合《公司法》的规定,其出资行为存在瑕疵。经本公司全体股东自查,全体股东决议同意减少800万元注册资本(包括65万元货币出资及735万元实物出资)。同时于2007年7月,刊登了减资公告,并作出承诺此次减资业经所有债权人同意,全体股东并承诺于2008年12月31日前偿清上述债务,并以减资前认缴的出资额为限对公司债务承担责任,纠正了前述出资不规范的行为。同时,公司于2007年7月26日,完成减少注册资本的工商变更登记手续。

综上所述,笔者认为,公司虽然存在出资瑕疵,但经过减资后,公司在新三板挂牌没有法律障碍。

第十节　国有股权出资的程序合规性

内容摘要:国有资产的出资在法律上,不仅要符合《公司法》的规定,也要符合《企业国有资产法》的规定。根据《企业国有资产法》,国有资本参股公司有改制事项的或增资减资的,应当由公司股东会、股东大会或者董事会决定。由股东会、股东大会决定的,履行出资人职责的机构委派的股东代表应当依照规定行使权利。

实践中,国有控股或参股的企业想要在新三板挂牌的很多,这就要求券商和律师在尽职调查中,一定要分析这些企业是否完全符合上述法律的规定。

关键词:国有股权　程序合法

【瀚远科技(430610)】

一、案例陈述

(一)有限公司设立

江苏瀚远科技股份有限公司(以下简称有限公司)前身为苏州南大苏富特

科技有限公司,于2002年11月经苏州市工商行政管理局核准依法设立。有限公司系由苏富特股份、胡晓松和肖峻涛共同以货币出资设立,其中苏富特股份以现金300万元出资(占注册资本的83.3%),自然人胡晓松以现金40万元出资(占注册资本的11.1%),自然人肖峻涛以现金20万元出资(占注册资本的5.6%)。

2005年7月7日,科创公司与有限公司签订《合作协议书》,双方达成协议如下:科创公司向有限公司增资150万元;有限公司向科创公司提供每年15万元的固定回报,为期3年。3年期满后,若科创公司提出退出或转让所持股份,有限公司将积极协助科创公司完成其所持有的有限公司的出资转让事宜。

2005年7月7日,有限公司召开股东会,全体股东一致同意公司注册资本由1000万元增至1150万元,新增资本由科创公司以货币资金出资150万元。科创公司向有限公司增资150万元,注册资本增至1150万元。

(二)有限公司整体变更为股份有限公司

2009年10月9日,有限公司召开股东会并通过了整体变更为股份有限公司的决议,同意公司以截至2009年8月31日经审计的净资产为基础折股,有限公司的全体股东为股份有限公司的发起人。

根据公证天业2009年9月30日出具的苏公W〔2009〕A543号审计报告,经审计有限公司截至2009年8月31日的净资产为12,135,520.78元。根据中天评估2009年9月30日出具的苏中资评报字〔2009〕第1053号评估报告,截至2009年8月31日,有限公司经评估的净资产为1350.23万元。本次资产评估仅作为股份公司改制净资产现值参考依据,公司未根据评估结果进行账务处理,公司投入资产的计量属性为历史成本。

2009年10月23日,公证天业出具苏公W〔2009〕B087号《验资报告》,确认将12,135,520.78元折为股份12,100,000股,每股面值1元,其中人民币12,100,000元作为注册资本,其余35,520.78元作为资本公积。

2009年10月30日,苏富特股份、科创公司、凯合科技签订《发起人协议书》,约定拟设立股份有限公司的名称、注册资本、出资方式、股份结构、经营期限和经营地点等事项。

(三)股份公司第一次增资

2010年12月,根据股东大会决议,公司注册资本由1210万元增加至2000万元,新增资本分别由盛丰投资以货币资金出资565万元、亿瀚元以货币资金出资225万元。

2010年12月19日,公证天业出具苏公W〔2010〕B140号《验资报告》,对由盛丰投资、亿瀚元缴纳的新增注册资本合计人民币790万元进行了审验确认。

2005年7月科创公司向有限公司增资时,公司与科创公司签订了《合作协议书》,约定了公司每年向科创公司支付固定回报15万元,为期3年。公司已按照合同约定支付了上述3年的固定回报共计45万元,该项协议已履行完毕。科创公司已确认《合作协议书》履行完毕,不会向公司主张《合作协议书》相关条款约定的回购权利。

2009年11月发起设立股份公司和2010年12月股份公司第一次增资时,公司未取得国资管理机构出具的关于国有股权设置及同意科创公司放弃优先增资权的批复,但公司对此事项已经向国资管理机构提交资料申请补充确认。2013年11月1日,江苏省人民政府国有资产监督管理委员会印发了江苏省国资委《关于江苏瀚远科技股份有限公司国有股权管理事项的批复》,原则同意人民政府国有资产监督管理委员会提出的江苏瀚远科技股份有限公司国有股权管理方案。

二、律师解读

(一)股份公司设立行为合法有效,不存在潜在纠纷

《企业国有资产法》第30条的规定:"国家出资企业合并、分立、改制、上市,增加或者减少注册资本,发行债券,进行重大投资,为他人提供大额担保,转让重大财产,进行大额捐赠,分配利润,以及解散、申请破产等重大事项,应当遵守法律、行政法规以及企业章程的规定,不得损害出资人和债权人的权益。"第33条规定:"国有资本控股公司、国有资本参股公司有本法第三十条所列事项的,依照法律、行政法规以及公司章程的规定,由公司股东会、股东大会或者董事会决定。由股东会、股东大会决定的,履行出资人职责的机构委派的股东代

表应当依照本法第十三条的规定行使权利。”

根据上述规定，国有资本参股公司有改制事项的，应当由公司股东会、股东大会或者董事会决定。由股东会、股东大会决定的，履行出资人职责的机构委派的股东代表应当依照规定行使权利。经查验，有限公司于2009年10月召开股东会审议通过了设立股份公司的议案，科创公司也委派了股东代表投票赞成有限公司改制为股份公司。2009年11月，江苏省工商局向有限公司核发新的《企业法人营业执照》，允许其整体变更为股份公司。

（二）瀚远科技2010年12月增资行为合法有效，不存在潜在纠纷

根据《企业国有资产法》第30条和第33条的规定，国有资本参股公司有增加或减少注册资本的，应当由公司股东会、股东大会或者董事会决定。由股东会、股东大会决定的，履行出资人职责的机构委派的股东代表应当依照规定行使权利。经查验，公司于2010年12月召开股东大会审议通过了公司增资议案，科创公司也委派了股东代表投票赞成公司增资议案。公司此次增加的注册资本全部由非股东方（盛丰公司和亿瀚远公司）认缴，科创公司等公司股东放弃增资权利属于对其自身权利的处置，并不违反法律规定。

综上所述，笔者认为，股份公司的设立行为及2010年12月增资行为合法有效，不存在潜在纠纷。即使公司申请补充确认事项未能取得国资管理机构的批复，也不会导致公司股权结构发生变化，不会影响公司有效存续状态和持续经营能力。

第十一节　对知识产权出资的核查

内容摘要：《公司法》第27条第1款规定：“股东可以用货币出资，也可以用实物、知识产权、土地使用权等可以用货币估价并可以依法转让的非货币财产作价出资；但是，法律、行政法规规定不得作为出资的财产除外。”《公司登记管理条例》和《公司注册资本登记管理规定》规定，作为股东或发起人出资的非货币财产，应当由具有评估资格的资产评估机构评估作价，然后由验资机构进行验资。

知识产权出资在实践中主要考虑以下几个问题：第一，用于出资的知识产

权是否是职务发明;第二,用于出资的知识产权与公司业务是否联系紧密;第三,用于出资的知识产权是否依法评估作价;第四,用于出资的知识产权是否过了法定期限;第五,用于出资的知识产权是否能够依法转让。

在挂牌的新三板企业中,有些企业是以知识产权出资的,在尽职调查中,必须详细地了解上述五大问题,确保知识产权出资合法合规。下面将通过两个具体的知识产权出资的案例对本问题进行详细的论述。

关键词:职务发明　依法评估　法定期限　依法转让

【中电方大(430411)】

一、案例陈述

(一)有限公司的设立

北京中电方大科技有限公司(以下简称有限公司)成立于2004年11月2日,由自然人邓岳辉、刘红英以货币出资,设立时注册资本30万元。其中:邓岳辉出资15万元,占注册资本的50%;刘红英出资15万元,占注册资本的50%。

有限公司设立时的股权结构如下:

股东名称	出资额(万元)	实收资本(万元)	出资方式	占注册资本比例
刘红英	15	15	货币	50%
邓岳辉	15	15	货币	50%
总计	30	30		100%

(二)经过之后几年近十次增资和一次股权转让,公司股东及出资情况如下:

股东名称	出资额(万元)	实收资本(万元)	出资方式	占注册资本比例
邓岳辉	300	300	货币	33.33%
刘红英	360	360	货币	40.00%
邓畅宇	240	240	货币	26.67%
总计	900	900		100.00%

(三)有限公司第十一次增资

2012年9月20日,中铭国际资产评估(北京)有限责任公司出具中铭评报字〔2012〕第2032号《资产评估报告》,对拟增资的3项无形资产进行评估,评估值为4,253,200.00元。

2012年9月22日,有限公司召开2012年第二次临时股东会,同意增加注册资本300万元,增至1200万元,其中邓岳辉认缴出资额300万元;同意此次增加实收资本300万元,增至1200万元,其中邓岳辉以3项软件著作权的无形资产出资300万元作为注册资本。

经过此次变更后,有限公司股东及出资情况如下:

股东名称	认缴出资额(万元)		此次实际缴付出资额(万元)		累计出资额(万元)	股权比例
	出资额(万元)	出资方式	出资额(万元)	出资方式		
邓岳辉	600	货币加无形资产	300	无形资产	600	50%
刘红英	360	货币			360	30%
邓畅宇	240	货币			240	20%
合计	1200		300		1200	100%

股东邓岳辉投入公司的3项软件著作权(如下表所示):

序号	软件名称	登记号	权利取得方式	权利范围	颁发日期	净值(元)
1	农电安全技能综合培训管理系统 V1.0	2012SR093450	股东投入	全部权利	2012-9-29	736,822.92
2	水电站岗位安全能力培训及评估系统 V1.0	2012SR093449	股东投入	全部权利	2012-9-29	1,816,660.42
3	变电运行现场技能三维虚拟演练件 V3.0	2012SR093448	股东投入	全部权利	2012-9-29	1,256,674.98
合计						3,810,158.32

中铭国际资产评估(北京)有限责任公司对股东邓岳辉以个人合法拥有所有权的无形资产(软件著作权)出具《资产评估报告书》,在《公司法》及相应的公司登记管理条例以及公司章程规定的范围内,以资产评估公司确定的评估值对公司进行增资。

此次评估采用成本法,出具中铭评报字〔2012〕第2032号《北京中电方大科技有限公司拟增资项目资产评估报告书》,评估结论如下:

序号	名称	登记号	取得日期	法定使用年限	评估价值(元)
1	水电站岗位安全能力培训及评估系统V1.0	2012SR072985	2012.08.10	50年	2,027,900.00
2	农电安全技能综合培训管理系统V1.0	2012SR073097	2012.08.10	50年	822,500.00
3	变电运行现场技能三维虚拟演练系统V1.0	2012SR073091	2012.08.10	50年	1,402,800.00
合计					4253,200.00

二、律师解读

知识产权出资是指知识产权所有人将能够依法转让的知识产权专有权或者使用权作价,投入标的公司以获得股东资格的一种出资方式。《公司法》第27条第1款规定:“股东可以用货币出资,也可以用实物、知识产权、土地使用权等可以用货币估价并可以依法转让的非货币财产作价出资;但是,法律、行政法规规定不得作为出资的财产除外。”依照上述法律规定,著作权作为知识产权,当然可以进行出资。

现阶段,对于知识产权出资的审查与核准一般侧重于四个方面,即用于出资的知识产权要具备确定、现存、可评估、可转让的特点。因此,申请人在以知识产权出资时,要确定用于出资的知识产权是否符合四个要件的要求,即确定性、现存性、可评估性、可转让性。

本案例中，股东邓岳辉所移交给公司的3项著作权明确、具体，已经合法获得，邓岳辉享有处分权，并可以用货币进行具体估价，权利也可以发生独立、完整的转移，故而这3项著作权完全符合上述四个构成要件，可以进行出资。

2013年修正的《公司法》取消了有限责任公司货币出资不得低于注册资本30%的限制。这就意味着，股东的货币出资和非货币出资法律不再限制比例，具体出资比例由股东按照货币和非货币的出资额自行确定。本案中，3项软件著作权的出资比例也符合法律规定，不存在出资瑕疵。

股东邓岳辉于2012年9月将3项软件著作权投入公司。这3项软件著作权在转让前为邓岳辉个人所有，是其在多年的电力安全科研活动中获得的，在公司成立前即已成型并已被实际用于公司的业务中，因此该3项软件著作权不存在职务发明问题。邓岳辉就该3项软件著作权的权属出具了《非职务软件开发保证书》，承诺3项软件著作权为个人所有，不涉及职务开发。中电方大公司出具了《非职务开发证明》，就邓岳辉个人所有的3项软件著作权未涉及职务开发问题作了证明，并保证公司将不会对该3项软件著作权提出任何权利请求。

股东邓岳辉还出具了《承诺书》，承诺若以注册资本出资投入公司的3项软件著作权涉及出资不实被工商、税务等有关部门予以追缴或者存在税务补缴情况，将以个人自有资金补足，保证不因上述情况致使其他股东和公司遭受损失。

综上所述，笔者认为，公司以3项著作权出资合法合规，不存在出资瑕疵，公司在全国中小企业股份转让系统中挂牌不存在法律障碍。

【微纳颗粒(430410)】

一、案例陈述：

(一)有限公司设立

2005年10月，高维秀、任中京、徐俊杰、江海鹰4个自然人共同出资设立济南微纳颗粒技术有限责任公司(以下简称有限公司)，公司注册资本为人民币50万元,实缴资本10万元,全体股东均以货币出资。

(二)2010年有限公司第一次增加注册资本

2010年2月20日,有限公司召开股东会,决议同意有限公司注册资本增加至505.2万元,其中任中京以实用新型专利"颗粒粒度测试样品池"作价增资147万元、以货币方式增资155.71万元;高维秀以货币方式增资97.31万元,任飞以货币方式增资49.98万元,陈栋章以货币方式增资2万元,邱立志以货币方式增资2万元,李文涛以货币方式增资0.5万元,于代君以货币方式增资0.5万元,崔大伟以货币方式增资0.2万元。

2009年11月27日,山东中新资产评估有限公司出具中心评报字〔2009〕第162号《资产评估报告》载明:以2009年10月31日为评估基准日,实用新型专利"颗粒粒度测试样品池"的评估值为147万元。

2010年2月1日,新联谊会计师事务所有限公司出具《验资报告》,确认有限公司新增的注册资本455.2万元已全部缴纳,实用新型专利"颗粒粒度测试样品池"的专利权已经变更至公司名下。

此次变更后,有限公司股权结构变更为:

股东	出资额(万元)		出资比例	出资方式
	变更前	变更后		
任中京	42.89	345.60	68.41%	货币、知识产权
高维秀	7.11	104.42	20.67%	货币
任飞	0	49.98	9.89%	货币
陈栋章	0	2.00	0.40%	货币
邱立志	0	2.00	0.40%	货币
李文涛	0	0.50	0.10%	货币
于代君	0	0.50	0.10%	货币
崔大伟	0	0.20	0.04%	货币
合计	50.00	505.20	100.00%	

二、律师解读

(一)任中京具备研发专利“颗粒粒度测试样品池”的专业背景

任中京先生1983年开始从事激光颗粒分析技术研究,曾主持国家75科技攻关项目,山东省85、95科技攻关项目,国家教委科技攻关项目4项;曾获得中国首届科技博览会金奖、山东省科技进步奖,为中国激光粒度分析技术的发展做出了开创性的贡献;参与制定了国家行业标准2项;公开发表论文10余篇,并被美国工程索引收录;主持开发了激光粒度仪、颗粒图像分析仪、纳米粒度仪、喷雾粒度仪、在线粒度仪等7个品种30余款颗粒分析仪器,为中国颗粒测试技术的普及与发展作出了创造性的贡献。

(二)研发该项专利并非执行公司交付的任务,研发过程中也并未利用公司的物质技术条件

微纳颗粒出具书面说明确认,公司并未指派任中京从事关于“颗粒粒度测试样品池”的研发工作。任中京研发该专利过程中,公司未向其提供任何相关人员、资金等公司资源,该专利系任中京自主研发的专利技术。任中京本人也出具书面确认文件,确认其研发“颗粒粒度测试样品池”专利的行为不属于微纳颗粒交办的工作任务,也未利用微纳颗粒提供的任何物质条件。若因该项技术的权属问题而引发各种纠纷,则由其承担连带责任。

笔者认为,根据《合同法》及《专利法》的规定:“执行本单位的任务或者主要是利用本单位的物质技术条件所完成的发明创造为职务发明创造。职务发明创造申请专利的权利属于该单位;申请被批准后,该单位为专利权人。”依照微纳颗粒及任中京出具的书面说明,可以确认,任中京所研发的“颗粒粒度测试样品池”专利不属于应当由微纳颗粒享有知识产权的职务发明,其专利权应归属于任中京先生。

(三)关于无形资产评估作价问题

本次评估使用的评估方法为收益法,《资产评估报告》预测该专利投入公司后的未来收益测算为第一年(2011年)11万元、第二年(2012年)17万元、第三年(2013年)28万元,合计为56万元。实际运营情况为:该项实用新型专利

在2011年、2012年和2013年1～6月分别为公司创造净利润3.93万元、68.38万元和23.66万元，合计为95.97万元。虽然该项专利在2011年为公司创造的净利润未达到评估报告预测值，但是在2012年和2013年上半年创造的净利润均达到并远远超过评估报告对该专利未来收益测算标准，2011年、2012年、2013年上半年为公司创造的净利润总额也达到并远远超过评估报告对该专利未来收益测算标准。因此，公司此次无形资产出资作价合理，依据充分。

（四）“颗粒粒度测试样品池”专利对公司业务发展的作用

“颗粒粒度测试样品池”专利投入公司后，公司利用该技术逐步建立了具有较强研发能力的技术团队。通过大力开展自主开发业务，公司已经在颗粒测试仪器及相关分析系统的研发领域占据了领先地位，公司的盈利能力和竞争力也得到了明显的提高。在“颗粒粒度测试样品池”专利基础上，公司技术团队研发出多项新的专利技术。目前已拥有专利技术12项，其中发明专利2项。“颗粒粒度测试样品池”专利的投入为公司的发展提供了基础性技术支持，为公司的未来发展起到了重要的引导作用。

综上所述，公司股东用实用新型专利出资符合《公司法》的规定，并进行了评估，因此律师认为，微纳颗粒不存在出资瑕疵，在全国中小企业股份转让系统挂牌不存在法律障碍。

第十二节　资本公积金转增股权的出资

内容摘要：资本公积是投资者或者他人投入企业、并且金额上超过法定资本部分的资本或者资产。资本公积从形成来源上看，它不是由企业实现的利润转化而来的。公积金转增股本是在股东权益内部，把公积金转到“实收资本”或者“股本”账户，并按照投资者所持有公司的股份份额比例的大小分到各个投资者的账户中，以此增加每个投资者的投入资本。

实践中，很多新三板挂牌企业都通过资本公积金转增股本这样的方式来增加注册资本，但是很多都存在法律上的瑕疵。笔者认为，资本公积金转增股本至少应包括下列条件：第一，不影响公司的利益和公司债权人的合法权益；第二,在工商局备案登记。

关键词:股东同意　债权人利益　工商局备案

【日望电子(430400)】

一、案例陈述

(一)有限公司设立

2005年12月16日,自然人王绍其、彭力、杨雪中以货币形式分别出资17万元、17万元、16万元共同设立株洲永安电子科技有限公司(以下简称有限公司)。2005年12月13日,湖南中柱有限责任会计师事务所对注册资本实收情况进行审验,并出具湘中柱会所〔2005〕验字第H297号《验资报告》。根据该《验资报告》,截至2005年12月13日,公司已收到全体股东以货币形式缴纳的货币出资50万元。有限公司设立时股权结构如下:

股东名称	出资方式	出资额(万元)	出资比例
王绍其	货币	17	34%
彭力	货币	17	34%
杨雪中	货币	16	32%
合计		50	100%

(二)有限公司第一次增资

2006年4月17日,株洲永安电子科技有限公司召开股东会,形成以下决议:同意公司增资50万元,其中彭军认缴增资15万元,刘建清认缴增资13万元,欧阳一凤认缴增资6万元,王旭丽认缴增资5万元,鲁小键认缴增资5万元,周章南认缴增资6万元。王绍其将其在公司出资额17万元转让给彭军,王绍其不再占有新公司股份;彭力将其在公司出资额9万元转让给彭军,将其在公司出资额3万元转让给杨雪中。上述股权转让,转让方合法拥有股权,股权未设置权利负担,且由双方当事人自主协商达成交易并签订了《股权转让协议》,均约定每1元出资的转让价格为1元。

本次增资、股权转让完成后的股权结构如下：

股东	出资额(万元)	出资方式	持股比例
彭军	41	货币	41%
杨雪中	19	货币	19%
刘建清	13	货币	13%
欧阳一凤	6	货币	6%
周章南	6	货币	6%
彭力	5	货币	5%
王旭丽	5	货币	5%
鲁小键	5	货币	5%
合计	100		100%

（三）有限公司第二次增资

2009年2月9日，有限公司召开股东会，并形成如下决议：公司决定增资300万元，注册资本增加至400万元，新增出资全部由股东彭军认缴；并通过公司新的章程修正案。

2009年4月1日，湖南中柱有限责任会计师事务所出具湘中柱会所〔2009〕专审字第087号《专项审计报告》，截至2009年3月31日，股东彭军向公司投资共计300万元，公司将此投资款计入资本公积300万元。2009年4月23日，湖南中柱有限责任会计师事务所出具湘中柱会所〔2009〕验字第105号《验资报告》，截至2009年4月2日，公司已收到股东彭军以资本公积转增注册资本300万元。2009年11月11日，彭军、鲁小键、王旭丽、刘建清、周章南、欧阳一凤、彭力、杨雪中作出《关于公司股本变更的说明》：彭军投入的资金在投入前已经全体股东同意通过；彭军投入资金是按资本的需求进行；请求工商局对注册资本变更事宜给予大力支持，对期间产生的法律责任由全体股东承担。

本次增资完成后，公司的股权结构为：

股东	出资额(万元)	出资方式	持股比例
彭军	341	货币	85.25%
杨雪中	19	货币	4.75%
刘建清	13	货币	3.25%
欧阳一凤	6	货币	1.5%
周章南	6	货币	1.5%
彭力	5	货币	1.25%
王旭丽	5	货币	1.25%
鲁小键	5	货币	1.25%
合计	400		100%

二、律师解读

(一)资本公积金转增股本的简要介绍

资本公积金转增股本通俗地讲,就是用资本公积金向股东转送股票。资本公积金是在公司的生产经营之外,由资本、资产本身及其他原因形成的股东权益收入。公积金转增资本是在股东权益内部,把公积金转到“实收资本”或者“股本”账户,并按照投资者所持有公司的股份份额比例的大小分到各个投资者的账户中,以此增加每个投资者的投入资本。因此,转增股本不是利润分配,它只是公司增加股本的行为,它的来源是公司的资本公积。

(二)案例的具体的分析

股东彭军为了支持公司发展,2006 年 6 月至 2009 年 3 月分 19 笔陆续投入公司总计 300 万元,公司将这 300 万元计入了应付款。基于该 300 万元,股东彭军与公司形成的是一种债权债务关系。2009 年,彭军与其他股东协商一致,准备将该 300 万元债权以债转股的形式投入公司形成股权,但株洲市工商局答复“不许可债转股”。在这种情况下,公司将该 300 万元计入资本公积,后以资本公积转增股本的形式使彭军获得相应股权。

在该次增资的过程中,2009 年 4 月 1 日,湖南中柱有限责任会计师事务所出具湘中柱会所〔2009〕专审字第087号《株洲日望电子科技有限公司专项审计报告》，对公司截至2009年3月31日止股东彭军投资的真实性进行审计，实施了包括核对会计记录和凭证等必要的审计程序，认为彭军于2006年6月28日至2009年3月17日共投资人民币300万元至公司的银行账户中。该报告中，将累计19次入款情况以现金交款单/记账凭证/电子记账凭证/银行联网业务入账通知予以详细体现。项目组认为，彭军与公司间债权债务关系的真实性通过上述报告得以完整体现。

有关于该次增资，在召开股东会讨论通过的基础上，公司全体股东向工商管理机关提交《关于公司股本变更的说明》，明确：第一，彭军的资金在投入前已经全体股东同意；第二，因公司发展对资本的需求有过程，彭军的资金投入是按照公司对资本的需求进行的；第三，请求工商管理机关对于公司的注册资本变更予以支持，期间产生的法律责任由公司全体股东承担。在《公司变更登记审核表》中，工商管理机关批复"同意资本金及股权变更"。2009年11月11日，株洲市工商局对上述变更予以备案登记，确认公司注册资本变更为400万元，彭军出资额变更为341万元（变更前为41万元），并重新核发企业法人营业执照。

笔者认为，彭军的该次增资行为，出资真实，虽其300万元债权计入资本公积的行为不符合会计准则，但未损害公司及其他股东权益，不存在权属纠纷或其他纠纷，不存在潜在法律风险，故公司的上述瑕疵不影响公司在新三板挂牌。

【威门药业（430369）】

一、案例陈述

威门有限公司系经贵州省工商局核准登记，于1996年12月12日成立的有限责任公司，注册资本及实收资本均为150万元，公司类型为有限责任公司。根据贵阳审计师事务所于1996年11月21日出具的《验资报告（设立）》，威门有限公司设立时的注册资本已足额缴纳。

威门有限公司设立时的股东及股权结构如下：

序号	股东姓名	出资金额(万元)	股权比例
1	梁斌	60	40%
2	何凯南	60	40%
3	姚强	10	6.7%
4	李孟林	10	6.7%
5	俞胜	10	6.6%
合计		150	100%

1997 年 6 月 28 日，威门有限公司召开股东会并形成决议，决定增加注册资本至 800 万元，并同意相应修改公司章程。

1997 年 7 月 31 日，贵阳审计事务所出具了《对贵州威门药业有限公司整体资产的评估报告》，以 1997 年 7 月 23 日为评估基准日，威门有限公司的净资产为 10,482,101.19 元。

1997 年 8 月 7 日，威门有限公司召开股东会并形成决议，决定新增股东张康宁及刘光清，并决定注册资本由 150 万元变更为 800 万元，其中：梁斌出资为 440 万元，何凯南出资为 240 万元，姚强出资为 32 万元，俞胜出资为 16 万元，李孟林出资为 16 万元，刘光清出资为 40 万元，张康宁出资为 16 万元，以上合计为 800 万元；同日，威门有限公司全体股东签署了《章程修正案》。

1997 年 7 月 31 日，贵阳审计师事务所出具《对贵州威门药业有限公司整体资产的评估报告》（以下简称《97 年评估报告》）。根据该评估报告，截至 1997 年 7 月 23 日，威门有限公司总资产评估值为 11,319,411.49 元，总负债评估值为 837,310.30 元，净资产评估值为 10,482,101.19 元，增加资本公积 6,960,029.81元。

1997 年 8 月 7 日，贵阳审计师事务所出具《验资报告》（以下简称《97 年验资报告》），确认截至 1997 年 8 月 5 日，威门有限公司已经收到上述股东投入的 800 万元注册资本，威门有限公司实收资本为 800 万元；本次增加注册资本 650 万元，其中：梁斌以其对威门有限公司享有的债权 2,153,187.81 元增加实收资本，从资本公积转增实收资本 4,346,812.19 元。

本次增资完成后，威门有限公司注册资本变更为800万元，其股东及股权结构如下：

序号	股东姓名	出资金额(万元)	股权比例
1	梁斌	440	55%
2	何凯南	240	30%
3	姚强	32	4%
4	李孟林	16	2%
5	俞胜	16	2%
6	刘光清	40	5%
7	张康宁	16	2%
合计		800	100%

二、律师解读

威门有限公司本次增资的出资方式为债权转股权及资本公积金转增，其中以债权转股权方式出资金额为2,153,187.81元，以评估增值部分的资本公积金转增方式出资金额为4,346,812.19元。本次增资具体事项及存在的问题说明如下。

(一)债权转股权事项

根据威门有限公司、海口伟男实业有限公司、俞胜签署的1997年7月8日债务转让协议书，1997年威门有限公司董事会决议，威门药业出具的《关于1997年增资扩股的情况说明》以及梁斌出具的个人情况说明并经核查，该等债权系因威门有限公司设立后因资金紧张形成的对海口伟男实业有限公司的债务，之后海口伟男实业有限公司在此次增资前将该等债权转让给其实际控制人梁斌所有。此次增资时未对该等债权进行评估，存在法律瑕疵。

(二)资本公积金转增事宜

根据《97年验资报告》、《97年评估报告》，本次增资的资本公积金系威门有限公司整体资产评估后的评估增值部分，即威门有限公司净资产值经评估机构评估后增加了6,960,029.81元净资产,威门有限公司将该增加的净资产全部转为资本公积金,此次增资时,威门有限公司将其中的4,346,812.19元资本公积金转增为股本。威门有限公司以资产评估价格调增相关资产价值并将由此增加的净资产计入资本公积后转增股本,不符合企业会计处理的相关规定。因此,此次增资以评估增值后形成的资本公积转增股本存在瑕疵。

(三)关于本次新增股东刘光清和张康宁及其出资事宜

本次增资时新增了股东刘光清和张康宁,其原因及增资之出资如下:威门有限公司设立时,张康宁向梁斌借款3万元作为出资,并委托梁斌持股,刘光清向梁斌借款15万元,并委托梁斌持股;威门有限公司以资本公积转增股本时,经上述股东协商并形成股东会决议,决定各股东出资如下:

序号	股东姓名	出资金额(万元)	出资构成	股权比例
1	梁斌	440	货币及债权2,573,187.81元,资本公积转增1,826,812.19元	55%
2	何凯南	240	货币60万元,资本公积转增180万元	30%
3	姚强	32	货币10万元,资本公积转增22万元	4%
4	李孟林	16	货币10万元,资本公积转增6万元	2%
5	俞胜	16	货币10万元,资本公积转增6万元	2%
6	刘光清	40	货币15万元,资本公积转增25万元	5%
7	张康宁	16	货币3万元,资本公积转增13万元	2%
合计		800		100%

笔者认为,第一,梁斌等自然人的出资已经会计师验证,均已经到位;第二,

梁斌等自然人以债权以及资本公积金转增方式出资已获得主管部门贵州省工商局的认可；第三，梁斌已于2010年12月6日以货币资金2,153,187.81元置换了上述增资以债权转股权的出资；第四，威门有限公司此次增资时，通过评估增值转为资本公积的资产为存货和固定资产，其中存货评估增值为6,858,519.81元，固定资产评估增值为101,510.00元。上述存货在评估调账后于1997年和1998年已经全部形成产成品并实现对外销售，扣除应计缴的企业所得税147,716.70元，余额为6,710,803.11元，威门有限公司因存货评估增值导致的净资产虚增部分已有6,710,803.11元予以补足；根据北京天华会计师事务所于2001年5月31日出具的《审计报告》（以下简称《改制审计报告》），截至威门有限公司整体变更设立股份有限公司的审计基准日2001年4月30日，此次增资固定资产评估增值部分累计计提折旧31,549.43元，扣除应计缴的企业所得税2491.46元，余额为29,057.97元。威门有限公司因上述固定资产评估增值导致的净资产虚增部分已有29,057.97元予以补足。

通过上述存货销售及固定资产折旧，威门有限公司上述增资因评估增值计入资本公积进而转增股本导致威门有限公司增加的净资产4,346,812.19元，已经全部实现。

因此，威门有限公司以2001年4月30日为基准日以净资产出资、折股方式整体变更为股份有限公司后，威门有限公司此次增资以评估增值计入资本公积进而转增注册资本的4,346,812.19元已全部予以补足。

根据《专项复核报告》，威门有限公司历次出资中因评估增值转为资本公积并转增资本、债权转股权、会计差错等导致的出资瑕疵事项，已经全部予以规范解决。

（四）贵州省工商行政管理局已于2013年10月23日出具《贵州威门药业股份有限公司1997年增资及2001年股份公司设立相关事宜的确认函》

其中记载：

“第一，威门药业（含威门有限公司）上述出资瑕疵系因会计差错导致，不属于重大违法违规行为；

第二，上述出资瑕疵已经予以规范解决，且解决的过程合法、合规，该等瑕疵不影响威门药业的依法设立和有效存续，威门药业1997年增资及2001年股份公司设立具有充足的法律依据；

第三，我局不会就上述历史出资问题对威门药业进行行政处罚，亦不会追究其其他的任何法律责任。”

（五）2013年10月30日，威门药业实际控制人梁斌、杨槐夫妇出具承诺，对于因上述问题导致的威门药业的任何损失将承担全部赔偿责任

综上所述，笔者认为，第一，威门有限公司1997年增资时债权转股权未经评估的瑕疵已通过现金置换规范解决；第二，以评估增值后形成的资本公积转增注册资本的部分已通过存货销售及固定资产折旧方式实现；第三，威门有限公司本次增资存在瑕疵未损害股东或债权人利益，不存在纠纷及潜在纠纷；第四，威门有限公司1997年增资时存在的不规范情形已经相关方规范解决并获得了主管工商部门的认可，且解决的过程合法合规。

所以，威门有限公司1997年增资虽然存在瑕疵，但威门有限公司1997年以债权及资本公积金转增注册资本行为已获主管部门认可，有充足的法律依据。上述瑕疵不会影响公司在新三板挂牌转让。

第十三节　对赌协议的处理

内容摘要：对赌协议是指投资者与目标公司或股东签署，在约定的期限内对目标公司提出业绩要求，若实现，投资者对管理层进行奖励或追加投资；若未完成，管理层则需要按照约定对投资者进行惩罚性补偿。“赌”实际上是一种投资保障，也是对管理层的激励和适当的压力。投资者通过设定目标盈利水平和触发条件，来避免不可预知的盈利能力风险。投资者可以与挂牌公司实际控制人或者股东对赌，但不可以与挂牌公司对赌。

在新三板挂牌企业中，一些企业与投资方达成对赌协议。

关键词：对赌协议　出具承诺　股东利益

【易事达(430628)】

一、案例陈述

(一)易事达有限公司设立及增资

易事达有限公司成立于2007年4月23日,由段武杰、周继科、程美华三名自然人出资设立,注册资本200万元,其中实物出资140万元,法定代表人段武杰。

2012年2月23日,经易事达有限公司股东会决议,同意将注册资本增加至1561.04万元,新增注册资本231.04万元由新股东苏州天璇钟山九鼎投资中心(有限合伙)(以下简称钟山九鼎)及苏州天昌湛卢九鼎投资中心(有限合伙)(以下简称湛卢九鼎)缴纳。钟山九鼎以货币投入1648.75万元,其中152.37万元计入注册资本,其余1496.38万元计入资本公积。湛卢九鼎以货币投入851.25万元,其中78.67万元计入注册资本,其余772.58万元计入资本公积。

增资明细如下:

序号	增资股东	增资前	本次增资		增资后	
		出资金额	货币(万元)	单位注册资本对价(元)	出资金额(万元)	占注册资本比例
1	钟山九鼎		152.37	10.82	152.37	9.76%
2	湛卢九鼎		78.67	10.82	78.67	5.04%
合计			231.04		231.04	14.80%

公司工商登记的股权结构如下:

序号	股东名称	出资金额(万元)	占注册资本比例
1	段武杰	816.00	52.27%
2	周继科	384.00	24.60%

续表

序号	股东名称	出资金额(万元)	占注册资本比例
3	钟山九鼎	152.37	9.76%
4	华信兄弟	100.00	6.41%
5	湛卢九鼎	78.67	5.04%
6	张鹏	30.00	1.92%
合计		1561.04	100.00%

(二)易事达增资扩股涉及的对赌事项

在本次增资过程中,增资方钟山九鼎及湛卢九鼎(甲方)、公司(乙方)、公司股东段武杰及周继科(丙方)签订了增资补充协议,约定了对赌条款,主要内容包括如下。

1.业绩补偿

公司2011年、2012年、2013年的净利润分别不得低于2500万元、3300万元、4300万元,同时2012年、2013年实现净利润累计不低于7600万元,如果不能完成以上任一业绩指标,由丙方段武杰及周继科对甲方钟山九鼎和湛卢九鼎根据约定作出现金补偿,自有资金不足的,由公司向甲方单向分红或丙方将分红所得支付甲方补足。

2.退出安排

(1)除非甲方另以书面形式同意延长,本次投资完成后,如果:

A.乙方2014年6月30日前未提交发行上市申报材料并获受理。

B.乙方2014年12月31日前没有完成挂牌上市。

C.乙方2011年实现净利润低于2000万元,或者2012年实现净利润低于2600万元,或者2013年实现净利润低于3400万元。甲方有权选择在上述任一情况出现后要求乙方及/或丙方以约定价款回购或购买甲方持有的全部或部分乙方股权。

(2)如果出现以下任何一种情况:

A.丙方或丙方实际控制的其他方投资、经营任何与乙方主营业务相同或者相关的其他业务或企业;

B. 实际控制人发生重大变化，或者实际控制人不履行其管理控制公司的义务；则甲方有权选择在上述任何一种情况出现后要求丙方或乙方受让甲方持有的全部或部分乙方股权，乙方及丙方承诺以约定价格受让；如果乙方、丙方不能按照前述要求受让甲方所持股权，甲方还可以选择向第三方转让股权。甲方按照本款约定向第三方转让股权实际所得少于根据前述约定甲方应得款项的差额，由乙方和丙方予以补足。退出有关约定自公司向中国证监会递交正式申报材料时自动失效；若乙方中止或放弃上市计划，或者乙方上市申请被否决，或者乙方上市申报材料被撤回，或者上市申请文件提交之日起 12 个月内尚未取得证券监管机构核准上市的批文，则该等退出约定的效力即自行恢复，且甲方对失效期间有关退出的相应权力具有追溯力，有关期间自动顺延。甲方根据上市申报进度等情况书面同意暂缓前述权利自动恢复除外。

3. 清算财产分配

乙方如果实施清算，则在分别支付清算费用、职工的工资、社会保险费用和法定补偿金，缴纳所欠税款，清偿公司债务后，对乙方的剩余财产进行分配时，乙方和丙方保证甲方获得其对乙方的全部实际投资加上在乙方已公布分配方案但还未执行的红利中甲方应享有的部分，如乙方分配给甲方的剩余资产不足上述金额，差额部分由丙方以获得的清算资产为限对甲方进行补偿。

4. 其他约定

甲方与丙方签订借款协议，甲方借予丙方 1500 万元，甲方承诺如果未要求乙方及或丙方购买甲方股份，且乙方在 2014 年 12 月 30 日前在国内 A 股成功实现上市，甲方将豁免丙方偿还该等借款及利息，作为丙方主导乙方上市后的奖励。补充协议与增资扩股协议存在冲突和不一致之处，以该补充协议为准。

（三）易事达增资对赌条款的解决措施

1. 大股东出具承诺

（1）关于业绩补偿

若《增资补充协议》中的业绩补偿条件成就，承诺人将以其自有资金（包括分红所得）向增资方偿还《增资补充协议》约定的业绩补偿款项；若自有资金不足以偿还增资方该等业绩补偿款项，承诺人将以自公司获取的分红偿还上述业绩补偿款项;若承诺人自公司获取的分红所得仍不足以弥补上述业绩补偿款项,则承诺人将通过自筹资金向增资方另行支付。承诺人承诺不向公司提议实施仅对承诺人或增资方进行分红的单向分红安排。承诺人承诺不因支付上述业绩补偿款项而转让其持有的公司股份。承诺人承诺全部承担《增资补充协议》项下对增资方的业绩补偿责任,确保公司不需向增资方支付任何上述业绩补偿款项。

(2)关于退出安排

如果增资方因《增资补充协议》中的退出条件成就要求承诺人以约定价款受让其持有的全部或部分股份时,或要求公司以约定价款回购其持有的全部或部分股份时,承诺人承诺将受让增资人拟转让的全部或部分股份,确保公司不需回购增资方持有的任何股份。

如果承诺人不能按照前述承诺受让增资方所持公司股份,增资方按照《增资补充协议》约定向第三方转让股份,实际转让所得少于根据《增资补充协议》约定增资方应得款项的差额时,承诺人承诺将以自有资金或自公司获取的分红对该等差额进行补偿,确保公司不需向增资方支付该等差额。

承诺人承诺不因支付上述受让增资方所持公司股份的价款或上述差额款项而转让其持有的公司股份。

(3)关于清算财产分配

如果公司实施清算,增资方根据《增资补充协议》要求获得的其实际投资加上公司已公布方案但还未执行的红利中增资方应享有的部分(以下简称清算分配财产),承诺人承诺根据《增资补充协议》以其获得的清算资产为限对增资方进行补偿,确保公司不需向增资方支付该等清算分配财产。

2. 增资方出具承诺函

根据《增资补充协议》,当增资方向第三方转让股权时,根据买方需要,可要求易事达股东段武杰、周继科也以增资方转让的同等条件转让一部分股权。对此,增资方承诺自公司向股转公司报送申请材料之日起放弃上述权利。

3. 对赌各方针对对赌事项新签订补充协议

2013 年 12 月 31 日,甲、乙、丙三方签订了《苏州天璇钟山九鼎投资中心(有限合伙)、苏州天昌湛卢九鼎投资中心(有限合伙)与深圳市易事达电子有限公司、段武杰、周继科关于深圳市易事达电子有限公司之增资扩股协议的补充协议二》(以下简称《增资补充协议二》)。该等补充协议的主要内容如下:

(1)自乙方向全国中小企业股份转让系统申报挂牌材料之日起(包括审核期间及挂牌以后),豁免《增资补充协议》中约定所有乙方所承担的责任和义务。其中,对于《增资补充协议》项下,甲方可以要求乙方、丙方履行义务的情形,丙方承诺由丙方承担全部责任,甲方同时放弃要求乙方履行义务的权利,仅保留要求丙方履行义务的权利。

(2)自乙方向全国中小企业股份转让系统申报挂牌材料之日起(包括审核期间及挂牌以后),甲方放弃《增资补充协议》中约定的甲方可以要求乙方及丙方回购或受让甲方所持有的乙方股份的权利。

(3)如果甲方向其他任何第三方转让甲方所持有的乙方全部或部分股份,甲方承诺对外每股转让价格不低于截至甲方行使上述权利之日乙方最近一期经审计的每股净资产值。

(4)如果乙方本次挂牌申请被否决,或者乙方本次挂牌申报材料被撤回,则上述甲方放弃的权利即自行恢复。

二、律师解读

对赌事项对公司、股东及本次挂牌的影响:

根据上述《增资补充协议》、《增资补充协议(二)》及易事达股东段武杰、周继科出具的《承诺函》,自易事达向股转公司申报本次挂牌资料之日,增资方不要求段武杰、周继科受让其持有的易事达部分或全部股份,但增资方可要求易事达股东段武杰、周继科承担以下义务:

1. 请求支付相关业绩补偿

根据易事达说明,并经本所律师核查,根据《增资补充协议》及公司的实际经营状况,2012 年度公司已实现的净利润(以扣除非经常性损益孰低为准)为 3211.16 万元,相应的需支付业绩补偿金额为 107.68 万元,该等业绩补偿款项已由股东段武杰、周继科支付完毕。根据公司预估,2013 年度公司的净利润(以扣除非经常性损益孰低为准)将在 3000 万元至 3300 万元之间,相应的需支付业绩补偿金额在930.23万元至1209.30万元之间。因此,增资方可要求易事达股东段武杰、周继科支付的业绩补偿金额预估将在930.23万元至1209.30万元之间。

2. 请求支付增资方向第三方转让股份所得价款与协议约定应得款项的差额

根据易事达说明,并经本所律师核查,根据《增资补充协议》及《增资补充协议二》,增资方可以要求易事达股东段武杰、周继科支付其向第三方转让股份所得价款与《增资补充协议》约定应得款项的差额,但增资方确认其向任何第三方转让其持有公司的股份时,每股转让价格不低于每股净资产值。根据公司测算,2013年末公司的每股净资产值将在1.69元至1.73元之间,鉴于增资方合计持有易事达1110.03万股股份,假设2014年3月增资方以每股净资产值对外转让该等全部股份,增资方获得股份转让价款将在1875.95万元至1920.35万元之间。增资方依据《增资补充协议》约定应得款项的金额为以下两种计算方式中的结果较高者:其一为投资款人民币肆仟万元(40,000,000.00元)×(1+9%)n-增资方入股期间从公司获得的所有现金股利-增资方届时因已转让部分公司股权所取得的收入-增资方入股期间从公司获得的各年业绩补偿款-壹仟伍佰万元(1500万元)×(1+9%)n;其二为增资方要求公司或/及易事达股东段武杰、周继科购买的股权数×受让时点之上月底公司的每股净资产,根据公司测算及说明,截至2014年3月,上述算法中后者所得金额将高于前者所得金额,因此,增资方依据《增资补充协议》约定应得款项的金额为以转让股份时每股净资产值计算的转让价款金额。由于增资方已承诺向第三方转让公司股份时,每股转让价格不得低于每股净资产值,因此,增资方获得股份转让价款应不低于其依据《增资补充协议》约定可获得的应得款项。易事达股东段武杰、周继科将无须向增资方支付上述相关差额。

3. 请求支付相关借款及利息

根据增资方与易事达股东段武杰、周继科签订的《苏州天璇钟山九鼎投资中心(有限合伙)、苏州天昌湛卢九鼎投资中心(有限合伙)(出借方)与段武杰、周继科(借款方)之借款协议》,增资方借予段武杰、周继科1500万元,借款年复利率为9%,借款期限至2014年12月31日,段武杰、周继科对该等还款义务承担连带清偿责任。根据公司说明，截至 2014 年 3 月 1 日，段武杰、周继科应向增资方偿还的借款及利息共计约 1782.15 万元。

综上，根据公司说明，截至 2014 年 3 月，易事达股东段武杰、周继科预计需向增资方支付的业绩补偿、借款及利息合计将在 2712.38 万元至 2991.45 万元之间。

根据相关承诺，易事达股东段武杰、周继科可通过自公司获得的分红对上述业绩补偿、借款及利息进行偿还。对于易事达的利润分配原则，根据公司说明及《公司章程》，公司实行持续、稳定的利润分配政策，公司利润分配应重视对投资者的合理投资回报，并兼顾公司的可持续发展。公司利润分配不得超过累计可供分配利润的范围，不得损害公司持续经营能力。

根据公司说明，截至 2013 年 9 月 30 日，易事达经审计的未分配利润为 2690.25 万元，货币资金余额为 12,303.14 万元。由于公司一贯执行稳健的收付管理政策，货币资金充裕，符合实施现金分红的条件，实施现金分红不会对公司的持续经营能力造成重大不利影响，同时公司股东段武杰、周继科合计持有的公司股份比例为 76.87%，其有权向公司提起现金分红的议案，并能确保该等议案获得通过，公司实施现金分红在程序上具有可实现性。仅以 2013 年前三个季度指标估算，若公司实施现金分红，分红金额可达 2690.25 万元，股东段武杰、周继科获得分红金额最高可达 2068.00 万元。公司预估 2013 年全年的可供分配利润将在 3590.25 万元至 3860.25 万元之间，若公司以 2013 年年末审计数据实施现金分红，股东段武杰、周继科可获得现金分红（扣除个人所得税）的金额可达 2207.91 万元至 2373.95 万元之间。截至 2014 年 3 月，考虑到预估假设对应关系的前提，该等现金分红金额与易事达股东段武杰、周继科预计需向增资方支付的业绩补偿、借款及利息的差额最高为 783.54 万元。

根据易事达股东段武杰、周继科出具的承诺，其除以自公司获得现金分红偿还上述业绩补偿、借款及利息外，还将以自有资产进行偿还。根据段武杰、周继科的说明，其自有资产足以偿付该等 783.54 万元差额。

根据上述公司说明、测算及易事达股东段武杰、周继科出具的相关承诺及说明，段武杰、周继科通过自公司获得的现金分红及自有资产可以偿还上述业绩补偿、借款及利息,不会对易事达及其他股东的利益造成不利影响。

4. 请求偿付清算分配财产

根据《增资补充协议》、《增资补充协议二》及股东段武杰、周继科出具的《承诺函》,当易事达实施清算时,对于增资方要求偿付的清算分配财产,如增资方自易事达清算所获得剩余资产不足该等清算分配财产,股东段武杰、周继科以其获得的清算资产为限对增资方进行补偿,段武杰、周继科不需另外向增资方支付任何款项,也不会对易事达及其他股东的利益造成不利影响。

根据《增资补充协议》、《增资补充协议二》及股东段武杰、周继科出具的《承诺函》,自易事达向股转公司申报本次挂牌资料之日,增资方豁免易事达基于《增资补充协议》项下的一切义务,虽然增资方可要求易事达股东段武杰、周继科履行支付相关业绩补偿等义务,但根据公司及股东段武杰、周继科的说明,段武杰、周继科通过自公司获得的现金分红及自有资产可以偿还该等业绩补偿、借款及利息。同时,根据股东段武杰、周继科出具的相关承诺,其将通过自有资金、现金分红或自筹资金的方式偿还上述业绩补偿等款项,确保不因支付上述业绩补偿等款项而转让其持有的公司股份。增资方亦承诺放弃在其向第三方转让股份时要求股东段武杰、周继科同时转让股份的权利。综上,易事达股东段武杰、周继科出具了相关承诺及说明,在满足该等承诺及说明的情况下,上述增资扩股过程中存在的对赌事项不会损害公司及其他股东的利益,不会对本次挂牌构成重大实质性障碍。

笔者认为,挂牌公司关于对赌条款相关责任和义务,自公司向股转公司申报资料之日,已通过股东已出具承诺函及三方新签署补充协议的方式免除,上述增资补充协议的对赌约定仅限于增资方与公司大股东之间。公司股东段武杰、周继科能够在不对公司股权结构产生不利影响的前提下通过自有资金及获取公司分红偿付相关对赌约定款项,并能够通过其持股比例提议并确保通过公司实施分红的议案,公司实施同比例分红不会侵害其他股东的利益,不会对公司持续经营带来不利影响。

综上所述,笔者认为,根据《增资补充协议》、《增资补充协议二》及股东段武杰、周继科出具的《承诺函》,自易事达向股转公司申报资料之日,增资方豁免易事达基于《增资补充协议》项下的一切义务，虽然增资方可要求易事达股东段武杰、周继科履行支付相关业绩补偿等义务，但根据公司及股东段武杰、周继科的说明，段武杰、周继科通过自公司获得的现金分红及自有资产可以偿还该等业绩补偿、借款及利息。同时，根据股东段武杰、周继科出具的相关承诺，其将通过自有资金、现金分红或自筹资金的方式偿还上述业绩补偿等款项，确保不因支付上述业绩补偿等款项而转让其持有的公司股份。增资方亦承诺放弃在其向第三方转让股份时要求股东段武杰、周继科同时转让股份的权利。综上，笔者认为，易事达股东段武杰、周继科出具了相关承诺及说明，在满足该等承诺及说明的情况下，上述增资扩股过程中存在的对赌事项不会损害公司及其他股东的利益，不会对本次挂牌构成重大实质性障碍。

【欧迅体育(430617)】

一、案例陈述

有限公司设立及第三次增资

北京欧迅体育文化传播有限公司成立于2006年2月16日，是由自然人朱晓东、朱淳良2人共同出资组建。公司注册资本为10万元，实收资本为10万元，全部以货币出资，其中朱晓东以货币方式出资8万元，朱淳良以货币方式出资2万元。

2013年5月23日，公司召开股东会并作出决议，同意增加新股东上海屹和投资管理合伙企业(有限合伙)、上海鼎宣投资管理合伙企业(有限合伙)、上海棕泉亿投资合伙企业(有限合伙)；同意公司的注册资本新增13.3333万元，其中：上海屹和投资管理合伙企业(有限合伙)以货币500万元认缴公司新增注册资本7.8431万元、资本公积492.1569万元，上海鼎宣投资管理合伙企业(有限合伙)以货币300万元认缴公司新增注册资本4.7059万元、资本公积295.2941万元，上海棕泉亿投资合伙企业(有限合伙)以人民币50万元认缴公司新增注册资本0.7843万元、资本公积49.2157万元；同意修改后的公司章程。

本次变更后，公司的股权结构变更为：

序号	股东名称	出资额（元）	出资比例	出资方式
1	朱晓东	876,000.00	65.70%	货币
2	徐瑞芬	149,040.00	11.18%	货币
3	上海屹和投资管理合伙企业	78,431.00	5.88%	货币
4	上海欧才投资合伙企业	60,960.00	4.57%	货币
5	张以靖	54,000.00	4.05%	货币
6	姚振彦	48,000.00	3.60%	货币
7	上海鼎宣投资管理合伙企业	47,059.00	3.53%	货币
8	吴仲达	12,000.00	0.90%	货币
9	上海棕泉亿投资合伙企业	7843.00	0.59%	货币
合计		1,333,333.00	100.00%	

根据投资各方于2013年8月15日签订的投资协议，遵循真实、严谨的原则，公司实际控制人对投资方作出如下业绩承诺：(1)截至2013年12月31日，2013年年度经审计的扣除非经常性损益的净利润不低于人民币760万元。(2)截至2014年12月31日，2014年年度经审计的扣除非经常性损益的净利润不低于人民币1140万元；(3)2013年和2014年两年的平均利润扣除非经常性损益的净利润不低于人民币950万元。基于业绩承诺，投资方同意以新增的方式对公司投资人民币850万元并获得公司相应的股权，其中：(1)屹和投资管理合伙企业投资人民币500万元整，其中人民币7.8431万元计入公司注册资本，其余人民币492.1569万元计入公司资本公积，均以货币形式缴付，占股5.8824%。(2)鼎宣投资管理合伙企业投资人民币300万元整，其中人民币4.7059万元计入公司注册资本，其余人民币295.2941万元计入公司资本公积，均以货币形式缴付，占股3.5294%。(3)棕泉亿投资合伙企业投资人民币50万元整，其中人民币0.7842万元计入公司注册资本，其余人民币49.2157万元计入公司资本公积，均以货币形式缴付，占股0.5882%。同时，该投资协议约定了新三板挂牌的申报时间以及在业绩承诺无法满足的情况下实际控制人朱晓东对投资人（投资人指屹和投资、鼎宣投资、棕泉亿投资）的现金补偿和股权

收购等条款,但同时约定,在公司向全国中小企业股份转让系统有限责任公司提交新三板挂牌申请之日起,本协议约定的关于投资人的特别条款自动失效,投资人依该等条款所享有的特别权利同时终止。

二、律师解读

对赌协议就是收购方(包括投资方)与出让方(包括融资方)在达成并购(或者融资)协议时,对于未来不确定的情况进行一种约定。如果约定的条件出现,投资方可以行使一种权利;如果约定的条件不出现,融资方则行使一种权利。所以,对赌协议实际上就是期权的一种形式。

对赌协议产生的根源在于企业未来盈利能力的不确定性,目的是为了尽可能地实现投资交易的合理和公平。它既是投资方利益的保护伞,又对融资方起着一定的激励作用。所以,对赌协议实际上是一种财务工具,是对企业估值的调整,是带有附加条件的价值评估方式。

在本案例中,上述投资协议就是对赌协议。上述投资协议的签署方包括欧迅体育原股东与投资方,并不包括欧迅体育,因此投资协议只对欧迅体育原股东和投资方具有约束力,对欧迅体育并不具有约束力,投资协议中并无欧迅体育承担义务的具体约定。此外,投资协议包括了欧迅体育实际控制人朱晓东在满足约定条件下收购投资方持有的欧迅体育股权或对投资方的现金补偿条款,该等条款的履行将可能导致实际控制人朱晓东所持有的欧迅体育的股权比例增加或保持不变,而不会导致欧迅体育控股股东、实际控制人的变更。投资协议为原股东和投资方的权利义务所作出的约定,并无关于欧讯体育义务、责任的约定,并未损害欧迅体育的合法权益。

综上所述,律师认为,上述投资协议并不影响公司在新三板挂牌。

【万洲电气(430436)】

一、案例陈述

(一)2000 年 3 月,襄樊万洲电气制造有限公司成立

2000 年 3 月,赵世运、李明辉、李峰、赵邦国、许卫东、包群英 6 位自然人共

同出资设立襄樊万州电气制造有限公司（以下简称襄樊万州电气），注册资本50.00万元，法定代表人赵世运，住所襄樊市樊城红光路41号。

2000年3月8日，襄樊华炬会计师事务有限公司对襄樊万州电气的出资情况进行了审验，并出具了《验资报告》。根据该《验资报告》，截至2000年3月7日，襄樊万州电气已收到其股东投入的资本50.00万元，赵世运出资25.00万元（设备4台作价19.00万元及货币资金6.00万元），李明辉、李峰、赵邦国、包群英各以货币资金出资5.00万元，许卫东出资5.00万元（材料一批作价4.00万元及货币资金1.00万元）。

成立时股权结构如下：

序号	股东名称	出资金额（万元）	出资比例
1	赵世运	25.00	50.00%
2	李明辉	5.00	10.00%
3	李峰	5.00	10.00%
4	赵邦国	5.00	10.00%
5	包群英	5.00	10.00%
6	许卫东	5.00	10.00%
合计		50.00	100.00%

（二）此后数年间，经过一系列股权转让、增资及更名之后，公司名称变更为万洲电气集团有限公司（以下简称万洲电气集团），注册资本增加至5000万元

公司的股权结构如下：

序号	股东名称	出资金额（万元）	出资比例
1	赵世运	2000.00	40.00%
2	李明辉	750.00	15.00%
3	李峰	750.00	15.00%
4	赵邦国	750.00	15.00%
5	包群英	750.00	15.00%
合计		5000.00	100.00%

（三）股权变更暨第七次增资

2011年8月3日，万洲电气集团召开股东会决议通过吸收新股东江苏华工创投和武汉华工创投，老股东自愿放弃优先认缴出资权，公司的注册资本由5000万元增加至5678万元，其中江苏华工创投认缴418万元，武汉华工创投认缴260万元。

2011年8月27日，赵世运、李明辉、李峰、赵邦国、包群英分别与江苏华工创投、武汉华工创投签署《万洲电气集团有限公司之增资协议》之补充协议，协议中甲方分别为江苏华工创投和武汉华工创投，乙方为万洲电气集团本次增资前的全体股东即赵世运、李明辉、李峰、赵邦国、包群英，协议约定如下：

“1. 若公司出现下述情形之一，甲方可以要求乙方回购甲方所持有的全部公司股份：

（1）公司在2014年12月31日前未能在境内资本市场公开发行并上市；

（2）公司放弃上市战略；

（3）公司出现实质性障碍确定已无法实现上市目标。

2. 乙方回购甲方所持公司股权的价款按以下公式计算：

回购股权价款＝甲方投资额＋（甲方投资额×10%×投资到公司实际天数/365）－公司累计对甲方进行的分红。

3. 乙方应在甲方书面提出回购要求之日起6个月内完成回购股权的相关事项，回购应当以现金形式实现。

4. 在实现首发上市前，如果公司进行新的私募股权融资或者乙方转让持有的部分公司股权，乙方应保证增资或者转让的价格不低于本次甲方的增资价格（若有分红等因素，按照复权价计算），但各方另行协商一致可以豁免的除外。

5. 本次增资完成后，投资人只作为财务投资人享有公司股东的相关权利，投资人承诺不参与或不干涉公司的正常生产经营活动。

6. 本次增资完成后，投资人不得以协议转让等方式将其持有的公司股权部分或全部转让给公司主营业务的竞争对手，或者在其持有的公司股权上为公司主营业务的竞争对手设定任何第三方权利或权益。

7. 本协议于各方签署日起生效，至公司向中国证监会提交上市材料之日终止。”

届时出现回购股份情形时，江苏华工创投和武汉华工创投分别承诺："届时出现回购股份情形时，本公司将按照回购协议约定的价格以中小企业股份转让系统允许的方式（包括协议转让、竞价交易等）要求万洲电气股东赵世运、李明辉、李峰、赵邦国、包群英回购本公司所持有的全部万洲电气股份。若回购采取全国中小企业股份转让系统的竞价交易方式，在保证转让价格与回购协议约定的回购价格一致的前提下，本公司转让的万洲电气股份可能不能完全转让给万洲电气股东赵世运、李明辉、李峰、赵邦国、包群英，而由其他投资者受让，由此导致的结果由本公司承担。本公司保证不会因为出现上述交易结果而与万洲电气股东赵世运、李明辉、李峰、赵邦国、包群英及万洲电气产生任何利益纠纷和争议。本公司遵循全国中小企业股份转让系统的交易规则，接受该交易系统的交易结果。"

届时出现回购股份情形时，实际控制人赵世运、李明辉、李峰、赵邦国、包群英分别承诺："届时出现回购股份情形时，江苏华工创业投资有限公司和武汉华工创业投资有限责任公司将按照回购协议约定的价格以中小企业股份转让系统允许的方式（包括协议转让、竞价交易等）要求万洲电气股东赵世运、李明辉、李峰、赵邦国、包群英回购本公司所持有的全部万洲电气股份。若回购采取全国中小企业股份转让系统的竞价交易方式，在保证转让价格与回购协议约定的回购价格一致的前提下，江苏华工创业投资有限公司和武汉华工创业投资有限责任公司转让的万洲电气股份可能不能完全转让给万洲电气股东赵世运、李明辉、李峰、赵邦国、包群英，而由其他投资者受让，由此导致的结果由本人承担。本人保证不会因为出现上述交易结果而与江苏华工创业投资有限公司和武汉华工创业投资有限责任公司产生任何利益纠纷和争议。本人遵循全国中小企业股份转让系统的交易规则，接受该交易系统的交易结果。"

2011 年 9 月 3 日，大信会计师事务有限公司湖北分所对本次增资进行了审验，出具了大信鄂验字〔2011〕第 0033 号《验资报告》，截至 2011 年 8 月 30 日止，公司已收到江苏华工创投、武汉华工创投缴纳的新增注册资本合计人民币 678.00 万元，股东以货币出资 51,584,360.00 元，其中 6,780,000.00 元增加注册资本，实际货币出资超过注册资本的 44,804,360.00 元计入资本公积。

万洲电气集团就本次股权变更、增资办理了工商变更手续，并于2011年9月14日换领了营业执照。本次股权变更、增资完成后，股权结构如下表所示：

序号	股东名称	出资金额(万元)	出资比例
1	赵世运	2000.00	35.22%
2	李明辉	750.00	13.21%
3	李峰	750.00	13.21%
4	赵邦国	750.00	13.21%
5	包群英	750.00	13.21%
6	江苏华工创投	418.00	7.36%
7	武汉华工创投	260.00	4.58%
合计		5678.00	100.00%

二、律师解读

(一)对赌协议的合法有效性

经核查，公司的注册资本由5000万元增加至5678万元，其中江苏华工创投认缴418万元，武汉华工创投认缴260万元。江苏华工创投和武汉华工创投及其他相关方于2011年8月27日签署了《万洲电气集团有限公司之增资协议》(以下简称《增资协议》)。2011年8月27日，公司股东赵世运、李明辉、李峰、赵邦国和包群英分别与江苏华工创投、武汉华工创投签署了《〈万洲电气集团有限公司之增资协议〉之补充协议》(以下简称《增资补充协议》)。该《增资补充协议》约定在一定条件下，投资人江苏华工创投、武汉华工创投可以要求公司股东赵世运、李明辉、李峰、赵邦国和包群英回购其持有的公司全部股份。

综上所述，律师认为，《增资协议》及《增资补充协议》系各方的真实意思表示，合法有效。

(二)对赌协议的回购条件

经核查，《增资补充协议》第1条约定"若公司出现下述情形之一，甲方可以要求乙方回购甲方所持有的全部公司股份：(1)公司在2014年12月31日前未能在境内资本市场上市(指在2014年12月31日前无法获得中国证监会审核批准);(2)公司放弃上市战略;(3)公司出现实质性障碍确定已无法实现上市目标。”该等条件构成投资人要求公司股东赵世运、李明辉、李峰、赵邦国和包群英回购其股份的回购条件。同时《增资补充协议》亦约定了回购价格等事宜。

根据公司及公司股东赵世运、李明辉、李峰、赵邦国和包群英于2014年1月6日出具的说明,上述回购条件明确具体,就有关回购事宜,赵世运、李明辉、李峰、赵邦国和包群英目前与投资人江苏华工创投、武汉华工创投之间不存在争议或潜在争议。

律师认为,《增资协议》及《增资补充协议》约定的上述回购条件明确具体,根据公司及公司股东赵世运、李明辉、李峰、赵邦国和包群英出具的说明,赵世运、李明辉、李峰、赵邦国和包群英目前与投资人江苏华工创投、武汉华工创投之间不存在争议或潜在争议。

(三)对赌协议的回购可能性

根据《增资补充协议》约定的上述回购条件,公司并未战略放弃上市计划,且目前亦未出现实质性障碍,但公司将根据整体业绩经营情况、二级市场情况等综合考虑具体的上市计划时间安排。根据公司及公司股东赵世运、李明辉、李峰、赵邦国和包群英于2014年1月6日出具的说明,如投资人江苏华工创投、武汉华工创投未来提出回购要求时,赵世运、李明辉、李峰、赵邦国和包群英将会与江苏华工创投、武汉华工创投协商一致,妥善处理有关回购事宜,包括但不限于采取自筹资金回购、引进新投资人收购等措施解决有关回购事宜,并保证有关回购事项不会影响公司的正常生产经营情况。

律师认为,不排除投资人江苏华工创投、武汉华工创投未来提出回购股份的要求,但鉴于有关回购系公司股东赵世运、李明辉、李峰、赵邦国和包群英的协议义务,并非由公司直接回购,且公司股东赵世运、李明辉、李峰、赵邦国和包群英已保证采取措施妥善处理有关回购事宜,故有关股份回购的约定对公司本次挂牌不存在实质性法律障碍。

1. 回购可能对公司产生的不利影响

根据股东赵世运、李明辉、李峰、赵邦国、包群英出具的说明,如果发生回购，股东赵世运、李明辉、李峰、赵邦国、包群英拟采取以下措施：

（1）公司专注于电力系统控制与节能产品的研发、生产与销售，主要产品包括电机控制与节能类产品、电气自动化控制类产品和电网电能质量优化与节能类产品。经过十余年的发展，公司已经形成了以电机控制与节能类产品为基础，以电气自动化控制类产品为延伸，以电网电能质量优化与配网子系统节能类产品为未来发展重点的产品结构，从单一的产品制造商逐步发展为控制与节能系统整体解决方案的提供商。公司正处于主动转型期，公司的配网智能优化节电系统已经取得了一定的发展，产品的技术工艺不断提升，新产品也逐渐得到客户的认可和政府部门的大力支持，2014 年公司的业绩有望得到大幅度改善，有希望通过直接寻找、沟通，以较合理的价格引进新的投资人。

（2）随着公司以电动机控制与节能产品为核心基础的大型集成系统市场竞争能力逐年稳步提升，以及以配网智能优化节电系统为支撑，公司新业务和新产品逐渐被市场所认可，公司的盈利能力将得到显著提升，且如果公司成功在全国中小企业股份转让系统挂牌，公司的股权价值将得到更大平台展示，上述因素将会吸引新的投资者进入，或者使江苏华工创投和武汉华工创投持有的公司股权得以转让。

（3）2014 年 5 月，公司新厂区办公大楼将竣工，届时公司管理、销售、研发等部门的员工将全部搬迁至新厂区办公，老厂区的办公场所及土地将会闲置。由于老厂区地处市中心且购置于 10 年前，如果届时出售，房屋和土地将会有较大的收益（注：老厂区土地和房屋目前没有任何他项权利）。如果上述前两项措施未能实现，公司将通过出售老厂区闲置土地房屋实现收益以及公司留存的未分配利润再进行股东分红的形式分配给股东赵世运、李明辉、李峰、赵邦国、包群英，由股东一并与其家庭积累、股东分红、自筹资金等回购江苏华工创投和武汉华工创投持有的公司股份，而且，处置该部分资产，不会对公司正常生产经营产生任何重大不利影响。

综上，鉴于存在上述应对回购的措施，如发生股份回购情形，亦不会对公司产生重大不利影响。

2. 股东能否有效执行回购，是否存有潜在纠纷，是否影响公司的持续经营

根据公司股东赵世运、李明辉、李峰、赵邦国和包群英出具的说明，股东已

有有效的措施执行回购,目前亦未触发《增资补充协议》约定的回购股份的条件,股东与投资人江苏华工创投、武汉华工创投之间不存在争议或潜在争议;《增资补充协议》约定的回购股份事宜不会影响公司的持续经营。

3. 公司与股东所采取的措施是否有效、全面

根据公司股东赵世运、李明辉、李峰、赵邦国和包群英出具的说明,公司将积极夯实原有业务,努力开展新业务,成功实现企业转型发展,公司的业绩及综合实力将得到稳步提高;如触发《增资补充协议》约定的回购股份条件时,股东将采取包括但不限于自筹资金回购、引进新投资人收购等措施解决有关回购事宜。因此,公司与股东所采取的措施有效、全面。

综上所述,律师认为,公司存在的对赌协议对于公司在新三板挂牌不存在法律障碍。

第十四节　公司整体变更时没有进行资产评估

内容摘要:根据《公司注册资本登记管理规定》的相关规定,有限公司整体变更为股份公司时,需要对有限公司的净资产进行资产评估。实践中,一些公司由于法定代表人法律意识淡薄,在变更时没有进行整体评估。

在新三板挂牌企业中,根据券商和律所的经验,虽然没有整体评估,但只要符合以下条件,就没有法律上的障碍:第一,公司整体变更时,没有虚增注册资本,没有损害公司债权人的利益;第二,公司整体变更时,经过会计师事务所验资并在工商局登记备案。

关键词:整体评估　无虚增注册资本

【普金科技(430486)】

一、案例陈述

(一)有限公司的设立和出资

公司的前身系广州创立达技术有限公司,由自然人王裔、林伯弘、李玲以货

币出资共计100万元设立。

公司设立时股东及出资情况如下：

股东名称	出资方式	出资额(万元)	百分比
王裔	货币	40	40%
林伯弘	货币	55	55%
李玲	货币	5	5%
合计		100	100%

之后几年，有限公司经过五次转让，两次增加注册资本，股东的出资及持股比例如下：

<table>
<tr><th>股东名称</th><th>出资方式</th><th>出资额(万元)</th><th>百分比</th></tr>
<tr><td rowspan="2">邱进</td><td>货币</td><td>450</td><td rowspan="2">35.94%</td></tr>
<tr><td>固定资产</td><td>580</td></tr>
<tr><td>广州市普盛网络科技有限公司</td><td>无形资产</td><td>740</td><td>25.82%</td></tr>
<tr><td>骆凤娣</td><td>货币</td><td>458</td><td>15.98%</td></tr>
<tr><td>邱洪林</td><td>货币</td><td>400</td><td>13.96%</td></tr>
<tr><td>广州普金领先企业管理顾问有限公司</td><td>货币</td><td>238</td><td>8.30%</td></tr>
<tr><td colspan="2">合计</td><td>2866</td><td>100%</td></tr>
</table>

（二）有限公司整体变更为股份有限公司

2011年1月20日，广州市普金计算机科技有限公司（以下简称普金有限）股东会通过决议，同意普金有限整体变更为广州普金计算机科技股份有限公司（以下简称普金股份）。

根据天健会计师事务所有限责任公司广东分所出具的《审计报告》，以2010年12月31日为审计基准日，普金有限的账面净资产值为30,363,783.81元。

2011 年 1 月 20 日，天健会计师事务所有限责任公司广东分所出具了天健穗验字〔2010〕第 1001 号《验资报告》，验证截至 2011 年 1 月 18 日，改制变更后公司申请登记的注册资本为人民币 28,660,000.00 元（每股面值 1 元，折合股份总额 28,660,000.00 股）。原有限责任公司 2010 年 12 月 31 日经审计的净资产为 30,363,783.81 元，净资产大于注册资本部分计入股份有限公司资本公积，资本公积 1,703,783.81 元。

本次变更后股东的出资及持股比例如下：

股东名称	出资方式	持有股份数（万股）	百分比
邱进	净资产折股	1030	35.94%
广州市普盛网络科技有限公司	净资产折股	740	25.82%
骆凤娣	净资产折股	458	15.98%
邱洪林	净资产折股	400	13.96%
广州普金领先企业管理顾问有限公司	净资产折股	238	8.30%
合计		2866	100%

由于公司相关工作人员对企业改制的法律法规理解有偏差，导致公司在整体变更时并没有进行资产评估。为了弥补该瑕疵，公司对改制时的资产情况补充进行了资产评估。广东中广信资产评估有限公司于 2013 年 11 月 15 日出具了《关于广州市普金计算机科技有限公司整体变更为股份有限公司事宜涉及的股东全部权益价值项目追溯性评估》，确认了普金有限股东全部权益于评估基准日 2010 年 12 月 31 日的市场价值为 3066.78 万元。

二、律师解读

由于《公司法》和《公司登记管理条例》均没有要求有限责任公司整体变更为股份有限公司时应对原有限责任公司的净资产进行评估，且普金有限整体变更时对全部资产进行了审计，相关工商行政管理部门按照法律规定予以了变更登记备案,因此,笔者认为,普金有限整体变更为普金股份,虽缺少整体变更时原有限公司净资产的评估报告,但整体变更不存在虚增资本、损害第三人权益的行为及情形,且经过会计师事务所验资及工商行政管理部门的登记备案,普金有限整体变更为普金股份合法有效,不存在法律上的障碍。

笔者认为,由于普金有限相关人员对法律法规认识不足,导致公司未按照《公司注册资本登记管理规定》的规定进行资产评估。但考虑到公司整体变更时已由天健会计师事务所有限公司广东分所对其资产负债情况进行了审计并出具了无保留意见《审计报告》,股份公司折合的股本没有高于有限公司经审计的净资产值,且整体变更经过天健会计师事务所出具《验资报告》审验,工商登记机关亦对公司变更进行了审批,广东中广信资产评估有限公司于 2013 年 11 月 15 日出具了《关于广州市普金计算机科技有限公司整体变更为股份有限公司事宜涉及的股东全部权益价值项目追溯性评估》,确认了有限公司股东全部权益于评估基准日 2010 年 12 月 31 日的市场价值为 3066.78 万元,不低于经审计的净资产价值,因此公司整体变更不存在虚增资本和损害第三人权益的行为,故笔者认为,公司整体变更合法有效,公司的上述瑕疵不影响公司在新三板挂牌。

【佳先股份(430489)】

一、案例陈述

(一)佳先有限公司设立及第一次增资

2006 年 3 月 26 日,蚌埠投资集团签署《关于同意成立蚌埠佳先化工有限公司的批复》,同意蚌埠能源集团出资成立佳先有限公司,注册资本和实收资本为 300 万元。2006 年 6 月 19 日,蚌埠能源集团签署《关于蚌埠化工有限公司增资扩股的决定》,决定佳先有限公司注册资本增至 1000 万元。

(二)2009 年 11 月第二次增资增资

2009 年 10 月 28 日,蚌埠市国资委下发《关于蚌埠佳先化工有限公司增资扩股及股份制改造方案的批复》,同意佳先有限公司实施增资扩股及股份制改造方案。

2009年11月10日，鑫诚会计所出具了《验资报告》，审验确认截至2009年11月9日止，佳先有限公司已收到中城创投缴纳的新增注册资本275万元，中城创投以货币500万元投入，佳先有限公司变更后的注册资本和实收资本均为1275万元。

本次增资完成后，佳先有限股权结构为：

序号	股东名称	出资额(万元)	出资比例
1	蚌埠能源集团	1000.00	78.43%
2	中城创投	275.00	21.57%
合计		1275.00	100.00%

(三)2009年11月整体变更

2009年11月24日，鑫诚会计所出具了《审计报告》，经审计，佳先有限公司截至2009年11月10日的资产总额为4651.18万元、负债总额为2237.32万元，净资产额为2413.86万元。

2009年11月24日，鑫诚评估所出具了《蚌埠佳先化工有限公司拟变更为股份有限公司资产评估报告》，对佳先有限公司在评估基准日2009年11月10日的全部资产和负债进行了评估。经评估，佳先有限公司截至2009年11月10日的总资产为4657.62万元，总负债为2237.32万元，净资产为2420.30万元。

2009年11月24日，佳先有限公司召开股东会，决定将公司类型由有限责任公司变更为股份有限公司，以佳先有限公司截至2009年11月10日经审计的净资产24,138,559.86元折成1275万股作为股份有限公司的总股本(溢价部分列入公司资本公积)，每股面值1元。安徽佳先功能助剂股份有限公司(以下简称佳先助剂)注册资本为1275万元。

整体变更后，佳先助剂股权结构为：

序号	股东名称	出资额（万元）	出资比例
1	蚌埠能源集团	1000.00	78.43%
2	中城创投	275.00	21.57%
合计		1275.00	100.00%

本次整体变更未履行资产评估核准程序，2009 年 12 月 29 日，蚌埠国资委下发《关于核准安徽佳先功能助剂有限公司向管理层和技术骨干、蚌埠投资集团有限公司定向增发股权整体资产评估项目的批复》对本次评估结果予以核准。

二、律师解读

经核查，佳先有限公司在整体变更为佳先助剂时，虽对全部资产和负债进行了评估，但未履行国有资产评估结果核准程序。笔者认为：

第一，佳先有限公司已聘请鑫诚评估所对其在评估基准日 2009 年 11 月 10 日的全部资产和负债进行了评估，并于 2009 年 11 月 24 日出具了资产评估报告。

第二，2009 年 12 月 29 日，前述评估结果已经蚌埠市国资委《关于核准安徽佳先功能助剂股份有限公司向管理层和技术骨干、蚌埠投资集团有限公司定向增发股权整体资产评估项目的批复》核准。

第三，蚌埠市国资委于 2013 年 10 月 15 日出具了《关于安徽佳先功能助剂股份有限公司设立及国有股权管理等有关事宜的说明》，认为其已聘请有资质的资产评估机构予以评估，且前述评估结果业经该委《关于核准安徽佳先功能助剂股份有限公司向管理层和技术骨干、蚌埠投资集团有限公司定向增发股权整体资产评估项目的批复》核准；佳先有限公司系按审计账面净资产折股整体变更成股份有限公司，不存在所有者权益损失情形。

第四，佳先有限公司系按审计的账面净资产折股整体变更为佳先助剂，并经佳先有限公司股东会、佳先助剂创立大会审议通过，履行了审计、评估及验资程序，取得工商行政管理部门的核准登记。

故笔者认为，佳先有限公司在整体变更时的相关评估报告虽未办理国有资产评估结果核准，在程序上存在一定的瑕疵，但其当时已聘请有资质的资产评估机构予以评估，前述评估结果在整体变更后不久即获得蚌埠市国资委核准，且蚌埠市国资委于2013年10月对前述评估行为和结果再次予以认可、确认。同时，佳先有限公司系按审计的账面净资产折股整体变更为佳先助剂，其整体变更行为和程序符合公司法的规定，不存在国有资产流失情形。因此，前述瑕疵不会影响佳先助剂设立的合法有效性，对佳先助剂本次挂牌不会构成实质性法律障碍。

【万通液压(830839)】

一、案件陈述

(一)2004年6月，万通有限设立

山东万通液压机械有限公司(以下简称万通有限)由自然人股东王万法、王荣蕃、苏金杰以现金出资的方式共同组建。

2004年5月31日，王万法、王荣蕃、苏金杰共同签署《山东万通液压机械有限公司章程》，公司注册资本为300万元，其中王万法以现金出资180万元，王荣蕃以现金出资60万元，苏金杰以现金出资60万元。

(二)万通有限整体变更为股份公司

2014年3月6日，和信会计师出具《审计报告》：截至审计基准日2014年2月28日，万通有限净资产为177,331,710.07元。

2014年3月6日，万通有限召开临时股东会，同意将有限公司整体变更为股份公司，以2014年2月28日为折股基准日，万通有限原有股东作为股份有限公司的发起人，按原股东出资比例以经审计的净资产177,331,710.07元折合实收股本总额6000万股，每股面值1元，作为股份公司股本总额，剩余部分计入股份有限公司资本公积。同日，万通有限全体股东签署了《发起人协议》。

2014年3月23日，股份公司召开创立大会暨第一次股东大会，通过了公司章程、三会议事规则及其他相关管理制度，选举了股份公司第一届董事会及第一届监事会成员。

2014年3月23日，和信会计师事务所出具《验资报告》：截至2014年3月23日，股份公司股本人民币6000万元已经全部到位。

关于万通有限整体变更为股份公司时未履行评估手续对公司本次挂牌的影响问题？

二、律师解读

（一）相关法律法规的规定

根据2006年1月1日实施的《公司注册资本登记管理规定》第17条的规定，有限责任公司变更为股份有限公司时，原有限责任公司的净资产应当由具有评估资格的资产评估机构评估作价，并由验资机构进行验资。

这一规定符合《公司法》第27条的相关规定。《公司法》第27条第2款规定："对作为出资的非货币财产应当评估作价，核实财产，不得高估或者低估作价。法律、行政法规对评估作价有规定的，从其规定。"也就是说，非货币出资应当经过评估。

但是，证监会《首次公开发行股票并上市管理办法》第9条规定："发行人自股份有限公司成立后，持续经营时间应当在3年以上，但经国务院批准的除外。有限责任公司按原账面净资产值折股整体变更为股份有限公司的，持续经营时间可以从有限责任公司成立之日起计算。"相应地，《首次公开发行股票并在创业板上市管理办法》第11条亦有相似的规定。也就是说，在上市的情况下，有限公司整体变更为股份公司，应以经审计的账面净资产折股，而非评估作价的净资产折股，否则经营期限无法连续计算。

《全国中小企业股份转让系统股票挂牌条件适用基本标准指引（试行）》规定，有限责任公司按原账面净资产值折股整体变更为股份有限公司的，存续时间可以从有限责任公司成立之日起计算。整体变更不应改变历史成本计价原则，不应根据资产评估结果进行账务调整，应以改制基准日经审计的净资产额为依据折合为股份有限公司股本。可见，新三板挂牌的情况下，整体变更为股份公司亦应按审计的净资产折股，且不能根据评估结果进行账务调整，否则存续时间无法从有限公司成立之日计算。

2014 年 3 月 1 日起实施的新《公司注册资本登记管理规定》,删除了有限公司整体变更为股份公司时须对净资产进行评估的规定。这样做使公司注册资本登记制度与上述上市制度、挂牌制度在协调一致性上又近了一步,对于无须上市、挂牌的公司,股改时可以选择按评估的净资产值折股,相当于新设公司、经营期限重新计算,而对于有上市、挂牌需求的公司,股改时选择按经审计的净资产折股,经营期限连续计算。

(二)案件的具体分析

经核查,万通有限于 2014 年 3 月在整体变更为股份公司的过程中未履行资产评估手续。

根据相关规定,非货币出资设立公司需要评估作价,但万通有限系以净资产折股的方式整体变更为股份公司,根据 2014 年 3 月 1 日起实施的《公司注册资本登记管理规定》等规定,工商部门对有限公司整体变更为股份公司已不再强制要求提交评估报告等类似文件。经核查,在万通有限以净资产折股方式整体变更设立股份公司过程中,当地工商部门亦未要求公司提供评估报告。2014 年 3 月 26 日,日照市工商局核发了注册号为 371121228001949 的《营业执照》,核准万通有限整体变更设立股份公司,至今当地工商部门亦无任何异议。目前,股份公司的经营状态为存续(在营、开业、在册)。

根据万通有限发起人股东签署的《发起人协议》以及股份公司设立的其他相关文件,股份公司是以万通有限经审计的净资产值 177,331,710.07 元(以 2014 年 2 月 28 日为基准日)折合成股本 60,000,000 股而设立的股份公司。经核查,万通有限经审计的净资产值远大于股份公司注册资本,股改前后注册资本保持不变,不存在股份公司上述净资产值低于注册资本的情况,亦不存在出资不实的情况。

万通有限以净资产折股方式整体变更设立股份公司事项已经公司全体股东一致同意,全体股东亦同意股份公司的注册资本及股权结构,且无任何异议。

综上,公司是由万通有限以其经审计的净资产值折股而整体变更设立的股份公司,万通有限经评估的净资产值仅是公司在整体变更为股份公司时的一个参考值,而非万通有限整体变更为股份公司的折股依据,万通有限整体变更设立股份公司前后的注册资本一致；万通有限整体变更设立股份公司已经全体股东一致同意，至今无任何异议；当地工商部门已核准万通有限整体变更设立为股份公司，未要求公司提供评估报告，至今亦未提出任何异议，目前股份公司经营状态为存续（在营、开业、在册）。因此，笔者认为，万通有限没有履行资产评估手续对股份公司的设立和公司本次挂牌均不构成实质性的法律障碍。

第十五节　人力资源、管理资源出资

内容摘要：现行《公司法》第27条规定："股东可以用货币出资，也可以用实物、知识产权、土地使用权等可以用货币估价并可以依法转让的非货币财产作价出资；但是，法律、行政法规规定不得作为出资的财产除外。对作为出资的非货币财产应当评估作价，核实财产，不得高估或者低估作价。法律、行政法规对评估作价有规定的，从其规定。"根据上述规定，人力资源和管理资源是不能出资的，因为两者不是可以依法转让的非货币财产。对于人力资源和管理资源的出资是不是合法，国内外法律界争论不休。笔者认为，现行《公司法》的规定稍显落后，人力资源和管理资源的出资在很多国家都得到了认可，而且对于市场经济的发展、丰富出资方式也具有很重要的现实意义。这将在本节有具体的阐述。

在《公司法》不允许人力资源和管理资源出资的大环境下，实践中，人力资源和管理资源的出资在新三板挂牌企业中比较少，可选的案例也较少。下面将通过两个具体案例详细论述人力资源和管理资源的出资方式与规范措施。

关键词：无法评估　无法转让　货币置换

【联动设计（430266）】

一、案例陈述

有限公司成立

公司前身为武汉联动电力有限公司。有限公司由上海衍新电力科技发展有限公司、镇江鑫德物资有限公司、武汉留学生创业园管理中心、黄万良、龚祥桂、朱桂兰、任德才、黄玉娇、赖明云及尧弘共同出资设立。公司设立时注册资本为1000万元,分两次出资,首期出资618万元,其余382万元在公司成立1年内到位。

2003年7月8日,湖北振华会计师事务所出具了《验资报告》,确认截至2003年7月8日,有限公司已收到股东首次出资缴纳的注册资本618万元,其中货币出资268万元、人力资源出资340万元、管理资源出资10万元。

有限公司设立时出资情况及股权结构如下:

序号	股东	认缴出资(万元)	认缴出资比例	实缴出资(万元)	出资方式	代持说明
1	黄万良	360.00	36.00%	91.00	货币	
				230.00	人力资源	
2	龚祥桂	303.00	30.30%	0.00		
3	朱桂兰	100.00	10.00%	55.00	货币	为黄万良代持
				40.00	人力资源	
4	任德才	75.00	7.50%	25.00	货币	
				50.00	人力资源	
5	衍新电力	60.00	6.00%	60.00	货币	
6	黄玉娇	50.00	5.00%	10.00	货币	
				20.00	人力资源	
7	镇江鑫德	25.00	2.50%	25.00	货币	
8	赖明云	15.00	1.50%	0.00		
9	武汉创业园	10.00	1.00%	10.00	管理资源	
10	尧弘	2.00	0.20%	2.00	货币	
合计		1000.00	100.00%	618.00		

公司设立时,股东黄万良、朱桂兰、任德才、黄玉娇以人力资源出资340万

元。根据2001年2月19日武汉东湖开发区管理委员会颁布的《武汉东湖开发区管委会关于支持武汉光电子信息产业基地(武汉·中国光谷)建设若干政策实施细则的通知》(武新管综〔2001〕10号)第7条之规定:"股东以人力资源入股的,经全体股东约定,可以占注册资本的35%(含35%)以内。"因此公司以人力资源出资事项符合该法规规定。

公司设立时,武汉留创园以管理资源出资10万元。根据2000年4月12日武汉市人民政府《关于加快高新技术创业服务中心建设与发展步伐的通知》(武政办〔2000〕63号)第7条之规定:"鼓励创业中心通过投资、提供优质服务等方式持有在孵企业的一定股权。"武汉创业园为武汉东湖新技术开发区管委会依据武新管人〔2002〕16号《关于成立武汉留学生创业园管理中心的决定》设立的创业管理中心,因此其以管理资源出资符合《关于加快高新技术创业服务中心建设与发展步伐的通知》的规定。

但公司的人力资源出资、管理资源出资并不符合《公司法》的规定。

2012年11月3日,有限公司召开股东会,全体股东一致同意股东黄万良、黄玉娇、朱桂兰、赖明云、武汉创业园以现金置换原注册资本中以实物、人力资源、管理资源出资。

具体情况如下:

序号	股东名称	原实物出资金额(万元)	原人力资源出资金额(万元)	原管理资源出资金额(万元)	现金置换金额(万元)
1	黄万良	342.00	280.00		622.00
2	朱桂兰	5.00	40.00		45.00
3	黄玉娇	20.00	20.00		40.00
4	赖明云	15.00			15.00
5	武汉创业园			10.00	10.00
合计		382.00	340.00	10.00	732.00

2012年11月1日,武汉中天奇会计师事务有限责任公司出具了(武奇会验字〔2012〕第004号)《验资报告》,确认截至2012年11月1日,有限公司已

收到股东货币出资732万元。

至此,公司的出资结构如下:

序号	股东	出资额(万元)	出资方式	出资比例	代持说明
1	黄万良	763.00	货币	76.30%	
2	朱桂兰	100.00	货币	10.00%	为黄万良代持55万元出资
3	衍新电力	60.00	货币	6.00%	
4	黄玉娇	50.00	货币	5.00%	
5	赖明云	15.00	货币	1.50%	
6	武汉创业园	10.00	货币	1.00%	
7	尧弘	2.00	货币	0.20%	
合计		1000.00		100.00%	

二、律师解读

我国人力资本出资在法律上是否具有可行性?对此问题,理论界一直持否定态度,认为人力出资存在评估上的困难,以及无法保障交易安全从而损害债权人利益。应当说以此为理由是片面的,因为这种状况在其他出资方式上同样是存在的,但并没有影响法律对此加以肯定。所以,我国《公司法》可以对人力资本出资加以规定。当然对于出资者的责任,可以用公示制度来平衡出资者与债权人的利益。

(一)人力资本概述

严格来说,人力资本得到系统阐述应当是在1960年。当时美国著名经济学家、诺贝尔经济学奖获得者舒尔茨在美国经济学年会以主席身份发表了题为《论人力资本投资》的演讲后,人力资本才真正得到重视,人力资本理论体系才真正宣告创立。舒尔茨认为,全面的资本概念应当包括人和物两个方面,即人力资本和物质资本。人力资本是凝结在人体中的能够使价值迅速增值的知识、体力和价值的总和,是长期计划投资的产物。这种投资以远比非人力资本投资快得多的速度增长,形成了现代经济中最为显著的特点。他指出用算人头的方法来计算那些能够而且需要干活的人数,并且把这样一种计算看做衡量一种经济要素数量的标准。这种做法并不比那种靠计算各式各样机器总数来确定这些机器作为一种资本股份或是一连串生产设施的经济重要性更有意义。实际上,劳动者变成资本家并非传说中因为公司股份所有权扩散所致,而是由于他们获得具有经济价值的知识和技能的结果。这种知识和技能大半是投资的产物,而这种产物加上其他人力投资是技术先进国家在生产力方面占优势的主要原因。舒尔茨的演讲产生了很大的反响,并从此使人力资本在经济学上得到了逐步肯定。

(二)当前否定人力资本出资可行性的观点

人力资本在法律上一直难以寻找到合适的地位。有相当多的国家禁止用人力资本出资。我国一直以来也对人力资本出资持排斥态度。主要是他们认为人力资本出资存在理论上的障碍,而其障碍的主要来源是人力资本在评估上的困难及对交易安全的威胁。这种观点认为:首先,用人力资本出资由于并没有相应的实有财产,因而如何践行"资本三原则"?而资本不实则可能会危害交易安全,对于债权人利益的保障不利,也对社会的经济秩序与安全不利,最终也会与我国创建和谐社会的目标和宗旨大相径庭。其次,因为人力资本不能像物质资本那样可以货币加以量化,其价值通常只能在使用过程中通过对其绩效的评价加以确定,而这种评价具有相当的主观性与非恒定性。

(三)批驳否定人力资本出资可行性的观点

从某种角度上看,这类担忧确有一定的理论价值。不过,以此作为反对人力资本出资的理由,其实是不足为据的。至于人力资本出资难于践行"资本三原则",因而可能危害交易安全,不利于保障债权人利益的观点,在理论上看起来似乎是合乎逻辑的,毕竟以人力资本出资缺乏现有财产的基础,而且在公司以后运营过程中是否能够真正变现成资本也是不确定的,所以同这类公司从事交易,交易安全如何保障确实是值得深思的问题。但以这种观点来否定人力资本出资其实是似是而非的。

1. 公司在交易活动中必须以其全部财产对外承担民事责任，其能力的高低取决于公司实际拥有财产的多少，公司在成立时的出资或成立后的增资在公司实际运营中已经变形为资产与负债，因而，公司正常的支付能力有赖于公司拥有大于负债的财产，而非公司在设立时的出资多少。因此，公司对外承担责任的能力与以什么出资之间并无必然的内在联系。不过，值得注意的是，人力资本出资由于它本身并无相应的实有财产，因而直接减损了公司的现有财产从而减损了公司对外承担责任的能力，因为法院无法像执行现有财产那样执行出资者的人力资本，尤其是在出资的人力资本由于主观或客观原因无法与公司的物质资本相融合从而在公司运营中获取利润时。其实，对于这样的问题，在以工业产权、非专利技术出资时同样也会出现，特别是以非专利技术出资时。因为非专利技术由于其秘密的公开而价值全无，其出资时评估的价值变得没有任何实际意义。在某种程度上可以说，以非专利技术出资比人力资本出资更难体现"资本三原则"，从而对保障债权人利益更为不利。然而这同样并未妨碍《公司法》对这类出资的肯定。

2.《公司法》应当兼顾利于公司的设立与保护债权人利益，二者不可偏废。从公司制度的发展来看，对债权人利益进行保护从而维护交易安全始终是公司制度的一个基本内核，但是逐步放宽对公司设立的限制从而使公司成为现代经济活动的主体也是公司制度发展的基本方向。其实，债权人所实际关注的是公司的现有财产与负债，而并非公司的出资方式或者注册资本。实际上，如果债权人了解公司存在人力资本出资方式，在交易中就会持更加谨慎的态度，这样对保护债权人利益就比用货币出资方式形成的虚拟的注册资本可能更为有利。另外，与公司资本制度及出资制度相配套，《公司法》可以引进公司法人格否认制度，当债权人有合理的根据怀疑出资者假借人力资本出资而虚假出资或出资不实时，就可以请求法院揭开公司的面纱，否定公司的有限责任，直索公司背后的出资者的责任。当然，运用公司法人格否认制度应当极为慎重，否则可能会给人力资本出资者带来不公平的结果。

3. 对于人力资本出资上的困难的观点也应辩证地看待。应当说，人力资本出资评估上的困难确然存在，但问题是能否以此作为否定人力资本出资的理由与依据呢？笔者认为，这种观点有很大的片面性。其一，评估上的困难与出资方式是两个性质不同的问题，一方面，为了解决评估上的困难，法律可以预先规定一些评定的标准与依据，这样就可以预防一些评估上的随意性与不确定因素；另一方面，虽然普遍认为公司法具有一定的"公法"性质，是"私法公法化"的产物，但公司法的"私法"性质还是得到了相当程度的肯定，而且随着市场经济的不断演进，公司法的公法性质将会进一步减退。对于我国《公司法》修订的争论问题中，很多人就提出了公司法的"任意法"概念。所以用何种方式来出资，应当是股东自由选择的范围，法律无须过多干预。诚然，为了实现公司的有效运营以及能够较为有效地保障债权人的利益，公司法可以规定现金出资的一定比例，以及对于利用人力资本出资名义弄虚作假、虚假出资或出资不实规定相应的救济措施，但是法律不能因噎废食，而否定人力资本出资的可行性。另外，对于人力资本出资评估上的困难，在知识产权出资上也同样存在，尤其是非专利技术的出资。所以，用评估上的困难来否定人力资本出资的观点实际上并没有真正理解《公司法》对出资方式规定的真谛。

所以，否定人力资本出资其实并无充分合理的根据。《公司法》允许人力资本出资，对于我国有效地利用丰富的人力资源具有现实的重要意义。一些公司制度发达的国家在法律上甚至肯定了劳务的出资。例如，英国允许劳务出资，Re Eddystone Marine Insurance Co.（1893）一案所确立的原则一直沿用至今。该案所确立的原则认为公司提供劳务以换取股权是可以接受的，可以作为公司股权的约因。而美国修订后的商事公司法则有规定，法国也允许以劳务出资，只不过对其采取了较为严格的限制。

（四）我国现行《公司法》出资方式

新《公司法》根据我国市场经济建设多年的经验，以及国外先进的立法理念，规定了许多切合中国实际以及符合国际发展趋势的内容，因而出台之后受到普遍的欢迎。

稍显不足的是，《公司法》在出资方式上仍有些裹足不前。2013 年修正的《公司法》第 27 条、第 83 条虽然用比较灵活的语言使其他的一些出资方式也成为可能，这本质上是符合市场经济发展规律的，但是，这两个条款仍然没有给人力资本出资留下任何一点缝隙。第 27 条规定，股东可以用货币出资，也可以用实物、知识产权、土地使用权等可以用货币估价并可以依法转让的非货币财产作价出资；但是，法律、行政法规规定不得作为出资的财产除外。对作为出资的非货币财产应当评估作价，核实财产，不得高估或者低估作价。法律、行政法规对评估作价有规定的，从其规定。第 83 条规定，发起人的出资方式，适用《公司法》第 27 条的规定。因为“并可以依法转让的非货币财产”完全足以让人力资本出资绝望。因为，姑且不论人力资本是否属于“非货币财产”，但无论人们如何理解甚至曲解，人力资本都是无法“依法转让”的。

（五）本案例的具体法律分析

2001 年 2 月 19 日，武汉市东湖开发区管理委员会发布了武汉东湖开发区管委会《关于支持武汉光电子信息产业基地（武汉 · 中国光谷）建设若干政策实施细则的通知》（武新管综〔2001〕10 号）。根据该通知第 7 条的规定，股东以人力资源入股的，经全体股东约定，可以占注册资本的 35%（含 35%）以内。2000 年 4 月 12 日，武汉市人民政府办公厅发布了《关于加快高新技术创业服务中心建设与发展步伐的通知》（武政办〔2000〕63 号）。其第 7 条规定：“鼓励创业中心通过投资、提供优质服务等方式持有在孵企业的一定股权。”依据上述通知，2003 年武汉联动设立时，股东黄万良、黄玉娇、朱桂兰、任德才分别以人力资源向公司出资共计 340 万元；股东留学生创业园以管理资源向公司出资 10 万元。2005 年 3 月任德才将其持有的上述人力资源管理出资 50 万元转让给黄万良。

关于有限责任公司的股东出资方式，原《公司法》（1999 年 12 月生效并实施，2006 年 1 月 1 日新《公司法》实施后失效）第 24 条规定，股东可以用货币出资，也可以用实物、工业产权、非专利技术、土地使用权作价出资（以下省略）。现行《公司法》第 27 条规定：“股东可以用货币出资，也可以用实物、知识产权、土地使用权等可以用货币估价并可以依法转让的非货币财产作价出资；但是，法律、行政法规规定不得作为出资的财产除外。对作为出资的非货币财产应当评估作价，核实财产，不得高估或者低估作价。法律、行政法规对评估作价有规定的，从其规定。”因此，武汉联动上述人力资源出资及管理资源出资虽然符合武汉东湖开发区管委会《关于支持武汉光电子信息产业基地（武汉·中国光谷）建设若干政策实施细则的通知》及《关于加快高新技术创业服务中心建设与发展步伐的通知》，但不符合原《公司法》及现行《公司法》关于公司出资方式的规定。

为规范上述出资问题，2012年11月，武汉联动股东黄万良、黄玉娇、朱桂兰及留学生创业园将各自在公司的人力资源出资、管理资源出资分别以货币出资的方式予以填实。根据武汉中天奇会计师事务所有限责任公司于2012年12月1日出具的武奇会验字〔2012〕第004号《验资报告》，确认截至2012年12月1日武汉联动已收到用于填实人力资源出资和管理资源出资的货币资金350万元。

综上所述，武汉联动虽然以人力资源出资在程序上存在一定的瑕疵，但经过以货币出资的方式予以规范，并经全体股东一致同意，并不侵害债权人或其他股东的利益，也不存在纠纷、潜在纠纷或行政处罚。因此，律师认为武汉联动在全国中小企业股份转让系统挂牌不存在法律障碍。

【风格信息（430216）】

一、案例陈述

上海风格信息技术有限公司设立

公司前身为上海风格信息技术有限公司（以下简称有限公司），由惠新标、张聪慧两名股东于2004年7月共同出资设立，注册资本为200.00万元，法定代表人张聪慧，住所为上海市张江高科技园区郭守敬路351号2号楼674－19室，经营范围为计算机软硬件、数字电视设备和通信类产品的研发、销售，软件的制作，系统集成，提供相关的四技服务。

2004年8月6日，有限公司召开股东会并作出股东会决议，同意张聪慧以货币出资20.00万元，占注册资本10.00%；惠新标以货币出资70.00万元，占注册资本35.00%，以人力资源出资40.00万元，占注册资本20.00%，以高新技术成果—嵌入式数字电视ASI码流监视设备出资70.00万元，占注册资本

35.00%。其中张聪慧货币出资 20.00 万元,惠新标本次无形资产合计出资110.00万元、货币出资 20.00 万元于公司设立时一次性缴足,另外 50.00 万元货币出资由惠新标于公司成立 3 年内缴足。

2004 年 8 月 11 日,上海申洲会计师事务所有限公司出具《验资报告》(沪申洲〔2004〕验字第 552 号)验证,截至 2004 年 8 月 10 日,有限公司收到全体股东缴纳的注册资本 150.00 万元,占注册资本的 75.00%。其中张聪慧货币出资 20.00 万元,惠新标货币出资 20.00 万元、人力资源出资 40.00 万元、高新技术成果出资 70.00 万元。

2004 年 8 月 16 日,有限公司依法办理工商登记并取得由上海市工商行政管理局浦东新区分局核发《企业法人营业执照》。

有限公司设立时,股东及出资情况如下:

序号	股东姓名	认缴注册资本		实际出资情况		出资方式
		认缴金额(万元)	占比	实际出资(万元)	占比	
1	惠新标	180.00	90.00%	130.00	65.00%	货币、人力资源、高新技术成果
2	张聪慧	20.00	10.00%	20.00	10.00%	货币
合计		200.00	100.00%	150.00	75.00%	

二、律师解读

关于公司设立时惠新标以人力资源出资的说明

1. 相关法律法规

公司设立时有效的《公司法》(1999 年修正)第 24 条第 1 款规定,“股东可以用货币出资,也可以用实物、工业产权、非专利技术、土地使用权作价出资”。根据国务院《鼓励软件产业和集成电路产业发展若干政策》(国发〔2000〕18 号文)和上海市人民政府颁发《关于本市鼓励软件产业和集成电路产业发展的若干政策规定》(沪府发〔2000〕54 号文)的精神,上海市工商行政管理局于 2001 年出台的《关于鼓励软件产业和集成电路产业发展促进高新技术成果转化的若干实施意见》(沪工商注〔2001〕第 97 号)(2006 年 2 月 15 日失效)第 2 条规定“科技型企业、软件和集成电路的生产企业可以高新技术成果和人力资本、智力成果等无形资产作价投资入股。以人力资本和智力成果作价投资入股最高可占注册资本的 20%。”

另外,上海市工商行政管理局关于印发《关于张江高科技园区内内资企业设立登记的实施细则》的通知,明确规定“鼓励推进科技成果转化和允许人力资本、智力成果作为物化资本投资。具有管理才能、技术特长或者有专利成果的个人,可以人力资源、智力成果作价投资入股,最高可达注册资本的 20%”。

2. 有限公司人力资源出资情况

2004 年 8 月 6 日,惠新标以其自身作为人力资源出资,全体股东召开股东会并作出决议,一致同意其人力资源作价 40.00 万元出资,占注册资本的 20.00%。

2004 年 8 月 6 日,惠新标、张聪慧共同签署了《上海风格信息技术有限公司章程》,章程约定了有限公司设立时的出资金额、出资比例及出资方式。

2006 年 6 月,公司股东惠新标通过将上述人力资源出资以零元价格转让给杨树和,由杨树和将 40.00 万元货币资金注入公司验资账户的方式置换人力资源出资。2006 年 6 月 19 日,上海上审会计师事务所出具了《验资报告》(沪审事业〔2006〕3754 号)进行出资验证。2012 年 9 月 27 日,上海市工商行政管理局浦东新区分局出具工商浦东分局《关于〈关于商请就上海风格信息技术股份有限公司人力资源出资事项进行确认的函〉的复函》明确答复浦东新区推进中小企业上市工作联席会议办公室,“上海风格信息技术有限公司于 2004 年 8 月设立登记时注册资本中含有 40.00 万元(占注册资本 20.00%)人力资本的出资形式,符合市场准入改革创新试点政策”。

3. 现金置换人力资源出资

本次股权转让,股东将 40 万元人力资源出资以 0 元转让给自然人杨树和,杨树和再向公司注资 40 万元人民币的行为实质上是杨树和以现金出资等额置换了惠新标的人力资源出资，在法律后果上导致公司股东及其出资方式的同时变更，且该次以货币资本置换人力资源出资的价格是合理的，理由如下：

第一，公司价值 40 万元的人力资源出资被等额的 40 万元货币出资置换后，并未造成公司注册资本的减少。就实收资本而言，公司债权人的利益并未受到损害。

第二，在本次人力资源出资置换前后，公司整体注册资本不变，公司全体股东人数不变，股东持股比例亦不变。以 1 元为每单位出资额的置换价格高于公司当期账面净资产价格，不侵害公司其他股东的利益，且公司其他股东一致同意了上述置换价格。

因此，风格信息本次股权转让与变更出资方式的行为已履行了内部程序和工商变更登记，相关的股权转让协议意思表示真实，内容和形式符合法律规定，上述股权转让行为和出资方式的变更合法、有效，转让价格公允。

4. 结论

有限公司设立时以人力资源出资系依据上海市工商行政管理局（沪工商注〔2001〕第 97 号）《关于鼓励软件产业和集成电路产业发展促进高新技术成果转化的若干实施意见》和（沪工商注〔2001〕第 334 号）《关于印发〈关于张江高科技园区内内资企业设立登记的实施细则〉的通知》的规定，依法在上海市工商行政管理局浦东分局办理的设立登记手续。由于上海市工商行政管理局为鼓励本市企业发展设置了宽松的企业注册登记政策，引起风格信息存在出资方式与《公司法》之规定不一致的法律瑕疵。鉴于风格信息及其股东不存在主动违法违规情形，且已于 2006 年以货币资金置换了人力资源出资，同时取得上海市工商行政管理局浦东新区分局关于有限公司以人力资源出资符合地方政府市场准入改革创新试点政策的确认函，故认为有限公司上述出资行为不存在重大违法违规行为。

第十六节　一致行动人协议

内容摘要：一致行动人是指通过协议、合作、关联方关系等合法途径扩大其对一个上市公司股份的控制比例，或者巩固其对上市公司的控制地位，在行使上市公司表决权时采取相同意思表示的两个以上的自然人、法人或者其他组织。

实践中，一般是公司的几个创始人或者在公司担任重要职位的几个人，有着共同的利益基础和共同认可的公司发展目标，签署《一致行动人协议》，来共同控制公司，共同对公司发展战略、重大经营决策、日常经营活动决策等进行表决。

关键词：一致行动　共同控制　重大决策

【万洲电气（430436）】

一、案例陈述

（一）2000 年 3 月，襄樊万洲电气制造有限公司成立

2000 年 3 月，赵世运、李明辉、李峰、赵邦国、许卫东、包群英 6 位自然人共同出资设立襄樊万洲电气制造有限公司（以下简称襄樊万洲电气），注册资本 50.00 万元，法定代表人赵世运，住所襄樊市樊城红光路 41 号。

2000 年 3 月 8 日，襄樊华炬会计师事务有限公司对襄樊万洲电气的出资情况进行了审验，并出具了《验资报告》。根据该《验资报告》，截至 2000 年 3 月 7 日，襄樊万洲电气已收到其股东投入的资本 50.00 万元，赵世运出资 25.00 万元（设备 4 台作价 19.00 万元及货币资金 6.00 万元），李明辉、李峰、赵邦国、包群英各以货币资金出资 5.00 万元，许卫东出资 5.00 万元（材料一批作价 4.00万元及货币资金 1.00 万元）。

2000 年 3 月 27 日，襄樊万洲电气在襄樊市工商行政管理局领取了《企业法人营业执照》，注册资本 50.00 万元，成立时股权结构如下：

序号	股东名称	出资金额（万元）	出资比例
1	赵世运	25.00	50.00%
2	李明辉	5.00	10.00%

续表

序号	股东名称	出资金额(万元)	出资比例
3	李峰	5.00	10.00%
4	赵邦国	5.00	10.00%
5	许卫东	5.00	10.00%
6	包群英	5.00	10.00%
合计		50.00	100.00%

(二)2011 年 12 月整体变更为股份公司

2011 年 12 月 2 日,万洲电气集团股东赵世运、李明辉、李峰、赵邦国、包群英、江苏华工创投、武汉华工创投资共同签署《万洲电气股份有限公司发起人协议》,决定以万洲电气集团截至 2011 年 9 月 30 日经审计的净资产 142,028,654.94元为基准,按 1 : 0.3998 的比例,折为股份有限公司股本 5678 万股,将万洲电气集团整体变更为万洲电气股份有限公司。

2011 年 12 月 2 日,中京民信(北京)资产评估有限公司出具《万洲电气集团有限公司变更设立股份公司项目万洲电气集团有限公司股东全部权益价值资产评估报告》(京信评报字〔2011〕第 209 号),经评估,截至 2011 年 9 月 30 日,万洲电气集团经评估的净资产值为 20,659.22 万元。

股份有限公司设立时,股权结构如下表所示:

序号	股东名称	出资金额(万元)	出资比例
1	赵世运	2000.00	35.22%
2	李明辉	750.00	13.21%
3	李峰	750.00	13.21%
4	赵邦国	750.00	13.21%
5	包群英	750.00	13.21%
6	江苏华工创投	418.00	7.36%
7	武汉华工创投	260.00	4.58%
合计		5678.00	100.00%

(三)公司控股股东、实际控制人基本情况

公司控股股东为赵世运，赵世运直接持有公司 35.22% 的股份，合计 2000.00万股，该股份不存在质押或其他争议事项。公司共同实际控制人为赵世运、李明辉、李峰、赵邦国和包群英，共同实际控制人直接持有公司 88.06% 的股份，合计 5000.00 万股，该股份不存在质押或其他争议事项。

2012 年 7 月 18 日，公司共同实际控制人赵世运、李明辉、李峰、赵邦国和包群英签订了《一致行动人协议》。该协议主要内容为：为保持公司控制权的稳定，使公司具有平稳发展、持续盈利的能力，各方同意，自本协议签署之日起，将保证在公司股东大会和董事会会议行使表决权和经营管理权时采取相同的意思表示；今后在公司的生产经营过程中，凡涉及公司重大经营管理决策事项时，各方应先行协商一致，取得共同意见后，再行在公司董事会或股东大会进行一致表决，以便在行动上保持一致；一方拟就公司重大经营管理决策事项向董事会或股东大会提出议案时，须事先与其他各方进行充分的沟通与协商，在取得一致意见后，再行向董事会或股东大会提出提案；在公司董事会或股东大会审议重大经营管理决策事项前，各方应进行充分的沟通与协商，就行使何种表决权达成一致意见，并按该一致意见在董事会或股东大会上行使表决权。

二、律师解读

1. 一致行动人是指通过协议、合作、关联方关系等合法途径扩大其对一个上市公司股份的控制比例，或者巩固其对上市公司的控制地位，在行使上市公司表决权时采取相同意思表示的两个以上的自然人、法人或者其他组织。

我国对“一致行动人”的界定包括四个基本点：(1) 采取“一致行动”的法律依据是协议、合作、关联方关系等合法方式；(2) 采取“一致行动”的手段是行使目标公司的表决权；(3) 采取“一致行动”的方式是采取相同意思表示；(4) 采取“一致行动”的目的是为了扩大其对目标公司股份的控制比例，或者巩固其对目标公司的控制地位。

2. 经核查，公司的第一大股东为赵世运，直接持有公司 2000 万股股份，约占公司股份总数的35.22%。

3.经核查,公司的实际控制人为赵世运、李明辉、包群英、赵邦国、李峰,上述5人合计持有公司5000万股股份,约占公司股份总数的88.06%。同时,5人为公司的创始人,分别担任公司董事、总经理或副总经理,对公司股东大会及董事会决策有重大影响,同时5人签署了《一致行动人协议》。

(1)自公司设立至今,赵世运、李明辉、李峰、赵邦国和包群英5人通过直接持有公司股份的方式对公司构成了共同控制,上述5人直接合并持有公司股权的比例一直保持在50%以上。

公司设立至今实际控制人持股变化情况具体如下表所示:

时间	出资比例/持股比例				
	赵世运	李明辉	李峰	赵邦国	包群英
2000年3月27日至2001年3月8日	50.00%	10.00%	10.00%	10.00%	10.00%
2001年3月9日至2002年6月20日	32.77%	13.87%	13.87%	13.87%	13.87%
2002年6月21日至2002年12月18日	40.00%	15.00%	15.00%	15.00%	15.00%
2002年12月19日至2004年5月10日	40.00%	15.00%	15.00%	15.00%	15.00%
2004年5月11日至2004年5月19日	40.00%	15.00%	15.00%	15.00%	15.00%
2004年5月20日至2010年11月29日	40.00%	15.00%	15.00%	15.00%	15.00%
2010年11月30日至2011年9月13日	40.00%	15.00%	15.00%	15.00%	15.00%
2011年9月14日至2011年12月29日	35.22%	13.21%	13.21%	13.21%	13.21%
2011年12月30日至今	35.22%	13.21%	13.21%	13.21%	13.21%

自公司设立以来经历了多次增资，但赵世运、李明辉、李峰、赵邦国、包群英5人持有公司的股权比例始终在50%以上，对公司具有绝对的控制权。

(2)公司治理结构健全、运行良好，赵世运、李明辉、李峰、赵邦国、包群英5人共同拥有公司控制权的情况不影响公司的规范运作，且自公司设立至今，上述5人在公司一直或曾经担任重要职务，对公司经营决策具有重大影响。上述5人基于共同的利益基础和共同认可的公司发展目标，对公司发展战略、重大经营决策、日常经营活动决策。

公司设立至今实际控制人在公司的任职情况如下表所示：

时间	任职情况				
	赵世运	李明辉	李峰	赵邦国	包群英
2000年3月至2004年5月	执行董事兼总经理	副总经理	销售经理	销售部门经理	副总经理
2004年5月至2008年7月	执行董事兼总经理	副总经理	销售经理	销售部门经理	副总经理
2008年7月至2010年12月	执行董事兼总经理	副总经理	销售经理	销售部门经理	副总经理
2010年12月至2011年12月	执行董事兼总经理	副总经理	销售经理	销售部门经理	副总经理
2011年12月至今	董事长兼总经理	董事、副总经理	董事、市场营销中心总经理	董事	董事、副总经理兼财务总监

上述5人皆为公司的创始人，从公司设立至今曾担任公司董事、总经理或副总经理，在股东会及董事会上一直根据协商一致的结果进行表决或投票，对公司股东大会及董事会决策有重大影响。

(3)上述5人签署了《一致行动人协议》，自公司成立以来5人一直根据协商一致的结果进行表决或投票，并且同意在今后按照相关约定采取一致行动，在充分沟通及协商的基础上行使各自在公司的表决权和经营管理权；在公司的生产经营过程中，凡涉及公司重大经营管理决策事项时，各方应先行协商一致，取得共同意见后，再行在公司董事会或股东大会进行一致表决，以便在行动上保持一致；一方拟就公司重大经营管理决策事项向董事会或股东大会提出议案时，须事先与其他各方进行充分的沟通与协商，在取得一致意见后，再行向董事会或股东大会提出提案。《一致行动人协议》合法有效、权利义务清晰、责任明确。

综上，笔者认为，认定赵世运、李明辉、李峰、赵邦国、包群英共同控制的依据是充分的，符合《〈首次公开发行股票并上市管理办法〉第十二条“实际控制人没有发生变更”的理解和适用——证券期货法律适用意见第1号》等相关法律法规对于共同控制的认定要求。

第二章 股权明晰

第一节 股权代持问题的处理

内容摘要：股权代持又称委托持股、隐名投资或假名出资，是指实际出资人与他人约定，以他人名义代实际出资人履行股东权利义务的一种股权或股份处置方式。实践中，许多企业股东为规避同业竞争、关联交易的限制，或进行员工股权激励等原因而进行股权代持。但在资本市场中，因股权代持行为引发潜在的法律纠纷的可能性很大，比如，致使公司股权结构不清晰或股权结构不稳定，从而使公众无法了解控股股东以及实际控制人的真实情况，对挂牌企业的经营状况和诚信产生疑虑，丧失对挂牌企业的信心，影响其作出正确的投资决定，所以，股权代持行为在资本市场中被明令禁止。

为解决股权代持问题，通常的做法的是先确认实际出资人与股权代持人之间的委托关系，然后将该委托关系解除，即解除实际出资人与股权代持人签订的《委托持股协议》，接着由股权代持人通过股权转让或股权赠与的方式将股权归至实际出资人名下，并体现在股东名册、公司章程中，从而解决股权代持问题。

实践中挂牌的新三板企业，有不少都涉及股权代持，大致包括以下两类：

第一，因实际出资人属于不适宜担任股东形成的股权代持。自然人不适宜担任股东的情况主要指国家法律、法规、规章规定不适宜担任股东的情形，主要指公务员、党政机关的干部和职工、现役军人、国有企业领导、县以上党和国家退休干部。对于这种情况，笔者建议该不适宜的实际出资人将股权转让给适格的股东即可。法人不适宜担任股东的情况有可能是企业股东为规避外资管理规定、同业竞争、关联交易的限制。对于这种情况,实际出资人可以将股权转让给其他适格的股东,也可以在原股东层面上寻求变更。

第二,因股权激励性质的约定分配形成的代持。在企业创业初期,创始人或实际控制人为激励创业团队,经常会口头或书面与创业团队或高管约定给予一定比例的股权,但是并未进行工商变更或登记。有的企业由实际控制人代持这部分激励的股权。这两种情况下形成的代持仍然需要在挂牌前还原,具体的做法可以由代持股东直接将相应的股权转让给受激励的个人,也可以将代持的股权转让给受激励对象所组成的持股平台。

关键词:委托关系　显名股东　隐名股东

【新吉纳公司(430517)】

一、案例陈述

济南新吉纳远程测控有限公司成立于2002年3月26日,法定代表人:卢祥明。根据章程约定,公司注册资本50万元,由卢祥明及余民分三年三期缴纳,认缴出资及首期出资明细表如下:

认缴出资及首期出资明细表

期数	出资期限	出资额(万元)	实际出资情况		
			出资人	出资额(万元)	出资方式
第一期	2002年3月14日	18	卢祥明	11.52	货币
			余民	6.48	货币
第二期	2002年12月30日	7	卢祥明	4.48	货币
			余民	2.52	货币
第三期	2005年3月14日	25	卢祥明	16	货币
			余民	9	货币

根据2002年的《公司法》规定,注册资本必须一次到位,不得分期进行缴纳。但根据2002年山东省政府发布的《中共山东省委、山东省人民政府关于进

一步加快民营经济发展的决定》的政策文件规定："注册资本在50万元以下的私营有限公司，投资人首期认缴的资本金达到注册资本额的10%以上（最低不少于3万元），1年内实缴注册资本追加到50%以上，其余部分可在3年内全部到位。"公司首期实缴出资为18万元，且全部出资在2年内提前缴纳完毕，如实履行了出资义务，且符合当时地方规定，该笔出资是如实到位的。

公司首期出资股权结构明细表

股东名称	出资额（万元）	实缴出资额（万元）	持股比例	出资方式
卢祥明	32	11.52	64%	货币
余民	18	6.48	36%	货币
合计	50	18	100%	

2002年，第二期出资由卢祥明实缴6.144万元，余民实缴3.456万元，实收资本由18万元变更为27.6万元

二期出资股权结构明细表

股东名称	出资额（万元）	实缴出资额（万元）	持股比例	出资方式
卢祥明	32	17.664	64%	货币
余民	18	9.936	36%	货币
合计	50	27.600	100%	

2003年3月12日，公司召开股东会决定提前缴纳第三期出资。根据公司章程原定公司股东需于2005年3月14日前缴纳完毕，现全体股东同意剩余出资由卢祥明缴纳14.336万元，余民缴纳8.064万元。

本次变更后，股权结构如下：

三期出资股权结构结构明细表

股东名称	出资额（万元）	实缴出资额（万元）	持股比例	出资方式
卢祥明	32	32	64%	货币
余民	18	18	36%	货币
合计	50	50	100%	

2002年3月公司成立之初，注册资本50万元，工商登记显示股东为卢祥及余民2人，但是实际公司股东应为6人，真实股权结构如下：

委托持股明细表

序号	姓名	出资额(万元)	出资比例
1	卢祥明	12.5	25%
2	余民	8.435	16.87%
3	魏岭	11.235	22.47%
4	孙国春	12.5	25%
5	黄程云	2.665	5.33%
6	陈志雄	2.665	5.33%
合计		50	100%

委托持股股东魏岭、孙国春、黄程云及陈志雄的股权由卢祥明及余民代为持有。2009年5月，委托持股股东魏岭、孙国春、黄程云及陈志雄考虑到卢祥明及余民对于公司经营的贡献，自愿终止了委托持股关系，由卢祥明、余民按注册资本每一单位股本退还1元进行出资退回，至此委托持股关系终止。

为了明确公司股权，避免股权纠纷，上述代持各方于2013年4月22日，自愿签订了《解除委托持股协议书》，对上述代持关系的形成及终止情况进行了确认，并确认委托持股股东魏岭、孙国春、黄程云及陈志雄已收到上述退回的出资，未来将不会就上述代持事宜向卢祥明及余民主张任何股东权利。

二、律师解读

委托持股问题的解决在于签署《解除委托持股协议》，从而终止双方的权利义务关系。

《最高人民法院关于适用〈中华人民共和国公司法〉若干问题的规定(三)》第24条规定："有限责任公司的实际出资人与名义出资人订立合同，约定由实际出资人出资并享有投资权益，以名义出资人为名义股东，实际出资人与名义股东对该合同效力发生争议的，如无合同法第五十二条规定的情形，人民法院应当认定该合同有效。前款规定的实际出资人与名义股东因投资权益的归属发生争议,实际出资人以其实际履行了出资义务为由向名义股东主张权利的,人民法院应予支持。名义股东以公司股东名册记载、公司登记机关登记为由否认实际出资人权利的,人民法院不予支持。实际出资人未经公司其他股东半数以上同意,请求公司变更股东、签发出资证明书、记载于股东名册、记载于公司章程并办理公司登记机关登记的,人民法院不予支持。”

这条规定实质是承认了委托持股协议的效力。也就是说上述股东卢祥明、余民代其他股东持有股权是合法的。根据法律规定,委托代持股协议的效力在实际出资人与名义股东之间是有效的,双方可以随时终止协议,也就是终止委托持股关系。本案例争议的焦点在于,公司存在代持股行为,使得公司的股权结构不清晰,影响公司在新三板挂牌。为了明确股东的股权,避免股权纠纷,上述实际出资人魏岭、孙国春、黄程云、陈志雄4人自愿与名义股东卢祥明、余民签署《解除委托持股协议书》,这样就终止了本次持股协议,使得公司股权结构清晰,并且4人确认未来将不会再就本次代持行为向2位股东主张股东权利。

综上所述,律师认为,公司历史上存在的委托代持股问题已经解决,公司股权结构清晰,不影响公司在新三板挂牌。

【河源富马(430482)】

一、案例陈述

(一)河源富马硬质合金股份有限公司的历史沿革

河源富马硬质合金股份有限公司(以下简称河源富马或公司)由郭建生、王忠平、叶茂良等25位自然人发起设立,注册资本与实收资本均为人民币3600万元,法定代表人为郭建生。

2006年3月22日,公司召开股东大会通过《关于股权调整的预案》的决议。王忠平、胡敏、叶茂良分别受让原股东郭建生所持河源富马743.2万股、468万股、684万股的股份;王忠平受让原股东米香云、张志强、孔杨松、蔡永红所持河源富马0.8万股、1万股、1.5万股、10万股的股份;梁金玲受让原股东高艳华所持河源富马5万股的股份；吴建明受让原股东何新江、罗文利所持河源富马5万股、1万股的股份。上述股权转让价款与出让方的持股数等额，转让款项均以自有资金支付。

2007年9月20日，公司股东大会通过决议，同意原股东刘志芳、黄武卫将其所持公司0.5万股、2万股的股份转让给吴建明。2008年4月15日，公司股东大会通过决议，同意叶茂良将1008万股的股份转让给王忠平；王忠平将其所持公司200万股的股份转让给吴建明、胡元安等19名中高层管理人员；原股东潘秉忠将其所持公司0.5万股的股份转让给李章序。上述股权转让价款与出让方的持股数等额，转让款项均以自有资金支付。2008年6月17日公司在广东省工商行政管理局完成工商变更登记。

2008年7月9日，河源富马召开股东大会并通过决议，同意以公司总股本为基数，向全体股东每10股送一股，公司总股本由原来3600万元人民币增至3960万元人民币。2008年7月28日，深圳诚正会计师事务所出具深诚正验字〔2008〕第058号《验资报告》，确认截至2008年7月24日，河源富马已将未分配利润3,600,000.00元转增股本。

（二）河源富马委托持股情形概述

河源富马公司自2003年8月20日成立起至2011年7月29日前的股权存在委托持股情形，具体情况如下：

河源富马于2003年设立时工商登记的股东为郭建生、王忠平、叶茂良等25位自然人，其中叶茂良所持828万股的实际出资人为台湾籍商人戴清和。基于对公司发展前景的信心与对叶茂良的信任关系，同时为了便于工商登记手续的办理，戴清和委托境内自然人叶茂良代为持有公司股份。戴清和作为财务投资者，在委托持股期间，未实际参与公司的生产经营管理，在所涉及公司生产经营管理的股东表决事项中，投票由受托持股人叶茂良代为行使决定。

2003年8月20日河源富马成立时，戴清和以现金出资828万元，实际持有公司股份828万股，并委托叶茂良代为持有该部分股份。2006年4月，叶茂良受戴清和委托与郭建生签订股权转让协议，以每股1元价格受让郭建生684万股。2008年6月，叶茂良受戴清和委托与王忠平签订股权转让协议，将其受托持有的1008万股以每股1元的价格转让给王忠平。后经历次增资及股份转让,戴清和所持股份均由叶茂良代为持有。截至2011年7月29日,叶茂良代戴清和持有发行人554.4万股股份。

二、律师解读

与上个案例类似,本案也是通过签署《解除委托持股协议》来解除实际出资人与名义股东的委托持股关系。2011年7月29日,经被代持股东戴清和与代持股东叶茂良协商,自愿解除委托代持关系并签署《协议书》。戴清和同意叶茂良以年利率3.5%返还代持股份的本金及利息,由此双方终止委托持股行为,确认叶茂良作为河源富马真实股东。2012年3月28日,戴清和与叶茂良分别出具《承诺确认书》,确认2011年7月所达成的协议,承诺已彻底清理委托持股的安排,相关款项已经结清,双方无争议。叶茂良作为河源富马的股东真实、合法、合规。戴清和对叶茂良所持股权不主张任何权利。但是本案与上个案例稍有不同,本案中,被委托持股人戴清和我国台湾地区商人,戴清和先生委托境内居民投资境内公司,不符合外商投资的审批规定,依法清理委托持股,也是为了符合外商投资的要求。

2013年9月6日,公司取得河源市对外贸易经济合作局、河源市工商行政管理局出具的《证明》,河源富马自成立至今没有因违反外商管理法律法规受到外经贸主管部门行政处罚的记录;公司自设立至今,未因违反工商行政管理法律法规而受到工商行政管理部门行政处罚。2013年9月10日,公司全体股东出具承诺,保证其持有的公司股份目前不存在权属纠纷,不存在质押、司法查封、冻结或其他权利受到限制的情况,不存在委托他人持有或受他人委托持有的情况,也不存在尚未了结的或可预见的重大诉讼、仲裁及行政处罚案件。

综上所述,律师认为本案例中委托持股已经清理完毕,公司在新三板挂牌没有法律上的障碍。

第二节　中外合资公司设立的合法合规性

内容摘要:外商投资企业是指依照我国法律的规定,在中国境内设立的,由中国投资者和外国投资者共同投资或者仅由外国投资者投资的企业。根据我国《宪法》和有关法律的规定，中国投资者包括中国的企业或者其他经济组织，外国投资者包括外国的企业和其他经济组织或者个人。外商投资企业法共有三部:《外资企业法》、《中外合作经营企业法》、《中外合资经营企业法》。

所有在中国境内设立的中外合资公司，在公司设立、出资、股本和股权结构变更、公司治理、税务、外汇、产业政策、经营管理等一系列问题都要符合法律法规关于外商投资企业规范的要求。

关键词：中外合资　合法合规

【盈光科技(430594)】

一、案例陈述

(一)有限公司设立

广州盈光科技股份有限公司的前身为广州盈光机电科技有限公司(以下简称有限公司)，成立于2002年4月21日，系由广州市蓝光精机科技有限公司、香港理大系统科技有限公司两名法人股东合计出资125万元人民币设立。其中，广州市蓝光精机科技有限公司以现金出资75万元人民币，占注册资本的60%，香港理大系统科技有限公司以现金出资相当于50万元人民币的港币，占注册资本的40%。

2002年2月2日，广州市蓝光精机科技有限公司与香港理大系统科技有限公司签订《中外合资经营企业合同》。2002年2月28日，广州高新技术产业开发区天河科技园管理委员会出具《关于中外合资广州盈光机电科技有限公司合同、章程和可行性研究报告的批复》，批准设立广州盈光机电科技有限公司。

2002年4月22日，广州市工商行政管理局出具《外商投资企业核准通知书》，通知有限公司已于2002年4月21日获准，并向有限公司核发了企业法人营业执照，有限公司注册资本125万人民币(未缴资)。

(二)有限公司第一次增加注册资本

2002年10月16日，有限公司召开第一届董事会第二次会议并作出决议，有限公司注册资本增加至337万元人民币，新增的212万元人民币中由广州市蓝光精机科技有限公司以现金出资127.20万元人民币，香港理大系统科技有限公司以设备出资84.80万元人民币。

广州市蓝光精机科技有限公司和香港理大系统科技有限公司就上述董事会决议所决定的变更事项签署了《广州盈光机电科技有限公司补充合同之(01)》和《广州盈光机电科技有限公司补充章程之(01)》。

2002年11月29日，广州高新技术产业开发区天河科技园管理委员会出具《关于合资企业广州盈光机电科技有限公司合同增资及变更经营范围的批复》，批准有限公司的注册资本和投资总额由原来的125万元人民币增至337万元人民币，本次增资额212万元人民币由广州市蓝光精机科技有限公司投入现金127.2万元人民币，香港理大系统科技有限公司投入生产设备注塑机2套，价值港币80万元(折合人民币84.8万元人民币)。

2002年12月4日，广州市人民政府就有限公司上述被批准变更事项核发了外经贸穗高合资证字〔2002〕0002号《中华人民共和国台港澳侨投资企业批准证书》。

本次变更后，有限公司股东及出资情况如下：

序号	股东名称	出资额(万元)	出资方式	实缴出资额(万元)	持股比例
1	广州市蓝光精机科技有限公司	202.20	货币	75.00	60.00%
2	香港理大系统科技有限公司	50.00	货币	50.00	40.00%
		84.80	设备	0.00	
合计		337.00		125.00	100.00%

(三)有限公司第一次股权转让

2010年4月9日，广州市蓝光精机科技有限公司与香港理大系统科技有限公司签订《股权转让协议》，约定香港理大系统科技有限公司将其持有的有限公司40%的股权作价313,565.00元人民币转让给广州市蓝光精机科技有限公司。

2010 年 7 月 1 日，有限公司召开临时董事会并作出决议，同意香港理大系统科技有限公司将其持有的有限公司 40% 的股权转让给广州市蓝光精机科技有限公司，同意有限公司由外商投资企业转为内资企业，同时终止原股东于 2002 年 2 月 2 日签订的章程。

2010 年 8 月 23 日，广州高新技术产业开发区管理委员会、广州市高新技术产业开发区管理委员会、广州出口加工区管理委员会、广州保税区管理委员会出具穗开管企〔2010〕488 号《关于中外合资企业广州盈光机电科技有限公司股权转让及变更公司性质的批复》，批准香港理大系统科技有限公司将其持有的有限公司 40% 股权转让给广州市蓝光精机科技有限公司，股权转让后，广州市蓝光精机科技有限公司占有限公司注册资本的 100%，有限公司的性质由中外合资变更为内资企业；同意广州市蓝光精机科技有限公司与香港理大系统科技有限公司于 2010 年 4 月 9 日签订的《股权转让协议》，同时广州市蓝光精机科技有限公司与香港理大系统科技有限公司签署的中外合资企业合同、章程废止。

本次变更后，有限公司股东及出资情况如下：

股东名称	出资额(万元)	出资方式	持股比例
广州市蓝光精机科技有限公司	337.00	货币	100.00%
合计	337.00		100.00%

二、律师解读

公司设立、股本和股权结构变更、出资、公司治理、税务、外汇、产业政策、经营管理等是否符合法律法规等关于外商投资企业规范的要求？

第一，有限公司设立时，其股东广州市蓝光精机科技有限公司和香港理大系统科技有限公司具备投资设立中外合资有限责任公司的主体资格；广州市蓝光精机科技有限公司和香港理大系统科技有限公司具备投资设立中外合资有限责任公司签订了《中外合资经营企业合同》，并制定了《公司章程》。2002 年

2月28日,广州高新技术产业开发区天河科技园管理委员会出具穗高天管外函〔2002〕13号《关于中外合资广州盈光机电科技有限公司合同、章程和可行性研究报告的批复》,批准设立广州盈光机电科技有限公司。2002年3月5日,广州市人民政府向有限公司颁发了外经贸穗高合资证字〔2002〕0002号《中华人民共和国台港澳侨投资企业批准证书》。2002年4月22日,广州市工商行政管理局出具《外商投资企业核准通知书》。

综上,有限公司设立时已依法取得审批机关的批准并办理了工商核准登记手续,有限公司设立的程序、资格、条件和方式均符合《中外合资经营企业法》、《中外合资经营企业法实施条例》及其他法律、法规和规范性文件关于外商投资企业的规定,合法有效。

第二,有限公司为中外合资经营企业时期,进行过一次增资,即注册资本增加至337万元人民币。增资时,公司召开了董事会,且于2002年11月29日取得广州高新技术产业开发区天河科技园管理委员会出具的穗高天管外函〔2002〕145号《关于合资企业广州盈光机电科技有限公司合同增资及变更经营范围的批复》,批准有限公司的注册资本和投资总额由原来的125万元人民币增至337万元人民币,本次增资额212万元人民币由广州市蓝光精机科技有限公司投入现金127.2万元人民币,香港理大系统科技有限公司投入生产设备注塑机2套,价值港币80万元(折合人民币84.8万元人民币)。出资人应按有关规定的出资方式和期限出资完毕并及时报广州高新技术产业开发区天河科技园管理委员会备案。

因此,其注册资本变更和股权变更符合相关法律、法规和规范性文件的规定,履行了法定程序,依法取得原审批机关的批准和工商管理部门的核准,因此有限公司股权变更符合法律法规等关于外商投资企业规范的要求,合法有效。

第三,公司历次出资均经过会计师事务所进行了验资,且在工商行政管理部门办理了工商变更登记,公司的历次验资情况如表所示:

序号	注册资本(万元)	验资时间	验资会计师事务所	验资报告
1	125.00	2002 年 6 月 4 日	广东新华会计师事务所有限公司	粤新验字〔2002〕001 号
2	337.00	2003 年 11 月 24 日	广州市东方会计师事务所有限公司	〔2003〕东验字第 284 号
3	536.4347	2012 年 12 月 26 日	广州振和会计师事务所有限公司	广和验字〔2012〕A1592 号
4	566.00	2013 年 9 月 2 日	瑞华会计师事务所	〔2013〕第 810A0001 号

如上表所示,有限公司作为中外合资经营企业时,其 337 万元人民币的注册资本缴纳和收取已经广东新华会计师事务所有限公司出具粤新验字〔2002〕001 号《验资报告》和广州市东方会计师事务所有限公司出具〔2003〕东验字第 284 号《验资报告》(报备号:200311000463)审验出资到位。有限公司的股东广州市蓝光精机科技有限公司于 2002 年 5 月 27 日投入人民币 75 万元,香港理大系统科技有限公司于 2002 年 5 月 24 日投入港币 471,031.56 元(折合人民币500,000元)作为有限公司的 125 万元注册资本时,比合资合同约定的出资期限(有限公司取得营业执照之日起一个月内即 2002 年 5 月 21 日前)逾期几天。虽然有限公司设立过程中存在出资实际缴付日与公司章程规定的注册资本缴付期限不一致的情形,但是,根据相关验资报告,有限公司历次认缴的注册资本额均足额缴付到位,不存在虚假出资或出资不足的情形,并且,有限公司历次注册资本和实收资本变更均取得审批机构的必要批准及工商行政管理机关换发的相应营业执照;在中外合资经营企业时期,有限公司已通过历次外商投资企业联合年检,至今未有任何政府主管部门对公司注册资本延迟缴付提出任何异议或给予任何处罚,有限公司逾期出资的情形不会实质性影响其设立的真实有效性和出资的真实性。

第四,有限公司作为中外合资经营企业存续期间,按照《中外合资经营企业法》的规定,设置了董事会、总经理等公司治理机构,董事会为有限公司的最高决策机构，决定公司的注册资本变更、章程修改等公司重大事项。有限公司由中外合资经营企业变更为内资企业后，按照《公司法》的规定设置了股东会、董事会、监事会及经理层“三会一层”治理机构。股份公司成立后，进一步建立健全了公司的“三会一层”治理机构，并按照《公司法》、《公司章程》的规定严格履行公司的内部决策程序。因此，公司的公司治理事项符合法律法规等关于外商投资企业规范的要求。

第五，根据该《验资报告》的其他事项说明和国家外汇管理局广东分局于2003年11月17日出具的《外方出资情况询证函回函》(编号:〔2003〕外资询2221)显示，有限公司各股东出资时，有限公司办理了外资外汇登记，外资外汇登记编号为44000002177501。除上述验资时，有限公司办理外资外汇登记接受境外股东的出资外，有限公司成立后，未发生过进出口业务，也未办理过外汇事项。

第六，有限公司作为中外合资经营企业存续期间，依法领取了企业法人营业执照、国税登记证、地税登记证、外汇登记证、财政登记证和办理海关注册登记，持证经营。根据〔1998〕外经贸资发第938号《关于对外商投资企业实行联合年检实施方案的通知》的规定，每年都按规定参加由外经贸部门、工商行政管理部门、财政部门、外汇管理部门、税务部门和海关共同实行的对外商投资企业的联合年检，并且每年都通过了联合年检，未受到任何行政管理机关出具的行政处罚，因此，公司的经营管理符合法律法规等关于外商投资企业规范的要求。

第七，2002年4月22日有限公司设立时，经工商管理部门核准的经营范围为开发、生产、销售精密光学产品、精密塑料制品、计算机软硬件、精密机械设备和提供技术咨询服务。2002年12月9日，经审批机关批准和工商管理部门核准，有限公司的经营范围变更为数字照相机及关键件开发与生产，高密度数字光盘机用关键件开发与生产，光电子器件生产，其他精密光学产品、精密塑料产品、计算机软硬件、精密机械设备的开发、生产和加工及本公司产品的批发、零售，并提供技术咨询服务。根据经国务院于2002年3月4日批准并发布的《外商投资产业指导目录》，有限公司作为外商投资企业所经营的业务属于鼓励外商投资产业，符合国家关于外商投资的产业政策。

第八，2010 年 8 月 23 日，广州高新技术产业开发区管理委员会、广州市高新技术产业开发区管理委员会、广州出口加工区管理委员会、广州保税区管理委员会出具穗开管企〔2010〕488 号《关于中外合资企业广州盈光机电科技有限公司股权转让及变更公司性质的批复》，批准香港理大系统科技有限公司将其持有的有限公司 40% 股权转让给广州市蓝光精机科技有限公司，股权转让后，广州市蓝光精机科技有限公司占有限公司注册资本的 100%，有限公司的性质由中外合资变更为内资企业；同意广州市蓝光精机科技有限公司与香港理大系统科技有限公司于 2010 年 4 月 9 日签订的《股权转让协议》，同时广州市蓝光精机科技有限公司与香港理大系统科技有限公司签署的中外合资企业合同、章程废止。

经查询有限公司自 2002 ~ 2010 年的历年年检审计报告，有限公司作为中外合资经营企业存续期间，未享受税收优惠，不存在补交税收优惠的情形。

2010 年 8 月 31 日，广州经济技术开发区国家税务局出具穗开国税纳字证〔2010〕295 号《纳税证明》；2010 年 9 月 2 日，广州开发区地方税务局高新区税务分局出具穗开地税高证字〔2010〕118 号《纳税人、扣缴义务人涉税保密信息告知书》；2010 年 9 月 2 日，黄埔海关出具了《证明》，证明有限公司不存在应缴纳税款未缴纳情形。

第九，根据公司的陈述和保证，在外商投资企业阶段，公司未因违反国家法律法规中关于外商投资企业的规定而受到政府有关管理部门的处罚。根据徐雄的陈述（徐雄曾担任合资公司的中方董事），公司属于外商投资企业时，未因违反国家法律法规中关于外商投资企业的规定而受到政府有关管理部门的处罚。

综上，笔者认为，有限公司作为外商投资企业时，除了公司治理存在个别不规范的情形外，其公司设立、股本和股权结构变更、出资、公司治理的其他方面、税务、外汇、产业政策、经营管理等符合法律法规等关于外商投资企业规范的要求。

第三节　设立时有外籍股东的内资企业挂牌问题

内容摘要：内资企业是相对于外资企业而言的，主要是看注册资金的来源。注册资金的来源没有外商投资的企业就是内资企业。内资企业，是指以国有资产、集体资产、国内个人资产投资创办的企业，包括国有企业、集体企业、私营企业、联营企业和股份企业五类。

如果股东在公司设立时，已经取得了外国国籍，应当不属于内资企业，而是中外合资企业，这时候股东的资格是存在法律瑕疵的。在新三板挂牌实践中，如果遇到股东资格存在瑕疵，主要是看此瑕疵是否会影响到公司的合法法规性，如公司登记设立的法律效力，股东资格瑕疵属不属于应当受到行政处罚的重大违法行为，会不会对股份公司的持续经营、申请挂牌的主体资格产生不利影响。

关键词：股东资格瑕疵　行政处罚

【网动科技(430224)】

一、案例陈述

(一)北京讯网天下科技有限公司设立

2009年2月18日，北京网动科技有限公司、李明、马滨合计认缴出资人民币350万元设立北京讯网天下科技有限公司(以下简称讯网天下)，其中北京网动科技有限公司以现金出资105万元作为首期出资，其余245万元知识产权出资计划于2011年2月8日前出资到位。有限公司设立时出资情况和股权结构如下：

序号	股东名称	认缴出资额(万元)	认缴出资比例	出资方式	本期出资额(万元)	本期出资所占比例
1	马滨	147	42%	知识产权	0	0
2	北京网动科技有限公司	105	30%	货币	105	30%
3	李明	98	28%	知识产权	0	0
合计		350	1000%		105	30%

(二)外籍股东马滨退出公司

2009年2月,公司股东马滨与股东李明及北京网动科技有限公司共同设立有限公司,公司设立时马滨已具有澳大利亚国籍,但因其对其外商投资法律制度缺乏了解,因此投资事项未申请设立外商投资企业。依据讯网天下设立时的《内资企业设立登记(备案)审核表》及北京市工商局海淀分局颁发的营业执照,公司的性质为内资企业。2012年6月,马滨于讯网天下减资时退出了该公司,马滨以外籍身份出资设立有限责任公司并持有讯网天下股权的法律瑕疵因此得到消除。

讯网天下已于2012年9月由有限责任公司整体变更为股份有限公司,该整体变更行为和股份公司设立后的股权结构合法、合规、真实、有效。股份公司不存在终止经营或被吊销营业执照的情形。

股份公司现有股东已出具承诺函,承诺:本公司前身北京讯网天下科技有限公司成立时,其股东马滨已取得澳大利亚国籍,马滨以外籍身份出资设立有限责任公司并持有讯网天下股权,其股东资格存在法律瑕疵。该问题已因马滨于讯网天下2012年6月减资时退出了该公司而得到消除。如政府主管机关因马滨以外籍身份设立有限责任公司并持有有限公司股份的股东资格法律瑕疵对本公司进行处罚,将由公司现有股东最终按现有持股比例承担公司因此受到的全部经济损失。该等责任为连带责任,无须公司承担任何费用。

马滨在有限公司设立时的股东资格法律瑕疵已因马滨于讯网天下2012年6月减资时退出了该公司而得到消除。2012年11月15日,北京市工商行政管理局海淀分局出具《证明》:证明公司近2年没有因违反工商行政管理法律法规受到查处的记录。马滨在有限公司设立时的股东资格法律瑕疵不会对公司的持续经营、申请挂牌的主体资格产生实质性的影响。

二、律师解读

(一)讯网天下设立时的股东资格法律瑕疵不属于应当受到行政处罚的重大违法行为

马滨因长期以中国居民身份在中国境内生活、工作,对国家外商投资制度、外商投资企业优惠政策均缺乏了解,因此在办理讯网天下设立事项时未申请设立外商投资企业,公司注册成立后讯网天下也未要求享受任何外商投资企业的优惠待遇。因此不存在马滨为规避外商投资审批法律制度故意隐瞒了自身外籍身份的情形。

马滨为外籍身份而以中国公民身份出资设立内资公司并持有讯网天下股权的问题已因马滨于讯网天下2012年6月减资时退出了该公司而得到消除。

经核查,讯网天下及其后续主体股份公司已通过2009年、2010年、2011年、2012年的工商年检。同时2012年11月15日,北京市工商行政管理局海淀分局出具《证明》:证明公司近两年没有因违反工商行政管理法律法规受到查处的记录。据此认为讯网天下设立时马滨的股东资格存在法律瑕疵不属于应当受到行政处罚的重大违法行为。

(二)即使因上述问题受到行政处罚,也不会对股份公司的持续经营、申请挂牌的主体资格产生不利影响

经核查,讯网天下已于2012年9月由有限责任公司整体变更为股份有限公司,该整体变更行为和股份公司设立后的股权结构合法、合规、真实、有效。股份公司不存在终止经营或被吊销营业执照的情形。

同时股份公司现有股东已出具承诺函,承诺:本公司前身北京讯网天下科技有限公司成立时,其股东马滨已取得澳大利亚国籍,马滨以外籍身份出资设立有限责任公司并持有讯网天下股权,其股东资格存在法律瑕疵。该问题已因马滨于讯网天下2012年6月减资时退出了该公司而得到消除。如政府主管机

关因马滨以外籍身份设立有限责任公司并持有有限公司股份的股东资格法律瑕疵对本公司进行处罚,将由公司现有股东最终按现有持股比例承担公司因此受到的全部经济损失。该等责任为连带责任,无须公司承担任何费用。

据此认为即使股份公司因上述问题受到行政处罚,也不会对公司的持续经营、申请挂牌的主体资格产生实质性影响。

(三)本次挂牌符合《业务规则》第 2.1 条第 1 项的规定

股份公司的前身讯网天下设立时股东马滨的股东资格存在法律瑕疵并不影响讯网天下公司登记设立的法律效力。2012 年 6 月,马滨于讯网天下减资时退出了该公司,马滨以外籍身份出资设立有限责任公司并持有讯网天下股权的法律瑕疵已因此得到消除。2012 年 11 月 15 日,北京市工商行政管理局海淀分局出具《证明》:证明公司近 2 年没有因违反工商行政管理法律法规受到查处的记录。

综上,本次挂牌符合《业务规则》第 2.1 条第 1 项"依法设立且存续满两年"的规定,不存在任何实质性法律障碍。

(四)马滨出资成立内资企业的行为是否为规避《外商投资产业指导目录》中的禁止类及限制类项目

讯网天下设立时取得《企业法人营业执照》上的经营范围为"法律、行政法规、国务院决定禁止的,不得经营;法律、行政法规、国务院决定规定应经许可的,经审批机关批准并经工商行政管理机关登记注册后方可经营;法律、行政法规、国务院决定未规定许可的,自主选择经营项目开展经营活动"。

讯网天下设立时的主营业务为网动云视讯平台运营服务。其业务归属于《外商投资产业指导目录》(2007 年修订)之"鼓励外商投资产业目录"中的"三、制造业"之"(二十一)通信设备、计算机及其他电子设备制造业"之"14. 软件产品开发、生产"。

因此,不存在马滨为规避《外商投资产业指导目录》(2007 年修订)中禁止类和限制类项目而成立内资公司的情况。

(五)有限公司设立时股东资格法律瑕疵的处理

所谓内资企业,是指以国有资产、集体资产、国内个人资产投资创办的企业,包括国有企业、集体企业、私营企业、联营企业和股份企业五类。顾名思义,内资企业的股东必须是具有中华人民共和国国籍的人士,而马滨在有限公司设立时已经取得了澳大利亚国籍,马滨在中国境内的股权应该按照《中外合资经营企业法》及其实施条例或《中外合作经营企业法》及其实施条例的规定设立或参股外商投资企业,其作为境外人士不具备成为内资企业股东的资格,因此讯网天下的股东马滨的股东资格存在法律瑕疵。2012 年 6 月,马滨于讯网天下减资时退出了该公司,马滨以外籍身份出资设立有限责任公司并持有讯网天下股权的法律瑕疵因此得到消除。

综上所述,笔者认为,股东马滨在有限公司设立时的股东资格瑕疵问题不影响公司在新三板挂牌。

第四节　股东人数超过 200 人的解决方案

内容摘要:随着《非上市公众公司监管指引第 4 号——股东人数超过 200 人的未上市股份有限公司申请行政许可有关问题的审核指引》的出台,为股东人数超过 200 人的公司的规范提供了细致周详的可操作性方案。根据该指引,合规性审核要求主要包括以下四项:一是公司依法设立且合法存续;二是股权清晰;三是经营规范;四是公司治理与信息披露制度健全。

现阶段,对股东人数超过 200 人的公司的审核的难度主要有以下几点:(1)股东人数多;(2)股份确权难度大;(3)省级人民政府出具确认函较难;(4)股份代持及间接持股处理困难。

关键词:人数多　股份确权　股权代持　间接持股

【江苏铁发(430659)】

一、案件陈述

(一)1989 年 5 月,公司设立

1989 年 4 月 15 日,徐州市人民政府、淮阴市人民政府签订《徐州、淮阴两市关于设立"江苏沂淮地方铁路联合股份有限总公司"协议书》,约定徐州市与淮阴市共同投资设立公司,通过《江苏沂淮地方铁路联合股份有限总公司章程》及股票发行办法,并委托淮阴市人民政府责成淮阴市体改委、计委办理报批有关股份制试点和股票发行的一切手续。同日,淮阴市计划委员会出具《关于同意成立江苏沂淮地方铁路联合股份有限总公司的批复》,同意成立江苏沂淮地方铁路联合股份有限总公司。

1989 年 5 月 18 日,淮阴市工商行政管理局向公司颁发《企业法人营业执照》。公司名称为"江苏沂淮地方铁路联合股份有限总公司",注册资金为 860 万元;经济性质为全民所有制;出资人为淮阴市人民政府。

(二)1989 年、1990 年发行社会公众股

1989 年 7 月 20 日,中国人民银行江苏省分行出具《关于同意沂淮地方铁路联合股份有限总公司试行发行股票的批复》(苏银管〔1989〕51 号),同意江苏沂淮地方铁路联合股份有限总公司发行社会公众股,募资 1100 万元。

1990 年 6 月 5 日,中国人民银行江苏省分行出具《关于同意江苏沂淮地方铁路联合股份有限总公司发行第二期股票的批复》(苏银管〔1990〕40 号)同意江苏沂淮地方铁路联合股份有限总公司发行社会公众股,募资 1900 万元。

公司经批准的股份发行额度为 3000 万元,实际募集资金总额为 3162.32 万元。1994 年 3 月 28 日,江苏会计师事务所出具《关于江苏新淮铁路股份有限公司实收股本验证报告》(苏会股字〔94〕第 4037 号)。该报告验证,公司两次发行股份实际募集的资金额总额为 3162.32 万元。江苏省人民政府、江苏省国有资产管理局、江苏省国有资产监督管理委员会、淮阴市人民政府的历次批复中,亦均认可了公司实际的募集资金总额。

1990 年 11 月 23 日,淮阴市工商行政管理局重新办理股份公司的登记手续,经重新登记的股份公司成立日期为 1990 年 8 月 7 日,营业执照注册号 13943515-6,法定代表人蒋晓华,注册资金为 860 万元,经济性质为全民所有制,经营范围为铁路营建。

1993 年 2 月 5 日,国家体改委出具《关于江苏沂淮地方铁路联合股份有限总公司继续进行股份制试点的批复》(体改生〔1993〕24 号),确认了公司实际

的募集资金总额，批准公司继续作为规范化的股份制试点企业。公司更名为“江苏新淮铁路股份有限公司”（以下简称公司）。同年4月16日，淮阴市工商行政管理局向公司颁发变更后的《企业法人营业执照》，营业执照注册号13943515－6，法定代表人周成华，注册资金860万元，经济性质为股份制。

（三）1994年4月，规范登记股东出资

公司成立以后，徐州、淮阴两市陆续以货币资金、土地使用权、设备等形式对公司进行出资，公司并引入了部分法人股股东。为验证股东出资，公司委托南京会计师事务所对包括淮阴市、徐州市对公司的实物出资资产在内的公司资产进行评估（其中土地资产由中国地产咨询中心评估），委托江苏会计师事务所对公司的实收股本进行验证。

1994年2月28日江苏会计师事务所出具《关于江苏新淮铁路股份有限公司资产净值（评估后）验证报告》。根据该报告，公司截至1994年2月28日的各类资产已经南京会计师事务所评估且经江苏省国有资产管理局以苏国资企〔1994〕4号文件确认，江苏会计师事务所据此验证评估后的总资产为24，629.49万元，负债总额为7168.84万元，资产净值为17，460.65万元。

1994年3月28日，江苏会计师事务所出具《关于江苏新淮铁路股份有限公司实收股本验证报告》（苏会股字〔94〕第4037号）。该报告验证，公司实收股本为9955.97万元，其中国家股6726.65万元，法人股67.00万元，个人股3162.32万元。国有出资由土地使用权、设备、现金三部分构成。其中：土地使用权面积为5842.47亩，经国家土地局中国地产咨询中心评估并经江苏省国有资产管理局确认，评估值为4502.07万元，其中淮阴市3368.31万元，徐州市1133.76万元；设备为旧钢轨55公里，经江苏会计师事务所评估并经淮阴市国有资产管理局确认，评估值为443.58万元，其中淮阴市354.09万元，徐州市89.49万元；现金出资1781万元，其中淮阴市1210万元，徐州市571万元。淮阴市、徐州市分别委托淮阴市投资公司与徐州市投资总公司行使国有股股东权益。

1994年4月14日，淮阴市国有资产管理处出具《关于江苏新淮铁路股份有限公司国家股权界定的通知》，确认股份公司国家股本总额为6726.65万元

(包括资金入股 1781.00 万元,钢轨折价入股 443.58 万元,土地使用权入股 4502.07 万元),其中,淮阴市投资公司作为淮阴市的国家股权持股单位,共持股 4932.40 万元(其中资金入股 1210.00 万元,钢轨折价入股 354.10 万元,4371.15 亩征用土地的土地使用权入股 3368.31 万元);徐州市投资总公司作为徐州市所的国家股权持股单位,共持股 1794.25 万元(其中,资金入股571.00 万元,钢轨折价入股 89.49 万元,1471.32 亩征用土地的土地使用权入股1133.76 万元)。

1994 年 4 月 24 日南京会计师事务所出具《资产评估报告书》(宁会评〔94〕015 号),对股份公司资产进行评估。经评估,于基准日 1994 年 2 月 28 日,股份公司全部资产净值为 17,460.65 万元。

为实现政企分开,1993 年 3 月 26 日,淮阴市人民政府出具《关于委托淮阴市投资公司作为江苏新淮铁路股份有限公司发起人的通知》,将所持公司股份划转至淮阴市投资公司名下;1994 年 4 月 26 日,徐州市人民政府出具《证明》,将所持公司股份划转至徐州市投资总公司名下。

1994 年 4 月 24 日,淮阴市工商行政管理局向公司颁发变更后的《企业法人营业执照》。股份公司登记的注册资金变更为 9956 万元,经济性质为股份制。

1994 年 5 月 10 日,江苏省国有资产管理局出具《关于江苏新淮铁路股份有限公司国家股股权管理有关问题的批复》(苏国资企〔1994〕4 号),确认公司经国家体改委批复的股本总额为 9955.97 万元,其中国家股 6726.65 万元,占 67.56%,法人股 67 万元,占 0.67%,个人股 3162.32 万元,占 31.76%,同意经南京会计师事务所评估的截至 1994 年 2 月 28 日的净资产 17,271.93 万元中,9955.97 万元仍作为股本不变,其余 7315.96 万元转为公积金,并同意将淮阴、徐州两市投资公司作为两市国家股股权代表单位。

1994 年 5 月 26 日,国家国有资产管理局出具《对江苏新淮铁路股份有限公司上市项目资产评估结果的确认通知》(国资评〔1994〕315 号),同意南京会计师事务所对股份公司资产的评估结论,确认股份公司评估后的总资产为 24,629.49万元,总负债为 7168.85 万元,资产净值为 17,460.64 万元。

根据上述《关于江苏新淮铁路股份有限公司实收股本验证报告》（苏会股字〔94〕第4037号）、淮阴市国有资产管理处《关于江苏新淮铁路股份有限公司国家股权界定的通知》（淮国界定字〔1994〕第17号）、江苏省国有资产管理局《关于江苏新淮铁路股份有限公司国家股股权管理有关问题的批复》（苏国资企〔1994〕4号）以及《江苏新淮铁路股份有限公司章程》、公司制作的法人股股东名册等资料，本次验资及国家股划转之后，公司股权结构及出资明细如下：

类别	股东名称	出资额（万元）	出资方式及金额（万元）	
国家股	淮阴市投资公司	4932.40	土地使用权	3368.31
			设备	354.09
			货币	1210.00
	徐州市投资总公司	1794.25	土地使用权	1133.76
			设备	89.49
			货币	571.00
法人股	南通建设投资公司	20.00	货币	
	常州柴油机厂	10.00	货币	
	苏州化工厂	5.00	货币	
	苏州振亚纺织厂	5.00	货币	
	省农垦工商联合大厦	5.00	货币	
	常州供电局	5.00	货币	
	常州房地产开发公司	5.00	货币	
	常州塑料工业公司	5.00	货币	
	盐城化纤厂	5.00	货币	
	常州纺织联合总公司	2.00	货币	
个人股	公开发行的社会公众股	3162.32	货币	
合计		9955.97		

(四)公司股东及其持有股份情况

根据国家体改委《关于江苏沂淮铁路联合股份有限总公司继续进行股份制试点的批复》(体改生〔1993〕24号),江苏证券股份有限公司(后更名为"华泰证券股份有限公司")接受公司的委托,从1993年7月起,对公司在1989年、1990年向社会公众发行的3162.32万元实物股票进行托管、登记。截至1995年1月16日,"所发3162.32万元实物股票已经基本托管、登记完毕,股东人数14,974人,其中持股面额超过1000元的股东计4065人"。

根据2013年12月30日华泰证券出具的《关于江苏省铁路发展股份有限公司股份托管情况的证明》、《江苏省铁路发展股份有限公司股东名册》,依据股东是否属自然人分类,截至2013年9月30日,公司股权结构如下:

股东	股东人数	持股数量(万股)	持股比例
非自然人股东	44	111,646,880	76.08%
自然人股东	11,468	35,096,220	23.92%
合计	11,512	146,743,100	100.00%

根据2013年12月30日华泰证券出具的《股份托管情况证明》、《江苏省铁路发展股份有限公司股东名册》,依据初始发行的股份性质分类,截至2013年9月30日,公司股权结构如下:

股东	股东人数	持股数量(万股)	持股比例
法人股东	21	115,119,900	78.45%
社会公众股	11,491	31,623,200	21.55%
合计	11,512	146,743,100	100.00%

二、律师解读

(一)股东超200人股份公司进入证监会合规性审核程序

根据规定,股东超200人公司申请到全国股转系统挂牌须经过中国证监会合规性审核。取得中国证监会核准文件后,再向全国股转系统报送申请文件,办理信息披露、股份登记等挂牌手续。《非上市公众公司监管指引第4号——股东人数超过200人的未上市股份有限公司申请行政许可有关问题的审核指引》的出台，为该类公司的规范提供了细致周详的可操作性方案。根据该指引，合规性审核要求主要包括以下四项：一是公司依法设立且合法存续；二是股权清晰；三是经营规范；四是公司治理与信息披露制度健全。

（二）股东超200人股份公司新三板挂牌难点

1.股东人数多

目前超过200人的"问题公司"主要分以下五种：一是1994年7月《公司法》生效前根据《股份制企业试点办法》成立的定向募集公司，内部职工直接持股。二是国企改革，国有企业主辅分离时辅业企业改制、全员持股产生的，比如石化系统2004年的辅业改制，改制企业全部员工成为改制后企业的隐名股东或显名股东，委托持股是普遍采用的方式。当年胜利油田管理局下属32家辅业企业改制均是全员持股。三是工会、职工持股会直接或代为持股。四是信托持股。这种类型的案例较少。五是其他因公司不规范增发和股转导致超过200人的情况。本案中，江苏铁发的股东人数合计11,512人，总股本14,674.31万股。

2.股份确权难度大

申请行政许可的200人公司应当对股份进行确权，通过公证、律师见证等方式明确股份的权属。申请在全国股份转让系统挂牌公开转让的，经过确权的股份数量应当达到股份总数的80%以上（含80%）。未确权的部分应当设立股份托管账户，专户管理，并明确披露有关责任的承担主体。对于历史较久且股东人数较多的股份公司，股东确权工作量巨大，成本较高，一般耗时在半年至一年，费用在100~200万元，且结果难以预期。本案例中，公司于2013年8月启动股份确权工作，截至2013年9月30日，公司已在华泰证券登记、托管的股份为145,428,110股，登记、托管率为99.10%，其中，参与公司于2013年8月启动的股份确权程序且股份得以确认的股东的持股比例为86.74%，股份确权比例达到80%以上。

3. 省级人民政府出具确认函较难

根据《非上市公众公司监管指引第 4 号》的规定，存在以下四种特定情形的，应当报送省级人民政府出具确认函。省政府对重大事项出具兜底确认函，已经成为企业主板上市的制度惯例，但如将主板市场的监管要求完全移植到新三板挂牌之中，会在实务操作中产生很多障碍因素，并已经逐渐表现出来。首先，程序烦琐，申报企业须从所在区县金融办逐级上报至省金融办，再报经省政府审核出具；其次，因时隔太久，政府管理机构和经办人员变动很大，省政府很难取得充分的判断依据从而决定是否出具确认函以及确认函的具体内容。

本案例中，公司于 1989 年 4 月 15 日设立。1989 年 7 月 20 日，中国人民银行江苏省分行出具《关于同意沂淮地方铁路联合股份有限总公司试行发行股票的批复》（苏银管〔1989〕51 号），同意公司发行社会公众股，募资 1100 万元。

1990 年 6 月 5 日，中国人民银行江苏省分行出具《关于同意江苏沂淮地方铁路联合股份有限总公司发行第二期股票的批复》（苏银管〔90〕40 号），同意公司发行第二期社会公众股，募资 1900 万元。

1993 年 2 月 5 日，国家体改委出具《关于江苏沂淮地方铁路联合股份有限总公司继续进行股份制试点的批复》（体改生〔1993〕24 号），确认了公司实际的募集资金总额，批准公司继续作为规范化的股份制试点企业。江苏省人民政府、江苏省国有资产管理局、江苏省人民政府国有资产监督管理委员会、淮阴市人民政府的历次批复中，均认可了公司实际的募集资金总额。

2014 年 1 月 7 日，江苏省人民政府出具《关于确认江苏省铁路发展股份有限公司历史沿革及产权界定等事项合规性的函》（苏政函〔2014〕2 号），确认公司股东超过 200 人的情形为依法形成，合法合规；公司的设立、公开发行股票、股权托管登记、股份制试点、股权转让、历次增资、重大资产重组等事项均按照当时的法律法规要求，取得相应的批准和授权，合法有效。如有争议，江苏省将依法承担相应责任，并指定相关部门妥善处理。

4. 股份代持及间接持股处理困难

股份公司股权结构中存在工会代持、职工持股会代持、委托持股或信托持股等股份代持关系，或者存在通过“持股平台”间接持股的安排以致实际股东超过200人的，在依据《非上市公众公司监管指引第4号》指引申请行政许可时，应当已经将代持股份还原至实际股东、将间接持股转为直接持股，并依法履行了相应的法律程序。

（三）本案例的具体分析

1. 公司依法设立且合法存续

（1）公司的设立、公开发行股票、历次增资等行为已经经过淮阴市计划委员、国家体改委、中国人民银行江苏省分行、江苏省国有资产管理局、江苏省人民政府等有权部门的批准，不违反当时法律明确的禁止性规定。公司目前处于合法存续状态。公司存续满两年。

（2）江苏省人民政府已书面确认公司股东超过200人的情形为依法形成，合法合规；公司的设立、公开发行股票、股权托管登记、股份制试点、股权转让、历次增资、重大资产重组等事项均按照当时的法律法规要求，取得相应的批准和授权，合法有效。

（3）公司在股份形成及转让过程中不存在虚假陈述、出资不实、股权管理混乱等情形，不存在重大诉讼、纠纷以及重大风险隐患。

综上，笔者认为，公司属依法设立且合法存续。

2. 公司股权清晰

（1）公司已经设置股东名册，并委托专业机构对股东名册进行有序管理。股东、公司及相关方对股份归属、股份数量及持股比例无异议。公司股权结构中不存在工会或职工持股会代持、委托持股、信托持股以及通过“持股平台”间接持股等情形。

（2）公司股东与公司之间、股东之间、股东与第三方之间不存在重大股份权属争议、纠纷或潜在纠纷。

（3）公司股东出资行为真实，不存在重大法律瑕疵。

（4）截至2013年9月30日，公司已在华泰证券登记、托管的股份为145,428,110股，登记、托管率为99.10%，其中，参与公司于2013年8月启动的股份确权程序且股份得以确认的股东的持股比例为86.74%，股份确权比例达到80%以上。公司拟就尚未确权的股份设立股份托管账户，由董事会秘书室负责进行专户管理。根据江苏省人民政府、控股股东和公司的相关书面承诺，与未确权股份的日常管理、权属确定、争议解决相关的责任承担主体明确。

律师认为，公司股权明晰。

3. 股份确权

(1)股份确权之前的登记、托管情况

根据国家体改委《关于江苏沂淮地方铁路联合股份有限总公司继续进行股份制试点的批复》(体改生〔1993〕24 号)，江苏证券股份有限公司(华泰证券原名)接受公司的委托，自 1993 年 7 月起，对公司在 1989 年、1990 年向社会公众发行的 3162.32 万元实物股票进行托管、登记。根据江苏证券股份有限公司 1995 年 1 月 16 日出具的《关于新淮铁路股份有限公司股份登记、托管情况的报告》(苏证字〔1995〕77 号)，截至 1995 年 1 月 16 日，公开发行的 3162.32 万元实物股票已经基本托管、登记完毕，托管、登记的股东人数为 14,974 人，其中持股面额超过 1000 元的股东计 4065 人。

1996 年 7 月，根据江苏省证券期货监督管理办公室的要求，公司股份登记、托管机构变更为无锡市证券登记有限公司。1996 年 7 月，无锡市证券登记有限公司在淮阴开展了一次现场补充登记、托管工作。因无锡市证券登记有限公司被撤销，2003 年 2 月 17 日至 2003 年 7 月 8 日期间，公司股份登记托管资料由国联证券有限责任公司中山路证券营业部代为保管。2003 年 7 月，公司股份的登记、托管机构变更回华泰证券。2003 年 7 月至今，公司股份登记、托管机构未发生变更。

2013 年 12 月 30 日，华泰证券出具《关于江苏省铁路发展股份有限公司股份托管情况的证明》。根据该证明，截至 2013 年 8 月 2 日，公司已在华泰证券登记、托管的股份为 145,197,490 股，未登记、托管的股份为 1,545,610 股，登记、托管率为 98.95%。

本阶段的登记、托管程序中，登记、托管机构要求股东填写登记申请表格，登记股东姓名、身份证件号码、联系方式和持股数量、上海证券交易所股东账户信息等信息，验证股东身份证明原件并留存复印件。就确认登记、托管的股东登记、托管机构回收其实物股票，向其出具《托管证券确认书》。

(2)股份确权

鉴于公司股份登记、托管工作自1993年启动至今已有较长时间,为确认股份权属,更新股东身份信息和联系方式,收集股东深圳证券交易所A股证券账户或代办股份转让系统账户信息,2013年8月,公司启动股份确权工作。

2013年8月,公司先后在《中国证券报》(2013年8月1日)、《扬子晚报》(2013年8月1日)、《新民晚报》(2013年8月10日)、《淮海晚报》(2013年8月21日)刊登并在公司网站公布《江苏省铁路发展股份有限公司股东信息核查公告》,说明核查目的、时间、地点以及材料要求,督促股东参与确权。

为方便股东,公司在南京、上海、淮安三地设置场所,现场受理股东的确权材料。其中2013年8月5~9日、12~13日以及2013年9月9~30日为南京现场受理材料期间,2013年8月15~16日以及8月19~23日为上海现场受理材料期间,2013年8月26~30日以及9月2~3日为淮安现场受理材料期间。

2013年9月30日之后,公司继续在南京受理股东的确权材料。本次确权过程中,针对自然人股东,股份持有人未发生变更的,公司要求提供以下材料:①填写妥当的《股东信息核查表(自然人股东)》;②公司股票实物或《托管证券确认书》或《股票登记申请表》;③股东身份证明;④股东深圳证券交易所A股或代办股份转让系统账户名称、账户号码;⑤拟用于托管所持公司股份的券商营业部席位名称、席位号;⑥授权委托书及代理人身份证明(如持股人委托他人代办)等信息、材料。

自然人股东死亡的,公司要求提供以下材料:①股份继承人填写妥当的《股东信息核查表(自然人股东)》;①公司股票实物或《托管证券确认书》或《股票登记申请表》;③股份继承人身份证明;④股东死亡证明;⑤继承人与死亡股东的亲属关系证明;⑥与股份有关的法院判决书、调解书等生效司法文书、股份继承公证书等;⑦股份继承人深圳证券交易所A股或代办股份转让系统账户名称、账户号码;⑧拟用于托管所持公司股份的券商营业部席位名称、席位号等信息、材料。

自然人股东所持股份已发生转让且要求办理变更登记的,公司要求提供以下材料:①股份受让方填写妥当的《股东信息核查表(自然人股东)》;②公司股票实物或《托管证券确认书》或《股票登记申请表》；③受让方身份证明；④经公证机关公证的、由买卖双方亲自签署的股份转让协议及公证书原件，或由买卖双方持本人身份证亲自前往办理；⑤受让人深圳证券交易所A股或代办股份转让系统账户名称、账户号码；⑥拟用于托管所持公司股份的券商营业部席位名称、席位号等信息、材料。

自然人股东如有离婚分割财产、被劳教、监禁，或者在海外定居、移民（包括港、澳、台地区）等情形的，公司要求另行提供相应的证明文件。

针对法人股东，公司要求提供以下材料：①填写妥当的《股东信息核查表（非自然人股东）》；②公司股票实物或《托管证券确认书》或《股票登记申请表》；③通过最近一期年检的营业执照或事业单位法人证书或社团法人登记证书等非自然人股东登记证件；④组织机构代码证；⑤深圳证券交易所A股或代办股份转让系统账户名称、账户号码；⑥拟用于托管所持公司股份的券商营业部席位名称、席位号；⑦委托经办人的授权委托书等信息、材料。通过转让取得股份的，还要求提供经公证机关公证的由买卖双方签署的股份转让协议原件及公证书原件，或由买卖双方共同前往办理。法人股东如有名称变更，处于改制、破产、清算过程中，已注销或被吊销登记等情形的，公司要求另行提供相应的证明文件。

就未确权股份，公司拟设立托管账户，进行专户打包管理。账户由董事会秘书室负责管理。公司股份在全国中小企业股份转让系统挂牌之前或之后，股东仍可凭相关材料申请确权。股份经核查确认的，登记、托管机构将把该等股份确认至该股东名下，并从打包专户中扣减出相应数量的股份。

根据公司与华泰证券签订的《股份登记存管协议书》及补充协议、华泰证券《关于江苏省铁路发展股份有限公司股份托管情况的证明》、公司说明并经本所律师核查，公司已经设置股东名册，并委托专业机构对股东名册进行有序管理。

本次股份确权确认的股东、公司及相关方对股份归属、股份数量及持股比例无异议。公司股权结构中不存在工会或职工持股会代持、委托持股、信托持股以及通过“持股平台”间接持股的情形。

根据江苏省人民政府《关于确认江苏省铁路发展股份有限公司历史沿革及产权界定等事项合规性的函》(苏政函〔2014〕2号)、华泰证券《关于江苏省铁路发展股份有限公司股份托管情况的证明》、公司说明并经本所律师核查,公司股东与公司之间、股东之间、股东与第三方之间不存在重大股份权属争议、纠纷或潜在纠纷。

根据华泰证券《关于江苏省铁路发展股份有限公司股份托管情况的证明》并经本所律师核查,截至2013年9月30日,公司已在华泰证券登记、托管的股份为145,428,110股,登记、托管率为99.10%,其中,参与公司于2013年8月启动的股份确权程序且股权得以确认的股东的持股比例为86.74%,股份确权比例达到80%以上。

公司拟就尚未确权的股份设立股份托管账户,由董事会秘书室负责进行专户管理。2014年1月3日,公司出具书面承诺,承诺股份在全国中小企业股份转让系统挂牌前后,公司将继续进行股份确权,如因公司原因造成股东不能进行确权,或因公司原因造成股东就股份权属产生纠纷,公司将依法承担相应责任。2013年12月18日,交通控股出具《声明及承诺函》,承诺"就股份公司的其他股东所持股份,日后如果产生权属争议,本公司作为控股股东,将协助公司依法解决,避免股份公司因此承受损失;如股份公司因此承受任何损失,本公司将全额补偿股份公司"。2014年1月7日,江苏省人民政府出具《关于确认江苏省铁路发展股份有限公司历史沿革及产权界定等事项合规性的函》(苏政函〔2014〕2号),确认公司股东超过200人的情形为依法形成,合法合规;公司的设立、公开发行股票、股权托管登记、股份制试点、股权转让、历次增资、重大资产重组等事项均按照当时的法律法规要求,取得相应的批准和授权,合法有效。如有争议,江苏省将依法承担相应责任,并指定相关部门妥善处理。

综上所述,根据相关法律法规及上述承诺,笔者认为,与未确权股份的日常管理、权属确定、争议解决相关的责任承担主体明确,公司在新三板挂牌没有法律障碍。

第五节 股权质押

内容摘要：股权质押，是指出质人以其所拥有的股权作为质押标的物而设立的质押。因设立股权质押而使债权人取得对质押股权的担保物权，为股权质押。

实践中，一般认为，以股权为质权标的时，质权的效力并不及于股东的全部权利，而只及于其中的财产权利。换言之，股权出质后，质权人只能行使其中的受益权等财产权利，公司重大决策和选择管理者等非财产权利则仍由出质股东行使。根据《担保法》和《物权法》的规定，财产性和可转让性是质押标的物的两个重要条件，而股权兼具两种属性。所以，股权质押没有任何法律障碍。

关键词：主债权　权属纠纷　反担保

【盈光科技(430594)】

一、案例陈述

广州盈光科技股份公司股东徐雄持有的有限公司股权曾于2012年6月12日至12月3日期间内质押给谭健民，具体情形如下：

2012年6月1日，徐雄与谭健民签订《股权出质合同》，约定就徐雄与谭健民之间所存在的债权债务，由徐雄将其持有的有限公司100%股权质押给谭健民；2012年6月1日，有限公司的股东徐雄作出股东决议，同意将其持有的有限公司100%股权质押给谭健民；2012年6月12日，广州市工商行政管理局萝岗分局出具穗工商股质登记设字〔2012〕第08201206110077号《股权出质设立登记通知书》，就徐雄将持有的有限公司100%股权质押给谭健民的事项办理了股权出质登记手续，质权自登记之日设立，质权登记编号为0820120611007701；2012年12月3日，徐雄与谭健民之间的《股权出质合同》因主债权消灭，已经履行完毕，且在广州市工商行政管理局萝岗分局办理了股转质押注销登记，广州市工商行政管理局萝岗分局于2012年12月3日出具穗工商股质登记设字〔2012〕第08201211290042号《股权出质注销登记通知书》。谭健民出具了《承诺函》,承诺如下:谭健民与徐雄因债权债务,徐雄将其持有的广州盈光机电科技有限公司的股权于2012年6月12日质押给其本人,2012年12月3日双方解除了股权质押,同时特此声明,其与徐雄之间的无债权债务纠纷,其与徐雄同时作为公司的股东,两人之间目前是不存在任何股权争议,也不存在潜在的纠纷,其与公司其他股东之间也不存在任何股权争议。另外,其所持有公司股份不存在冻结、质押的情形。

2013年10月,有限公司整体变更为股份公司,有限公司的股东成为股份公司的发起人,各发起人以其于基准日拥有的有限公司的股权所对应的公司经审计账面净资产值折合成股份公司的股份,原属有限公司所有的全部资产,包括主要生产经营设备、相关的全部生产技术及配套设施被完整地投入股份公司,同时原属有限公司的债权债务全部由股份公司继承。2013年9月2日,瑞华会计师事务所出具了瑞华验字〔2013〕第810A0001号《验资报告》,验证截至2013年6月30日止,公司已收到各股东以净资产折合的股本人民币5,660,000.00元。公司发起人投入公司的资产产权关系清晰,没有权属纠纷,发起人将上述资产投入公司不存在法律障碍,公司各股东合法持有其股份。

公司实际控制人徐雄及其他所有股东均出具《承诺函》,承诺其所持广州盈光科技股份有限公司的股份不存在被质押、查封、冻结、保全、其他第三方权益等权利受到限制以及重大权属纠纷的情形。

二、律师解读

(一)股权质押的简要介绍

股权质押又称股权质权,是指出质人以其所拥有的股权作为质押标的物而设立的质押。股权质押属于权利质押的一种。因设立股权质押而使债权人取得对质押股权的担保物权,为股权质押。

一般观点认为,以股权为质权标的时,质权的效力并不及于股东的全部权利,而只及于其中的财产权利。换言之,股权出质后,质权人只能行使其中的受益权等财产权利,公司重大决策和选择管理者等非财产权利则仍由出质股东行使。

《担保法》第75条规定:"下列权利可以质押:(一)汇票、支票、本票、债券、存款单、仓单、提单;(二)依法可以转让的股份、股票;(三)依法可以转让的商标专用权,专利权、著作权中的财产权;(四)依法可以质押的其他权利。"

《物权法》第223条规定:"债务人或者第三人有权处分的下列权利可以出质:(一)汇票、支票、本票;(二)债券、存款单;(三)仓单、提单;(四)可以转让的基金份额、股权;(五)可以转让的注册商标专用权、专利权、著作权等知识产权中的财产权;(六)应收账款;(七)法律、行政法规规定可以出质的其他财产权利。"

根据《担保法》第75条第2项和《物权法》第223条第4项的规定,股份和股权可以质押。

根据《担保法》的规定,以依法可以转让的股票出质的,出质人与质权人应当订立书面合同,并向证券登记机构办理出质登记。质押合同自登记之日起生效。以有限责任公司的股份出质的,适用公司法股份转让的有关规定。质押合同自股份出质记载于股东名册之日起生效。

根据《物权法》的规定,以股权出质的,当事人应当订立书面合同。以证券登记结算机构登记的股权出质的,质权自证券登记结算机构办理出质登记时设立;以其他股权出质的,质权自工商行政管理机关办理出质登记时设立。《物权法》关于未上市的股份有限公司和有限责任公司的股权质押登记程序的规定与《担保法》不一致。因《物权法》颁布在后,股权质押的法律实践操作以《物权法》为准。

股权质押的标的物,就是股权。股权是股东因出资而取得的,依法定或公司章程规定的规则和程序参与公司事务并在公司中享受财产利益的,具有转让性的权利。

一种权利要成为质押的标的物,必须满足两个最基本的要件:一是具有财产性;二是具有可转让性。股权兼具该两种属性,因而,在质押关系中,是一种适格的质权。

《担保法》第 75 条第 2 项规定,"依法可以转让的股份、股票"可以设立质押。可见,可转让性是对股权可否作为质押标的物的唯一限制。

首先,对有限责任公司的股权出质,遵照《担保法》第 78 条第 3 款,应"适用公司法股份转让的有关规定"。《公司法》第 71 条对有限责任公司股东转让出资作了明确规定,"有限责任公司的股东之间可以相互转让其全部或者部分股权。股东向股东以外的人转让股权,应当经其他股东过半数同意。股东应就其股权转让事项书面通知其他股东征求同意,其他股东自接到书面通知之日起满三十日未答复的,视为同意转让。其他股东半数以上不同意转让的,不同意的股东应当购买该转让的股权;不购买的,视为同意转让。经股东同意转让的股权,在同等条件下,其他股东有优先购买权。两个以上股东主张行使优先购买权的,协商确定各自的购买比例;协商不成的,按照转让时各自的出资比例行使优先购买权。公司章程对股权转让另有规定的,从其规定"。

参考该条精神,可以认为:

1. 股东向作为债权人的同一公司中的其他股东以股权设质,不受限制。

2. 股东向同一公司股东以外的债权人以股权设质,必须经其他股东过半数同意,而且该同意必须以书面形式即股东会议决议的形式作成。

3. 在第 2 种情形中,如果过半数的股东不同意,又不购买该出质的股权,则视为同意出质。该种情形,也必须作成股东会决议,并且应在股东会议中明确限定其他股东行使购买权的期限,期限届满,明示不购买或保持缄默的,则视为同意出质。

其次,对股份有限公司,参考《公司法》第 141 条的规定"发起人持有的本公司股份,自公司成立之日起一年内不得转让。公司公开发行股份前已发行的股份,自公司股票在证券交易所上市交易之日起一年内不得转让。

公司董事、监事、高级管理人员应当向公司申报所持有的本公司的股份及其变动情况,在任职期间每年转让的股份不得超过其所持有本公司股份总数的百分之二十五;所持本公司股份自公司股票上市交易之日起一年内不得转让。上述人员离职后半年内,不得转让其所持有的本公司股份。公司章程可以对公司董事、监事、高级管理人员转让其所持有的本公司股份作出其他限制性规定。”

根据上述规定,可以认为:

1. 发起人持有的该公司股份,自公司成立之日起1年内不得设立质权。

2. 公司董事、监事、经理持有的该公司股份,在其任职内不得设立质权。

外商投资企业股权质押,仅指外商投资有限公司和外商投资股份有限公司的投资者以其拥有的股权为标的物而设立的质押。遵照《外商投资企业投资者股权变更的若干规定》:

1. 外商投资企业的投资者以其拥有的股权设立质押,必须经其他各方投资者同意。若有一个股东不同意,便不能出质。不同意的股东即使不购买,也不能视为同意出质。

2. 投资者用于出质的股份必须是已经实际缴付出资的。

因为中国外商投资企业法规定外商投资企业实行授权资本制,允许外商投资企业的投资者在企业成立后按照合同约定或法律规定或核准的期限缴付出资。所以在外商投资企业中,股权的取得并不以是否已经实际缴付出资为前提。

3. 除非外方投资者以其全部股权设立质押,外方投资者以股权出质的结果不能导致外方投资者的比例低于企业注册资本的25%。

另外,公司能否接受该公司的股东以其拥有的该公司的股权出质,对此,有些国家的法律规定在满足一定条件时是允许的。如《日本商法》第210条、《德国有限责任公司法》第33条的规定即是适例。我国《公司法》第142条规定,“公司不得接受本公司的股票作为质押权的标的”。《关于外商投资企业投资者股权变更的若干规定》第6条规定,“投资者不得将其股权质押给该企业”。可见,中国法律绝对禁止股东或投资者将其拥有的股权质押给该公司。

(二)对案件的法律分析

股东徐雄于2012年6月12日~12月3日期间内质押给谭健民的股权质押已经解除,并在工商行政管理部门办理了股权出质注销登记,谭健民为此专门出具了《承诺函》，承诺与徐雄同时作为公司的股东，两人之间目前是不存在任何股权争议，也不存在潜在的纠纷；公司实际控制人徐雄及其他所有股东均出具《承诺函》，承诺其所持广州盈光科技股份有限公司的股份不存在被质押、查封、冻结、保全、其他第三方权益等权利受到限制以及重大权属纠纷的情形；有限公司整体变更时，各发起人以其于基准日拥有的有限公司的股权所对应的公司经审计账面净资产值折合成股份公司的股份，原属有限公司所有的全部资产，包括主要生产经营设备、相关的全部生产技术及配套设施被完整地投入股份公司，同时原属有限公司的债权债务全部由股份公司继承。因此，公司各股东均合法持有股份公司股份，公司股权清晰，不存在争议或潜在纠纷。

【华博胜讯(430494)】

一、案例陈述

安徽华博胜讯信息科技股份有限公司(以下简称华博胜讯)的前身是安徽华博胜讯信息科技有限公司，股东为王道维、王学杰。2012 年 8 月 16 日，原有限公司召开股东会，决议：公司注册资本由 700 万元增加至 1280 万元，王学杰增加出资至 1024 万元，王道维增加出资至 256 万元。

股权结构如下表：

股东姓名	持股数(万股)	持股比例	股东性质	是否存在质押及其他争议事项
王学杰	1024	80%	自然人股东	存在股权质押
王道维	256	20%	自然人股东	否
合计	1280	100%		

股东王学杰股权质押情况：

1. 2013 年 5 月 20 日，原有限公司股东王学杰(乙方)与合肥高新融资担保有限公司(甲方)签订了编号为 2013 年质押字第 007 号《质押反担保合同》。

双方约定:甲方同意为原有限公司向徽商银行合肥高新开发区支行申请授信150万元人民币(流借字第201305005号《流动资金借款合同》)提供担保;乙方以其持有的原有限公司14.84%的股权(出资额人民币190万元)作为对原有限公司与甲方签订的编号为2013年委保字第066号《委托保证合同》的反担保。2013年6月3日,王学杰就上述股权质押事宜在合肥市工商行政管理局办理了股权质押登记,质权人为合肥高新融资担保有限公司,质权登记编号为设字〔2013〕第32号。

2.2013年8月14日,原有限公司股东王学杰(乙方)与合肥高新融资担保有限公司(甲方)签订了编号为2013年质押字第017号《质押反担保合同》。双方约定:甲方同意为原有限公司向杭州银行合肥分行申请授信150万元人民币(131C110201300204号《杭州银行股份有限公司借款合同》)提供担保;乙方以其持有的原有限公司30.00%的股权(出资额人民币384万元)作为对原有限公司与甲方签订的编号为2013年委保字第146号《委托保证合同》的反担保。2013年8月19日,王学杰就上述股权质押事宜在合肥市工商行政管理局办理了股权质押登记,质权人为合肥高新融资担保有限公司,质权登记编号为设字〔2013〕第59号。

3.2013年9月2日,原有限公司股东王学杰(乙方)与合肥高新融资担保有限公司(甲方)签订了编号为2013年质押字第019号《质押反担保合同》。双方约定:甲方同意为原有限公司向杭州银行合肥分行申请授信300万元人民币(131C110201300234号《杭州银行股份有限公司借款合同》)提供担保;乙方以其持有的原有限公司35.16%的股权作为对原有限公司与甲方签订的编号为2013年委保字第161号《委托保证合同》的反担保。2013年9月5日,王学杰就上述股权质押事宜在合肥市工商行政管理局办理了股权质押登记,质权人为合肥高新融资担保有限公司,质权登记编号为设字〔2013〕第64号。

二、律师解读

(一)反担保的相关介绍

反担保是指债务人或第三人向担保人做出保证或设定物的担保,在担保人因清偿债务人的债务而遭受损失时,债务人向担保人作出清偿。它反映了两者之间的权益关系。

反担保是指为债务人担保的第三人,为了保证其追偿权的实现,要求债务人提供的担保。在债务清偿期届满,债务人未履行债务时,由第三人承担担保责任后,第三人即成为债务人的债权人,第三人对其代债务人清偿的债务,有向债务人追偿的权利。当第三人行使追偿权时,有可能因债务人无力偿还而使追偿权落空,为了保证追偿权的实现,第三人在为债务人作担保时,可以要求债务人为其提供担保,这种债务人反过来又为担保人提供的担保称为反担保。

我国《担保法》第4条规定:"第三人为债务人向债权人提供担保时,可以要求债务人提供反担保。反担保适用本法担保的规定。"

反担保只有保证、抵押、质押三种担保方式,而将留置和定金排斥在外。也就是说留置和定金两种方式不能作为反担保的方式。这是为什么?因为在留置和定金的担保中不会出现第三人为债务人向债权人提供担保的可能,所以,有权要求债务人提供反担保的第三人,既可以是保证人,也可以是抵押人,还可以是出质人。

股权质押反担保是指被担保人以企业的股权依法质押给保证人的一种反担保方式。股权质押应依法在工商行政管理局办理质押登记。本案例就是股权质押反担保的典型形式。

(二)本案件的法律分析

控股股东王学杰将所持华博胜讯股份质押给合肥高新融资担保有限公司进行反担保的行为,系王学杰为华博胜讯因生产经营需要向商业银行进行融资,就担保方合肥高新融资担保有限公司为公司该等融资提供担保而采取的反担保措施。控股股东王学杰提供反担保部分的银行贷款总金额为人民币600万元,根据公司提供的付息凭证等资料,公司每月应当向贷款银行支付的利息约为389,00元;根据天健审〔2013〕5-44号《审计报告》,2013年1~6月华博胜讯的主营业务收入13,387,508.90元,净利润1,003,463.65元,华博胜讯盈利能力较强且经营活动产生的现金流正常,目前华博胜讯生产经营及业务发展情况良好,均按照贷款协议的约定按期支付银行利息,不存在逾期还款及违约的情形;经核查华博胜讯报告期内已经发生的银行借款,华博胜讯均能按时还本付息,且无不良信用记录。

基于上述事实,律师认为,华博胜讯目前不存在发生银行借款合同违约的法律风险,因此,控股股东王学杰以所持华博胜讯股权质押进行反担保的行为不会引致华博胜讯实际控制人发生变化,但是,如果未来宏观经济环境发生重大不利变化、华博胜讯因重大投资决策失误或者经营严重不善等情形出现,可能导致华博胜讯因到期无法偿还银行贷款,相关债权人和质权人为实现债权采取措施,发生公司实际控制人丧失公司控制权的法律风险。

综上所述,律师认为,这次股权质押行为对本次挂牌不构成实质性法律障碍。

【上陵牧业(430505)】

一、案例陈述

(一)宁夏上陵牧业有限公司和宁夏翔达牧业科技有限公司

宁夏上陵牧业有限公司(以下简称上陵牧业)成立于2000年8月18日,公司有2名法人股东,宁夏上陵实业(集团)有限公司和宁夏思瑞投资管理企业(有限合伙)。宁夏翔达牧业科技有限公司(以下简称翔达牧业)成立于2009年3月3日,2011年上陵集团将其持有的翔达牧业2000万元股权转让给上陵牧业,翔达牧业成为上陵牧业的全资子公司。2012年6月28日,上陵牧业将持有的翔达牧业2000万元股权出质给华融信托,出质比例100%。宁夏回族自治区工商行政管理局于2012年6月28日出具《股权出质设立登记通知书》[(宁工商)股质登记设字〔2012〕第25号],确认上述股权出质登记。

(二)股份质押情况的说明

1.上陵牧业的股份和子公司翔达牧业的股份质押情况

2012年6月21日,为拓宽融资渠道,公司控股股东上陵集团与华融信托签订《特定股权收益权转让暨回购合同》,华融信托受让上陵集团的特定股权收益权而设立信托计划,向上陵集团提供人民币 2 亿元信托资金。上陵集团应于信托计划到期日 2014 年 6 月 28 日前,按照约定的价格溢价回购特定股权收益权。

为了确保上陵集团按照约定按期支付溢价款和到期履行回购义务,2012 年 6 月 21 日,上陵牧业与华融信托签订合同编号为华融信托〔2012〕集信第〔53〕号－质第〔6〕号的《股权质押合同》,上陵牧业将其持有子公司翔达牧业的 2000 万股(占总股本 100%)质押给华融信托,并于 2012 年 6 月 28 日在宁夏回族自治区工商行政管理局办理了股权质押手续,并取得宁夏回族自治区工商行政管理局出具的《股权出质设立登记通知书》(宁工商股质登记设字〔2012〕第 25 号)。基于同样原因,2013 年 1 月 21 日,上陵牧业的两股东上陵集团、思瑞投资分别与华融信托签订合同编号分别为华融信托〔2012〕集信第〔53〕号－质第〔2〕号－3 号、华融信托〔2012〕集信第〔53〕号－质第〔2〕号－4 号的《股权质押合同》,上陵集团、思瑞投资分别将其持有公司的 4800 万股(占总股本 80%)、1200 万股(占总股本 20%)质押给华融信托,并于 2013 年 1 月 22 日在宁夏回族自治区工商行政管理局办理了股权质押手续,并取得宁夏回族自治区工商行政管理局出具的《股权出质设立登记通知书》(宁工商股质登记设字〔2013〕第 14 号)。律师已对上述股权质押的合法合规性出具专项法律意见,确认股权质押合法合规,程序符合规定。

2.《特定股权收益权转让暨回购合同》的主要内容

(1)《特定股权收益权转让暨回购合同》的基本信息

合同编号:华融信托〔2012〕集信第〔53〕号－转第〔1〕号

信托计划:华融 · 上陵实业集团股权收益权集合资金信托计划

特定股权收益权:上陵集团持有的上陵雷克萨斯、上陵牧业、时新商厦、上陵房地产四家公司的全部股权的收益权

信托计划成立日期:2012 年 6 月 29 日

信托计划预计到期日:自信托计划成立日起满 24 个月之日,即 2014 年 6 月 28 日

(2)签订《特定股权收益权转让暨回购合同》的原因

上陵集团与华融信托签订《特定股权收益权转让暨回购合同》的实质并非是转让特定股权获得转让价款,而是通过设定权益的阶段性处置,得到相应的信托资金,是一种融资行为。通过设立上述信托计划,以信托资金受让特定股权收益权,并在约定时间内按照约定的价格溢价回购特定股权收益权,有利于拓宽上陵集团的融资渠道。

(3)信托计划募集资金的用途

《特定股权收益权转让暨回购合同》约定信托计划募集资金的用途为"用于其奶牛厂、纸浆贸易、汽车4S店等补充企业流动资金。未经华融信托书面同意,上述资金用途不得变更用于其他用途,尤其不得用于房地产项目或流向股市、期货市场等资本项目"。

经核查,上陵集团将2亿元募集资金具体用于其下属企业上陵雷克萨斯、上陵卓恒安和上陵卓恒宇3家子公司的4S店建设资金和补充流动资金16,150万元,以及用于补充上陵牧业流动资金3850万元,符合《特定股权收益权转让暨回购合同》约定的募集资金用途。

(4)《特定股权收益权转让暨回购合同》约定合同各方的主要权责

华融信托因受让特定股权收益权,而享有在约定时间内特定股权收益权实际获得的全部收益,同时承担向上陵集团支付特定股权收益权转让价款之义务;上陵集团将特定股权收益权转让给华融信托后,享有按照约定时间和用途使用信托计划募集资金的权利,同时承担于回购日自华融信托处回购特定股权收益权并依约向华融信托支付回购价款之义务。自信托计划成立日2012年6月29日起满12个月后,上陵集团有权按照合同约定提前偿还全部或部分回购价款及其他应付款项。

(5)《特定股权收益权转让暨回购合同》约定的担保情况

为保证华融信托在《特定股权收益权转让暨回购合同》项下的各项债权的顺利实现,上陵集团设立如下担保措施:

上陵集团股东史信、史仁、史俭、史俨分别以其持有上陵集团52%、20%、18%、10%的股权,上陵集团以其持有的上陵雷克萨斯、上陵牧业、时新商厦、上陵房地产4家公司的全部股权,上陵牧业以其持有翔达牧业100%股权为上陵集团履行《特定股权收益权转让暨回购合同》项下之各项义务及责任提供股权质押担保;时新商厦以时新商厦之房产及所附着之国有土地使用权,南宇建材以南宇建材市场之房产及所附着之国有土地使用权为上陵集团履行《特定股权收益权转让暨回购合同》项下之各项义务及责任提供第二顺位抵押担保;史信、史仁、史俭、史俨及各自的配偶为上陵集团履行《特定股权收益权转让暨回购合同》项下之各项义务及责任提供连带责任保证担保。

(6)《特定股权收益权转让暨回购合同》约定的回购价款情况

回购价款由投资本金和投资溢价两部分组成。

投资本金等于华融信托实际支付给上陵集团的,在信托计划中募集到的信托资金,共计2亿元人民币。本信托计划分三期募集完成,分别于2012年6月29日募集5100万元,2012年8月22日募集5600万元,2012年8月24日募集9300万元。华融信托分别于募集完成当日向上陵集团转让相应信托资金。

投资溢价包括A类投资溢价和B类投资溢价。

A类投资溢价:上陵集团应于各投资溢价支付日[自华融信托支付首期转让价款之日(2012年6月29日)起每年6月20日、12月20日以及回购日]向华融信托支付A类投资溢价。A类投资溢价率为11.5%,应支付的具体金额=该投资溢价支付日前一个支付期间内投资本金余额×11.5%×该支付期间的实际天数÷365-该支付期间内提前支付的投资本金一并支付的A类投资溢价金额(如有)。

截至本公开转让说明书签署日,上陵集团向华融信托支付的A类投资溢价合计为19,839,232.82元。

B类投资溢价:年溢价率为4.75%,日溢价率为4.75%÷365。B类投资溢价以每日的投资本金余额为基数,根据日溢价率按日计提,每日应计提B类投资溢价=当日的投资本金余额×B类投资溢价日溢价率。B类投资溢价的支付具体为:上陵集团应于华融信托支付首期转让价款后的首个工作日向华融信托支付B类投资溢价1200万元;上陵集团应于2012年9月20日向华融信托支付B类投资溢价200万元;2012年9月20日以后的每个投资溢价支付日,上陵集团向华融信托支付的B类投资溢价=自信托计划成立日2012年6月29日(含)至该投资溢价支付日(不含)期间每日计提的B类投资溢价之和-截至该投资溢价支付日(不含)上陵集团已向华融信托支付的B类投资溢价总和,如果根据该公式计算的B类投资溢价小于或者等于零,则该投资溢价支付日上陵集团不向华融信托支付B类投资溢价。

二、律师解读

笔者认为,必须仔细分析上陵集团的履约能力。经审计,截至2012年12月31日,上陵集团资产总额为4,179,116,827.01元、负债总额为2,283,078,605.18元,净资产为1,896,038,221.83元。资产负债率为54.63%,流动比率为2.09。截至2013年9月30日,上陵集团货币资金为296,897,409.08元,2013年1~9月经营活动产生的现金流量净额为95,251,282.63元。因此,上陵集团的资产负债结构较为合理,流动资产金额较大,保持了较强的流动性。2012年度,上陵集团实现净利润80,778,201.56元,公司盈利能力较好。

上陵集团系宁夏地区的优秀知名企业,近几年获得众多殊荣:2013年国家工商总局授予"2011~2012年度守合同重信用企业"称号,连续四年获得自治区工商局"2009~2012年度守合同重信用企业"称号,2010年、2011年自治区工商局、自治区质量技术监督局、自治区卫生局等八个部门联合授予"2010年度发展宁夏年度成就奖"、"2011年度公信力品牌奖",2011年、2012年宁夏企业100强审定发布委员会授予"首届宁夏企业100强"称号,2012年自治区工商局、自治区消费者协会和宁夏日报报业集团授予"宁夏安全放心消费品牌企业",2013年首届中国房地产创新模式大会组委会授予"中国房地产开发模式创新奖",2013年自治区党委统战部和自治区工商联授予"全区优秀非公有制企业"等。因此,上陵集团的社会信誉度高。此外,上陵集团资信状况良好,自2011年起连续两年被宁夏银行评定为AAA级信用企业,享有多家银行的信贷支持。2013年3月,中国建设银行宁夏分行评定上陵集团为重点客户,评定2013年度信用等级为"AA-",给予6亿元的一般授信额度,实际贷款余额为4.7亿元,尚有1.3亿元授信额度未使用。同时,上陵集团申报整体授信额度

7.5 亿元,正在中国建设银行宁夏分行审查中。综上,上陵集团具有依约履行回购义务的能力,不能按时支付回购款的可能性极小。

思瑞投资系上陵集团系统内部的员工持股平台,于 2012 年 10 月 19 日设立,实缴出资额 1548 万元,经营范围为投资管理。2012 年 11 月 12 日思瑞投资自上陵集团处受让上陵牧业 20% 股权,成为上陵牧业的股东。思瑞投资仅对上陵牧业进行长期股权投资,未从事其他经营业务。作为上陵集团系统内部的员工持股平台,自愿为上陵集团本次融资行为提供股权质押担保。如上所述,笔者认为,上陵集团到期不能偿还回购价款的可能性极小。

综上所述,笔者认为,股权质押履行了必要的内部决议程序,签订了质押合同,办理了质押登记。上陵牧业和翔达牧业的股权质押情况,未对公司及子公司造成不利影响,未影响公司及子公司的资产独立性。上陵牧业股权清晰,根据对上陵集团偿债能力分析,不会因股权质押产生纠纷和潜在纠纷,也不会因股权质押对公司持续经营能力造成影响,因此上述股权质押事项,不构成本次挂牌的实质性障碍,公司符合“股权明晰,股票发行和转让行为合法合规”和“具有持续经营能力”的挂牌条件。

第六节　职工持股会、工会持有公司股权

内容摘要:职工持股会是指依法设立的从事内部职工股的管理,代表持有内部职工股的职工行使股东权利并以公司工会社团法人名义承担民事责任的组织。

在我国,职工持股会是特殊历史时期的产物,它是伴随着我国的国企产权制度改革而产生的。1994 年原外经贸委和原国家体改委颁布的《外经贸股份有限公司内部职工持股企业试点暂行办法》确立了职工持股会的组织形式。民政部、原外经贸部、原国家体改委和国家工商局于 1997 年 10 月 6 日颁布《关于外经贸试点企业内部职工持股会登记管理问题的暂行规定》,正式确立了职工持股会的社团法人资格。职工持股会对我国的国企改革起到一定的促进作用。

如上所述,职工持股会是我国国企产权制度改革特殊历史时期的产物。随着国企改制的完成,职工持股会的历史任务和作用也已经完成,其继续存在下去的弊端越来越突出。一是没有法律依据。在《公司法》等法律法规中均没有关于职工持股会的规定,致使其管理运作中出现的一些问题不能依法处理。二是制度设计上的先天缺陷。如职工持股会回购退休或离开企业的职工所持股份时,存在无资金来源和持股人不愿意转让两个难点,致使这些职工与企业脱离了劳动关系后却还保留着原企业内部职工股,给企业管理同时也给职工持股会运作留下隐患。三是影响企业决策效率。由于许多企业的职工持股会成为事实上的第一大股东,重大决策必须在职工持股会内部统一一次,而后才能提交公司股东会或董事会表决,此外,职工持股会又难以统一和表达全部持股职工的意愿,增加了决策环节,甚至造成无法决策,使企业错失发展良机。四是给工会维权带来难题。工会要维护职工的具体利益还要维护企业的整体利益,同时工会不是纯经济组织,不能直接管理企业经济事务。职工持股会隶属于工会并由工会管理,不但没有法律依据,而且与工会的性质不符,形成工会维权的难题。

2000 年 12 月 11 日中国证监会印发《关于职工持股会及工会能否作为上市公司股东的复函》,认为职工持股会不能成为上市公司的股东,工会作为上市公司的股东,其身份与工会的设立和活动宗旨不一致,可能会对工会正常活动产生不利影响,对工会作为股东或发起人的公司公开发行股票的申请暂时不予受理。

在新三板挂牌过程中,股转公司也给出了明确意见,那就是必须要对职工持股会、工会持股进行彻底地清理,才能在中小企业股份转让系统挂牌。

关键词:职工持股　清理

【陆道股份(430475)】

一、案例陈述

(一)职工持股会的持股形式及行权方式

根据陆家嘴设计职工持股会成员于 1996 年 11 月 25 日签署的《上海陆家

嘴规划建筑设计有限公司职工持股会章程》的规定，公司内部职工以自己出资的方式或以其他方式拥有的股份是公司的特定股份，由持股会统一管理，并行使股东权利，持股会成员以其出资额（或所持股份）为限对持股会承担责任并行使会员权利，持股会以其投入公司的出资额为限对公司承担责任并行使股东权利；会员大会由全体会员组成，是职工持股会的最高权力机构，依照章程行使职权；理事会由持股会选举产生，为职工持股会的办事机构，对会员大会负责。

（二）职工持股会的设立及出资形成

经律师核查，陆道设计职工持股会设立的程序及出资形式如下：

1996年4月9日，上海陆家嘴金融贸易区开发公司下发《关于同意设计所改制的批复》（沪陆开发〔1996〕108号），同意陆家嘴设计改制为有限责任公司，并同意设立职工持股会。

1996年8月6日，陆家嘴设计工会委员会形成了《关于发行陆家嘴规划建筑设计有限公司内部职工股的决议》（沪陆设工〔1996〕第002号），决定以每股1元的价格发行总额为20.4万元的职工股，占拟设立公司注册资本30%。

1996年8月12日，陆家嘴设计形成了沪陆设计〔1996〕第030号《上海陆家嘴规划建筑设计事务所改制为有限责任公司、设立内部职工持股会的试点方案》，决定改制为有限责任公司，上海陆家嘴金融贸易区开发公司与新设职工持股会分别持有70%、30%股权。

1996年9月10日，上海市浦东新区经济贸易局下发了《关于上海陆家嘴规划设计所改制为上海陆家嘴规划建筑设计有限责任公司并成立职工持股会的批复》（浦经贸工字〔1996〕第93号），同意陆家嘴设计改制为有限责任公司并设立职工持股会。

1996年11月25日，陆家嘴设计职工持股会成员签署了《上海陆家嘴规划建筑设计有限公司职工持股会章程》，约定公司内部职工以自己出资的方式或以其他方式拥有的股份是公司的特定股份，由持股会统一管理，并行使股东权利，持股会成员以其出资额（或所持股份）为限对持股会承担责任，持股会以其投入公司的出资额为限对公司承担责任；会员大会由全体会员组成，是职工持股会的最高权力机构，依照章程行使职权；理事会由持股会选举产生，为职工持股会的办事机构,对会员大会负责。

1996 年 12 月 13 日,上海市浦东新区国有资产管理办公室下发了《关于同意上海陆家嘴规划建筑设计所职工持股会置换部分国有资产的批复》(浦国资办发〔1996〕45 号),同意陆家嘴设计改制为有限责任公司并设立职工持股会,同时将国有资产总额 68 万元中的 30%(20.4 万元)置换给该职工持股会。

经律师核查,陆家嘴设计共有 25 名正式职工出资 20.4 万元认购职工持股会股份。职工持股会设立已履行资产评估,签署《上海陆家嘴规划建筑设计有限公司职工持股会章程》,并在章程中约定了持股形式以及股权行使方式,且获得工会委员会的同意、相关管理部门的批复,符合当时相关法律、法规、规定,程序合法、合规。

(三)职工持股会持股及演变

1. 1998 年 4 月,减资

1998 年 9 月 25 日,陆家嘴设计召开股东会,决议因建筑市场不景气,公司一直处于亏损状态,公司注册资本减少至 47.6 万元,各股东按股权结构同比例减资。

1998 年 12 月 25 日,上海工商局浦东新区分局核发了《企业法人营业执照》,核准公司本次股本变动。

经律师核查,2001 年 11 月 28 日,陆家嘴设计职工持股会形成了《上海陆家嘴规划建筑设计有限公司职工持股会职工持股情况汇总表》,确认本次减资完成后职工持股会的出资金额由 20.4 万元减至 14.28 万元,持股会内部会员均按股权结构同比例进行了减资。

经律师核查,职工持股会未就本次减资履行内部决策,不符合《上海陆家嘴规划建筑设计有限公司职工持股会章程》的规定,在程序上存在法律瑕疵,但《上海陆家嘴规划建筑设计有限公司职工持股会职工持股情况汇总表》确认职工持股会的出资金额由 20.4 万元减至 14.28 万元,对本次减资进行了确认。因此,笔者认为,上述职工持股会内部程序瑕疵不会对陆道设计本次挂牌构成实质性的法律障碍。

2.2000年9月,股权转让

陆家嘴设计召开股东会,决议上海陆家嘴投资发展有限公司、职工持股会、吕通森、姚鸣芳、蒋孔浩、周荣、徐剑尘、齐嘉生、姜达贤分别将所持有公司5%、19.37%、10.45%、6.64%、10.29%、6.64%、4.75%、3.43%、3.42%的股权转让给上海建通工程建设有限公司,并相应修订公司章程。

2001年4月30日,上海工商局浦东新区分局核发了《企业法人营业执照》,核准公司本次股本变动。

经律师核查,2001年2月23日,陆家嘴设计职工持股会会员大会对本次股权转让作出决议,同意职工持股会将所持有公司19.37%的股权转让给上海建通工程建设有限公司,转让后职工持股会出资金额为7.157545万元,占公司股份的10.63%。

2001年4月28日,上海市浦东新区发展计划局下发了浦计体〔2001〕0420号《关于同意职工持股会调整股本结构的批复》,对陆家嘴设计职工持股会于1998年及2000年进行的两次减资做出批复,同意职工持股会将其持有的出资额由20.4万元减至7.16万元,占公司总股本的10.63%。

2001年6月25日,陆家嘴设计职工持股会作出决议,同意部分成员因离职退出职工持股会,其原持有的股份由职工持股会收购,并形成《关于部分已调离陆家嘴规划建筑设计有限公司的职工退股意见》。

经律师核查,职工持股会相关成员已签署《关于部分已调离陆家嘴规划建筑设计有限公司的职工退股意见》及《有关股权转让现金签收明细》,确认同意退股并已收到相应退款。

经律师核查,职工持股会在本次股权转让完成后召开会员大会不符合《上海陆家嘴规划建筑设计有限公司职工持股会章程》第18条第4款"会员大会审议批准理事会关于股东代表参与公司决策的议案"的规定,在程序上存在瑕疵,但会员大会全体成员均在决议文件上签字确认,承认本次股权转让,并未对本次股权转让提出异议。笔者认为,职工持股会上述股权转让内部程序瑕疵不会对陆道设计本次挂牌构成实质性的法律障碍。

3. 2003 年 12 月，增资及股权转让

2003 年 11 月 28 日，陆家嘴设计召开股东会，决议公司增加注册资本 32.67 万元，全部由职工持股会认缴；同意徐剑尘、齐嘉生、吕通森分别将其直接持有公司 2.60%、1.87%、5.73%的股权转让给职工持股会，其他股东均放弃优先购买权，并同意相应修订公司章程。

2003 年 12 月 15 日，上海工商局浦东新区分局核发了《企业法人营业执照》，核准公司本次股本变动。

经律师核查，2003 年 11 月 28 日，陆家嘴设计职工持股会会员大会对本次增资及股权转让作出决议，同意增加职工持股会出资额，由原来的 7.157545 万元增至 46.69 万元，增资扩股后职工持股会出资金额占公司股份的46.46%。

2003 年 12 月 12 日，上海市浦东新区人民政府经济体制改革办公室下发浦体改备〔2003〕25 号《浦东新区企业职工持股会调整股本结构备案单》，对本次增资及股权转让进行了确认。

根据《上海陆家嘴规划建筑设计有限公司职工持股会章程》第 27 条第 2 款规定："会员中凡是辞职已离开公司者，其股份由公司持股会接受。"陆家嘴设计出具《退款说明》，说明吕通森、齐嘉生因离职退出职工持股会，持股会其他人员未有变动。

2003 年 11 月 27 日，陆家嘴设计职工持股会理事会作出决议，同意吕通森、齐嘉生退出职工持股会，原所持有的股份由职工持股会其他成员接受。

经律师核查，吕通森、齐嘉生已签收有关股权转让现金签收明细。职工持股会就本次股权转让及增资已履行了内部决策、相关管理部门的批复，符合《上海陆家嘴规划建筑设计有限公司职工持股会章程》的规定，符合当时相关法律、法规规定，程序合法、合规。

二、律师解读

（一）职工持股会特点

1. 职工持股会是由持有内部职工股的职工组成，从事内部职工股发行、登记及管理的组织。

2. 每个公司只能设立一个职工持股会。

3. 职工持股会作为出资者按投入公司的资本额代表持有内部职工股的职工行使股东权利，持有内部职工股的职工通过职工持股会按投入持股会的资金额享有出资者的资产受益、重大决策及选择管理者等权利。

4. 职工持股会以其全部出资额为限对公司承担责任，持有内部职工股的职工以其出资额为限对职工持股会承担责任。

5. 职工持股会的资金，仅限于购买本公司的股份，不得设立企业，不得用于购买社会发行的股票、债券，也不得用于向本公司以外的企事业单位投资。

6. 职工持股会以公司工会社团法人名义承担民事责任。

（二）持股职工、持股会、公司三者之间的关系

职工将出资投入持股会成为会员，对持股会享有重大决策、选择管理者的权利，同时接受持股会的管理。

持股职工作为会员享有的权利具体包括以下几个：（1）参加持股会会员大会，并享有知情权、提案权、表决权、选举权与被选举权；（2）依照有关法律法规和持股会章程，处置其股份；（3）按所持股份获得红利；（4）在持股会解散时，依据持股会章程规定取得相应的财产；（5）通过持股会理事长出席公司股东大会并行使表决权；（6）通过持股会查阅公司章程、股东大会会议纪要、会议记录和财务会计报告，监督公司生产经营，提出建议或质询；（7）持股会章程规定的其他权利。

职工持股会作为出资者按投入公司的资本额代表持有内部职工股的职工行使股东权利，职工持股会是公司的一个法人股股东。因此，公司只承认职工持股会的股东资格，不承认持股职工的股东资格，持股职工行使股东权利和履行股东义务都必须通过职工持股会来进行。

职工持股会代表持股职工行使股东权利和收取股份红利，其相当于持股职工与公司之间的一个中间机构，审判实务中，一般认为持股会与公司之间是股东关系，持股职工与持股会之间是委托关系。

职工持股会作为公司的股东享有公司法规定的股东应有的所有权利，此外其有权决定持股会持股总额调整以及持股会解散清算事宜，公司不能直接决定

解散职工持股会。

但持股会拥有的股权并非独立的完整的,其要受到持股职工所享有的出资权益的制约,因为持股会与持股职工之间毕竟是一种委托关系。对此问题,有待学术探讨。

(三)本案例的具体分析及操作

职工持股会持有公司股权清理情况:

2005年3月25日,陆家嘴设计召开股东会,决议职工持股会将其所持有公司8.08%、30.29%、8.32%的股权分别转让给史卫泉、黄金枝、黄玉芳,其他股东放弃优先购买权,并相应修订公司章程。职工持股会与黄金枝、史卫泉、黄玉芳就上述股权转让事宜签署了《股权转让协议》。

2005年10月26日,上海工商局就本次股权转让事宜核发了《准予变更登记通知书》。

笔者认为,上海市浦东新区人民政府经济体制改革办公室下发的浦体改备〔2003〕25号《浦东新区企业职工持股会调整股本结构备案单》中批复"由于该公司职工持股会会员目前仅为4人,不宜设立持股会,基于该公司申请新行业资质的时间需要,持股会申办调整股本结构的资料我办已受理备案,待公司申领新的工商执照和行业资质后,即办理持股会撤销及股权转让"。该文件明确职工持股会持有公司股权清理的原因及时间安排,但鉴于陆家嘴设计在申请办理行业资质时间较长,职工持股会持有公司股权清理直至2005年10月26日完成。

经律师核查,职工持股会未就本次股权转让履行内部决策,不符合《上海陆家嘴规划建筑设计有限公司职工持股会章程》的规定,在程序上存在法律瑕疵,但是职工持股会与黄金枝、史卫泉、黄玉芳就上述股权转让事宜已经签署了《股权转让协议》,该等程序瑕疵不会对职工持股会转让上述股权造成法律上的障碍。

综上所述,笔者认为,陆道设计职工持股会从设立到持有公司股权清理的过程合法、合规,职工持股会2005年清理其所持有公司股权时以2003年《浦东新区企业职工持股会调整股本结构备案单》中批复意见为依据,合法、合规。

律师就陆道设计职工持股会持有公司股权清理时的4名人员发函询证，但是由于历史久远以及职工持股会4名人员年龄较大，分散居住在各地，联系方式缺失，仅联系到刘光胜1人并回函称其2005年退出职工持股会时已经收到投资款，不存在任何异议及纠纷，律师无法就职工持股会清理过程及结果是否存在纠纷对其他3人进行函证。陆道设计、陆道设计实际控制人不存在尚未了结的与职工持股会持股及其后期清理有关的诉讼案件，陆道设计的控股股东上海衡盈资产管理有限公司已作出承诺，承诺陆道设计若因职工持股会股权转让、清算等事宜存在任何潜在问题或风险隐患，上海衡盈资产管理有限公司愿承担相关责任。

笔者认为，陆道设计股权清晰，权属分明，真实确定，不存在纠纷或潜在纠纷，符合《业务规则》及《基本标准指引》第4条第1项的规定。陆道设计历史上存在职工持股会及其持有公司股权清理过程的瑕疵，不会对本次挂牌转让造成实质性法律障碍。

【欧丽信大(430528)】

一、案例陈述

公司前身郑州欧丽信大电子信息有限公司成立于2002年10月31日，系由法人股东欧丽集团和自然人股东胡文霞、张东旭、石钦亮、赵明寅、安立银、蒋旭平、赵俊杰、王全新共同出资350万元组建。

公司参股股东欧丽集团的股东为中国华融资产管理有限公司、郑州市国有资产监督管理委员会和欧丽集团工会。其中欧丽集团工会出资额为365万元（占注册资本13,188万元的比例为2.77%）是欧丽集团工会委员会代持的职工股，且实际股东人数超过200人，具体情况如下：

工会持股的形成和演变：

1.1994年6月10日，欧丽集团前身国营4057厂向郑州市经济体制改革委员会递交了《关于组建郑州欧丽集团股份有限公司的申请报告》，根据郑州市人民政府〔1993〕33号文件《关于加快股份制试点工作的通知》，按照市体改委的工作计划,申请将原工厂改建为“由4057厂独家发起,法人和内部职工参股的定向募集式股份有限公司”。

2. 1994年6月18日,郑州经济体制改革委员会发布了郑体改字〔1994〕第81号《关于设立郑州欧丽电子股份有限公司的批复》:

“你厂《关于组建郑州欧丽集团股份有限公司的申请报告》等文件收悉,根据国家股份制定政策规定,经审查,符合股份制企业试点基本条件,现批复如下:

第一,同意设立郑州欧丽电子股份有限公司。第二,郑州欧丽电子股份有限公司由国营4057独家发起设立,股本总金额为1698万元,等分为1698万股,每股为人民币1元,均为普通股。其中,原国营4057厂经营性净资产折国家股899万股,计人民币899万元,占股本金总额的53%;其他社会法人股459万股,计人民币459万元,占股本金总额的27%;公司内部职工股340万股,计人民币340万元,占股本金总额的20%。第三,郑州欧丽电子股份有限公司设立后,公司的合法权益和正当经营活动依法受到保护,任何机关、团体和个人不得侵犯或非法干涉。公司必须遵守国家法律、法规和有关股份制文件规定,接受政府有关部门依法进行的管理和监督,维护国家利益和社会公共利益。第四,郑州欧丽电子股份有限公司的行业管理部门为郑州市重工局。郑州市重工局应为郑州欧丽电子股份有限公司创造自主经营的条件,提供服务、实行监督,并按规定负责发放文件,组织参加会议,进行签证盖章等。”

3. 国营4057厂得到批复后,1994年6月30日制定了《郑州欧丽电子股份有限公司招股细则》和《郑州欧丽电子股份有限公司募股方案》。其中《招股细则》主要是针对内部职工募股原则、股利规定、定向募集股份的构成、认购股份的规定、量化股份的规定及缴款日期等内容作了规定。

4. 1994年8月,欧丽集团完成了募股,共向1223名职工募股金额349万元,占总股本金额20%。

郑州审计师事务所出具的《企业注册资金审验证明书》审验核定资金数额为:国家股899万元,资金来源为原国营4057厂生产经营净资产入股。法人股450万元,资金来源为郑州飞马股份有限公司150万和郑州柴油机厂汇入300

万元。内部职工股 349 万元,系内部职工认缴。

5.1994 年欧丽集团成立时的情况。

欧丽集团成立时股本金总额为 1698 万元,其中:国家股 899 万元,占股本金总额的 53%;法人股 450 万元,占股本金总额的 27%;职工股 349 万元,占股本金总额的 20%。

6.1996 年股份制企业规范注册时的情况。

原法人股撤出,股本金总额减少为 1248 万元,其中:国家股 899 万元,占股本金总额的 72%;职工股 349 万元,占股本金总额的 28%。

7.1998 年 1 月,中央级企业转入实收资本 434 万元,当时未进行注册资本变更登记。2001 年债转股时,依审计结果将公司所有国有资产全部归属郑州市国资局,即此 434 万元由郑州市国资局持有。

8.2001 年,欧丽集团实施债转股后,中国华融资产管理公司债转股额 11,428万元。

债转股前,经审计确认:净资产为 1760 万元,增值 4.64%,即:国家股对应的净资产由 1333 万元(899+434)增为 1395 万;职工股对应的净资产由 349 万元增为 365 万。

债转股后欧丽集团实收资本总额为 13,188 万元,其中:中国华融资产管理持股比例为 86.65%;郑州市国资委持股比例为 10.58%;欧丽集团工会持股比例为 2.77%。

二、律师解读

(一)工会持股股权行使制度、程序及历史上权力行使情况

经核查,欧丽集团未制定工会持股股权行使制度。欧丽集团部分股东大会由欧丽集团工会主席作为欧丽集团工会的股东代表出席股东大会并在大会决议上签字。

(二)是否涉及非法集资

根据国家体改委 1992 年 5 月 15 日发布的《股份有限公司规范意见》第 7 条第 3 款的规定,股份公司以募集方式设立的,募集方式包括定向募集和社会

募集两种。采取定向募集方式设立,公司发行的股份除由发起人认购外,其余股份不向社会公众公开发行,但可以向其他法人发行部分股份,经批准也可以向本公司内部职工发行部分股份。采取社会募集方式设立,公司发行的股份除由发起人认购外,其余股份应向社会公众公开发行。

国务院1993年9月3日发布的《关于清理有偿集资活动坚决制止乱集资问题的通知》第1条规定:"自该通知下达之日起,各地区、各部门及各单位举办的向出资人还本付息或者支付股息、红利的有偿集资活动,除该通知第二条规定的外,一律暂停。"同时根据该通知第2条,股份有限公司依照《股票发行与交易管理暂行条例》及有关法规发行股票,依照国家体改委《定向募集股份有限公司内部职工持股管理规定》发行内部职工股,可以依法照章进行。

经核查,1994年6月18日,郑州市经济体制改革委员会下发了《关于设立郑州欧丽电子股份有限公司的批复》,认为原国营4057符合股份制企业试点基本条件,同意设立欧丽集团,并批准公司内部职工持股340万股本。

经核查,笔者认为,欧丽集团向公司内部职工募集股份,获得了郑州市经济体制改革委员会批准,不属于非法集资。

(三)关于欧丽集团股东人数超过200人讨论

经核查,欧丽集团在工商机关登记的股东为中国华融资产管理有限公司、郑州市国有资产监督管理委员会和欧丽集团工会,欧丽集团登记注册的股东人数未超过200人。

欧丽集团工会存在代内部职工持股现象,若合并计算被欧丽集团工会代持的内部职工股东,则由欧丽集团工会代持股份的实际股东人数超过200人,但该情况产生于2005年10月27日颁布的新《公司法》、《证券法》实施之前。本所律师认为,欧丽集团设立时施行的《公司法》并未规定股份公司股东人数不得超过200人,因此欧丽集团设立时实际股东人数超过200人,不违反当时有效的《公司法》等法律、法规规定。另外,公司前身有限公司成立于2002年,欧丽集团股东人数超过200人的事实发生在有限公司成立前,属于历史原因形成,不属于变相公开发行。

(四)欧丽集团工会代持股份与公司股东是否存在关联关系

根据欧丽集团2013年11月4日出具的《关于郑州欧力电子股份有限公司

工会股的形成过程及现状说明》,公司股东何丽君、王晓敏、蒋旭平、汤清龙、付强、张建峰、沈红印、葛益平、王全新、赵俊杰、乔志勇11名人员1994年时在欧丽集团任职,按照欧丽集团《招股细则》的规定,曾持有由工会代持的欧丽集团股份。根据欧丽集团工会出具的说明,公司2009年进行股份制改制时,何丽君等11名自然人股东为避免关联关系,自愿将工会代为持有的欧丽集团股份转让给原欧丽集团董事长蒋宏扣,并已告知了欧丽集团工会。因此,欧丽集团工会不再持有欧丽集团股份,欧丽集团工会与公司股东已不存在关联关系。

(五)关于工会持股的合法合规性、主体适格性

根据中华全国总工会、国家工商行政管理局、国家税务局1992年6月26日发布并实施的《关于工会兴办企业若干问题的规定》第1条规定,中华全国总工会、地方总工会、产业工会及具有社团法人资格的基层工会(以下简称工会),依据国家产业政策和国民经济发展的要求,可以兴办为职工生活服务的第三产业,也可以兴办国家政策允许、社会需要的其他企业。

根据最高人民法院1997年5月16日颁布的《关于产业工会、基层工会是否具备社团法人资格和工会经费集中户可否冻结划拨问题的批复》第1条规定,基层工会只要符合民法通则、工会法和《中国工会章程》规定的条件,报上一级工会批准成立,即具有社团法人资格。

根据中华全国总工会2008年6月13日《关于印发〈基层工会法人资格登记办法〉的通知》要求,会员在25人以上的基层工会一般都应进行法人资格登记。

根据《基层工会法人资格登记办法》第3条第1款规定,基层工会依照该办法的规定经核准登记、领取证书后,即取得工会法人资格,依法独立享有民事权利和承担民事义务。同时该办法第5条规定,基层工会法人资格的审查、核准、登记、发证机关,按属地原则及组织隶属关系而定,隶属于市、地工会的,由市、地工会审查、核准、登记、发证。

经核查,欧丽集团工会于2009年5月12日取得了郑州市总工会颁发的《工会法人资格证书》。根据该证书,欧丽集团工会法定代表人为李俊正,地址为郑州市航海西路1号。2013年9月17日,郑州市总工会换发了《工会法人

资格证书》,欧丽集团工会法定代表人变更为李冠杰,其他登记事项未变。

根据中华全国总工会、国家工商行政管理局、国家税务局 1992 年 6 月 26 日发布并实施的《关于工会兴办企业若干问题的规定》第 1 条规定,中华全国总工会、地方总工会、产业工会及具有社团法人资格的基层工会(以下简称工会),依据国家产业政策和国民经济发展的要求,可以兴办为职工生活服务的第三产业,也可以兴办国家政策允许、社会需要的其他企业。

参照中国证监会法律部《关于职工持股会及工会持股有关问题的法律意见》第 2 条,对拟上市公司而言,受理其发行申请时,应要求发行人的股东不属于职工持股会及工会持股,同时,应要求发行人的实际控制人不属于职工持股会及工会持股。

笔者认为,欧丽集团工会具有法人资格,其持有欧丽集团股份符合欧丽集团设立时相关法律、法规及规范性文件规定,且现行法律、法规、规范性文件未禁止具有法人资格的工会成为公司股东;另外公司股东欧丽集团并非公司的实际控制人,欧丽集团的股东为欧丽集团工会,不属于应予以清理、规范的对象;欧丽集团工会成为欧丽集团股东发生在公司及其前身设立之前,公司不存在借工会的名义变相发行内部职工股的行为。因此,欧丽集团存在工会持股,不违反相关法律、法规及规范性文件的规定。

(六)工会代持股权是否存在纠纷或潜在纠纷、股权稳定性

根据欧丽集团提供的资料,欧丽集团向内部职工募集股份,经过郑州经济体制改革委员会批准,符合相关法规规定。目前我国相关法律、法规并未禁止工会持股,欧丽集团工会具有法人资格,其作为欧丽集团股东在工商机关进行了登记,为登记机关认可的适格股东。欧丽集团为非上市公司,目前没有为上市而对工会持股进行规范的需要。因此,笔者认为,工会持有欧丽集团股权不存在纠纷,也不存在潜在纠纷,具有稳定性。

综上所述,笔者认为,公司股东欧丽集团虽存在工会持股及实际股东超过 200 人的情况,但欧丽集团持有公司股份不存在权属争议,符合法律、法规规定,公司不存在规避法律、法规公开发行股份的情况,公司在新三板挂牌不存在法律障碍。

第三章 股权变更

第一节 股份转让比例超过法定标准

内容摘要：根据《公司法》第141条的规定，"发起人持有的本公司股份，自公司成立之日起一年内不得转让。公司公开发行股份前已发行的股份，自公司股票在证券交易所上市交易之日起一年内不得转让。公司董事、监事、高级管理人员应当向公司申报所持有的本公司的股份及其变动情况，在任职期间每年转让的股份不得超过其所持有本公司股份总数的百分之二十五；所持本公司股份自公司股票上市交易之日起一年内不得转让。上述人员离职后半年内，不得转让其所持有的本公司股份。公司章程可以对公司董事、监事、高级管理人员转让其所持有的本公司股份作出其他限制性规定"。

企业在新三板挂牌之后即成为公众公司，公司的董事、监事和高级管理人员均要受到《公司法》所规定的关于上述人员的股份转让限制。如果超过了转让股份的比例，就会成为法律瑕疵。

关键词：转让比例 董监高

【均信担保(430558)】

一、案例陈述

公司前身哈尔滨均信投资担保有限公司(以下简称均信有限)成立于2002年9月9日，注册资本为1107万元，由李明中等自然人共同出资设立而成。其中，李明中出资的445万元中，362万元为货币出资，83万元为实物出资。

2006年6月20日，均信股份的发起人李明中等133人签署了《发起人协议》，约定全体发起人以均信有限经审计后全体发起人确认的净资产及新增货币资金出资，合计认购股份有限公司股份7258.6万股，每股面值1元；经审计的有限公司净资产额41,502,285.55元中的4107万元作为股份公司的注册资本，剩余部分转入股份公司资本公积，新增货币资金3151.6万元增加注册资本3151.6万元，股份公司注册资本7258.6万元。

2008年2月24日，黑龙江省东安房地产开发集团有限公司和哈尔滨松北输变电器材有限公司，以每股1元的价格将其持有的13.78%和7.58%股份全部转让予张柏林。李明中、温存怡等82名自然人以每股1元的价格将其持有的合计38.9%股份转让予刘诚跃等52名自然人，转受让各方签订了《股权转让协议》。

本次股权转让情况如下表所示：

序号	转让方	受让方	转让数量（股）
1	李明中	狄滨	6,000,000
		刘诚跃	3,446,600
2	温存怡	刘诚跃	515,300
		王颜君	2,111,700
		刘丽华	243,800
3	许克昆	吕强	855,000
		王雅军	300,000
4	郭运泉	郭运玲	204,900
5	杨于	郭运玲	127,400
6	薛春芳	郭运玲	40,400
7	孙玉兰	白华	56,700
8	焦凤英	陈萍	184,300
9	洪伟	崔善武	67,200
10	单国生	单国萍	20,400

2008年4月，均信股份进行了第二次股权转让，狄滨、刘诚跃、张柏林通过签署《股权转让协议》将其持有的公司400万股、150万股和780万股股份转让予李明中。具体股权转让情况如下：

序号	转让方	受让方	转让数量(股)
1	张柏林	李明中	7,800,000
2	狄滨	李明中	4,000,000
3	刘诚跃	李明中	1,500,000
合计			13,300,000

从第一张图表中，可以看出，均信股份第一次股份转让过程中，公司董事长李明中原持有公司股份1265.41万股，本次转让予狄滨600万股、刘诚跃344.66万股后持有公司股份320.75万股，转让股份超出其所持股份的25%；但在2008年4月第二次股份转让中，李明中通过受让狄滨600万股、刘诚跃150万股、张柏林780万股的股份，所持公司股份增至1650.75万股。李明中、狄滨、刘诚跃已于2010年10月8日对前述相关事宜进行了确认。

二、律师解读

本案例中，最大的争议就在于公司董事长李明中在第一次股份转让中，所转让的股份超过其所持公司股份的25%。根据《公司法》第141条的规定，"发起人持有的本公司股份，自公司成立之日起一年内不得转让。公司公开发行股份前已发行的股份，自公司股票在证券交易所上市交易之日起一年内不得转让。公司董事、监事、高级管理人员应当向公司申报所持有的本公司的股份及其变动情况，在任职期间每年转让的股份不得超过其所持有本公司股份总数的百分之二十五；所持本公司股份自公司股票上市交易之日起一年内不得转让。上述人员离职后半年内，不得转让其所持有的本公司股份。公司章程可以对公司董事、监事、高级管理人员转让其所持有的本公司股份作出其他限制性规定。"

上述《公司法》对董事、监事、高级管理人员的股份转让进行限制，是出于两个原因：第一，董事、监事、高级管理人员作为公司的特殊人员，将其个人利益与公司利益紧密联系在一起，有利于保证公司的正常运作；第二，董事、监事、高级管理人员作为公司的核心人员，掌握着公司的大量核心信息和机密，对其转让股份作出限制，有利于保护中小股东的利益。

具体到本案中，李明中作为公司董事长，自然要受到本条规定的约束，本次转让行为应属违法违规转让。但李明中在一个月后的第二次股份转让中，受让狄滨、刘诚跃和张柏林三人的股份而使之前的转让瑕疵得到更正。相关的违规行为发生在报告期外且违规状态解除超过5年，且哈尔滨市工商行政管理局于2013年7月9日出具证明，公司自2011年1月至今不存在重大违法违规行为。故律师认为，均信股份在第一次股权转让过程中的违规转让行为对本次挂牌不构成实质影响。

第二节 原股东未履行出资义务即转让股权

内容摘要：《最高人民法院关于适用〈中华人民共和国公司法〉若干问题的规定(三)》第18条第1款规定，“有限责任公司的股东未履行或者未全面履行出资义务即转让股权，受让人对此知道或者应当知道，公司请求该股东履行出资义务、受让人对此承担连带责任的，人民法院应予支持”。根据本条款，有限责任公司的股东可以在未履行或未全面履行出资义务的情况下，即转让公司股权。

实践中，股东未出资或未足额缴纳出资而转让股权的例子很多，根据上述规定，此处的瑕疵不会影响公司的挂牌。

关键词：出资瑕疵　转让股权　合法合规

【三灵科技(430446)】

一、案例陈述

三灵有限公司成立于1994年9月24日，公司成立时名称为武汉三灵科技产业有限公司，股东为陈建明、张小玲、陈建国、严敏，注册资本为人民币 70 万元。

成立时出资情况及股权结构如下：

股东名称	出资额(万元)	实收资本(万元)	出资方式	占注册资本比例
陈建明	55	55	货币	78.57%
张小玲	7	7	货币	10%
陈建国	5	5	货币	7.14%
严敏	3	3	货币	4.29%
总计	70	70		100%

经 2000 年 7 月 4 日三灵公司股东大会决议同意，股东严敏将其持有的 4.29% 的股份全部转让给陈建明。本次股权转让后，股权结构如下：

股东名称	出资额(万元)	实收资本(万元)	出资方式	占注册资本比例
陈建明	58	58	货币	82.86%
张小玲	7	7	货币	10%
陈建国	5	5	货币	7.14%
总计	70	70		100%

2007 年 3 月 2 日三灵公司股东大会决议，股东张小玲将其持有的 10% 的股份(折合人民币 7 万元整)全部转让给陈永康，股东陈建国将其持有的 7.14% 的股权(折合人民币 5 万元整)全部转让给陈永康。

本次股权转让后，股权结构如下：

股东名称	出资额(万元)	实收资本(万元)	出资方式	占注册资本比例
陈建明	58	58	货币	82.86%
陈永康	12	12	货币	17.14%
总计	70	70		100%

尽职调查中对公司设立时的原始财务报表以及出资凭证进行核查,发现并没有公司股东陈建明、张小玲、陈建国、严敏应出资的70万元货币银行进账单。这就说明,有限公司设立时的70万元货币出资实际没有到位也就是出资存在未缴纳或未缴足的情形。

三灵有限公司在2000年以及2007年的两次股权转让中,股东陈建国、张小玲、严敏存在出资未缴足就转让股权的情形。因而,为了规范上述出资瑕疵可能给公司在挂牌过程中造成的影响,2012年12月24日,三灵有限公司召开股东会并形成决议,由股东陈建明、陈永康以货币出资的方式重新出资以规避设立时的出资瑕疵。陈建明出资58万元,陈永康出资12万元,公司注册资本仍为70万元。同时,本次重新出资行为并没有改变公司现在的股权结构,陈建明仍持有82.86%的股权,陈永康仍持有17.14%的股权。公司决议还指出,三灵有限公司的现有股东对上述原股东出资瑕疵的问题受到处罚时,由现有股东按照出资比例承担相应责任。

根据《审核报告》,经国富浩华审核,截至2012年12月27日,三灵有限公司已收到股东陈建明、陈永康缴付的用于置换原出资的货币资金70万元。

二、律师解读

(一)2000年、2007年公司两次股权转让涉及股权的出资缴足情况

第一,根据公司工商登记资料及公司提供的资料,三灵有限公司设立时的股东70万元出资先后经历两次验资,其验资情况分别如下:(1)根据武汉东湖开发区审计事务所于1994年9月19日出具的文号为武工商〔1989〕44号、编号为(审)字44169的《企业法人登记审验注册资金报告书》,三灵有限公司设立时的股东应于三灵有限公司领取营业执照后30天内,将其出资的货币资金存入开户银行,并将银行存款凭证复印件送武汉东湖开发区审计事务所复验;(2)根据湖北省珞珈审计事务所于1996年2月9日出具的鄂珞审事验字〔1996〕第031号《验资报告》,截至1995年12月31日,三灵有限公司注册资金实际到位为70万元,占认缴注册资金的100%。

上述第一次验资之验资机构武汉东湖开发区审计事务所明确要求三灵有

限公司设立时的股东应于三灵有限公司领取营业执照后30天内,将其出资的货币资金存入开户银行,并将银行存款凭证复印件送武汉东湖开发区审计事务所复验。但是,经本所律师适当核查,未见三灵有限设立时70万元货币出资的银行进账单据,三灵有限亦未向武汉东湖开发区审计事务所提供70万元货币出资的银行进账单据以供武汉东湖开发区审计事务所复验。

上述第二次验资之验资机构认为三灵有限公司设立时的70万元货币出资已到位。但是,经律师适当核查,未见该70万元货币出资的银行进账单据。

第二,根据国富浩华会计师事务所(特殊普通合伙)湖北分所(以下简称国富浩华)于2012年12月28日出具的国浩鄂核字〔2012〕501C80001号《关于武汉三灵科技产业有限公司注册资本到位情况的审核报告》(以下简称《审核报告》),三灵有限公司设立时70万元注册资本实际出资情况如下:“经审核三灵科技相关财务资料,1994年10月至1997年12月31日,报表、账簿、凭证记载实收资本为300,000.00元,其中:股东陈建明以房屋(实为房屋建造成本,土地为租用)出资72,163.31元、以摩托车(产权在个人名下)作价出资6316.14元、以现金方式出资69,120.55元,共计147,600.00元;武洪以货币方式出资34,400.00元、以债转股方式出资18,000.00元,共计52,400.00元;原始凭证中未注明出资股东名称的以现金方式出资100,000.00元。另外400,000.00元的实收资本未见会计凭证及相关出资资料。”“公司股东未按公司章程约定的以货币资金足额出资,出资不实,实际出资人与章程规定的股东不一致,以上均与审验注册资金报告书验证结论不一致。”

第三,根据公司提供的会计凭证、实收资本明细账等相关财务资料(以下简称财务资料),关于公司设立时的70万元注册资本,财务资料上记载的实收资本明细情况如下:

1.关于财务资料记载之股东陈建明141,283.86元出资。

(1)财务资料记载股东陈建明以房屋出资72,163.31元,其由两部分构成,一是材料费191元。该笔材料费的发票未载明购货方是谁,因此,无法证明该材料费系陈建明出资购买。根据陈建明和公司的确认,该材料费是由三灵有限公司支付的。二是房屋(科研基地)建造成本71,972.31元。与该笔建造成本对应的工程费发票是开具给三灵有限公司的。根据陈建明和公司的确认,该房屋系三灵有限公司出资建设。

(2)财务资料记载股东陈建明以现金方式出资69,120.55元,但未见该笔现金出资的银行进账单据。

综上,经适当核查,笔者认为,财务资料记载之股东陈建明141,283.86元出资未实际到位。

2.关于财务资料记载之武洪58,716.14元出资。

(1)1994年9月30日,现金缴款400元,现金缴款单未注明缴款人、款项来源、款项性质或用途。

(2)1994年10月5日,现金缴款10,000元,现金缴款单未注明缴款人、款项来源、款项性质或用途。

(3)1994年10月13日,现金缴款10,000元,现金缴款单未注明缴款人、款项来源、款项性质或用途。

(4)1994年10月21日,现金缴款10,000元,现金缴款单未注明缴款人、款项来源、款项性质或用途。

(5)1995年4月7日,现金缴款4000元,现金缴款单未注明缴款人,款项来源为借款。

(6)1994年10月31日,债转股18,000元,未见债转股的相关证据材料。

(7)1994年12月31日,以摩托车作价出资6316.14元,该摩托车购买发票记载的订货单位为武汉市洪山区武洪商店。

(8)根据公司于2013年11月7日出具的《情况说明》,"1994年9月24日,武汉三灵科技产业有限公司(武汉三灵科技产业有限公司系武汉三灵科技产业股份有限公司前身,以下简称三灵有限)成立时的股东为陈建明、张小玲、陈建国、严敏。自三灵有限成立之日起,武汉市洪山区武洪商店(以下简称武洪商店)一直就不是公司股东,也从未在公司登记机关登记为公司股东;公司章程、股东会决议中从未规定、记载武洪商店为公司股东;公司和/或公司股东从未与武洪商店签署或达成任何书面或口头的投资协议、入股协议或类似之协议或安排。三灵有限在账务处理上将武洪商店与三灵有限之间的往来资金、武洪商店应收三灵有限之债权以及武洪商店购买的摩托车作为武洪商店的出资计入了三灵有限的实收资本,属于典型的账务处理错误”。

(9)2013年11月7日,公司控股股东、实际控制人陈建明作出承诺如下:“1.自武汉三灵科技产业股份有限公司(以下简称公司或三灵科技)成立之日起至今,公司股东、股权从未发生任何争议、纠纷;2.公司股东、股权不存在任何潜在的争议、纠纷;3.如公司股东、股权出现纠纷,本人承诺将由本人负责处理和解决并承担相应的法律后果,与公司无关;若因公司股东、股权出现纠纷而给公司造成损失的,则由本人向公司赔偿因公司股东、股权出现纠纷而给公司造成的损失。”

综上,经适当核查,笔者认为,武洪商店不是登记于公司登记机关的公司股东,公司章程未记载武洪商店为公司股东;财务资料记载的武洪商店出资,系公司账务处理错误所导致的。因此,武洪商店不是公司的股东。

3.财务资料记载的未注明出资股东名称的现金出资100,000.00元。

(1)1995年12月,现金出资50,000元,未注明出资人,未见现金缴款单据。

(2)1996年2月,现金出资50,000元,未注明出资人,未见现金缴款单据。

4.根据公司提供的资料并经本所律师适当核查,未见三灵有限公司设立时股东应出资的其余注册资本的银行进账单据等相关出资资料。

综上,笔者认为,三灵有限公司设立时股东陈建明、张小玲、陈建国、严敏应出资的70万元存在实际未到位即实际未缴足之瑕疵。

(二)公司设立时原股东出资缴付不足是否影响上述2000年、2007年公司两次股权转让的效力

1.三灵有限公司设立时原股东陈建明、张小玲、陈建国、严敏应出资的70万元存在实际未到位即实际未缴足之瑕疵,也就是说三灵有限公司设立时原股东陈建明、张小玲、陈建国、严敏未履行其出资义务。

2.根据公司工商登记资料,在2000年公司第一次股权转让时,严敏为登记

于公司登记机关之股东，其持有三灵有限公司4.29%的股权。2000年公司第一次股权转让详见前述相关内容。

3.根据公司工商登记资料，在2007年公司第二次股权转让时，张小玲、陈建国为登记于公司登记机关之股东，其分别持有三灵有限公司10%、7.14%的股权。2007年公司第二次股权转让详见前述相关内容。

4.根据2005年《公司法》第72条的规定，有限责任公司的股东可以向有限责任公司其他股东、有限责任公司股东以外的人转让股权。《公司法》等相关法律法规并没有禁止未履行出资义务或未全面履行出资义务的股东转让股权。根据法无禁止即自由的原则，三灵有限公司的股东在未全面履行出资义务的情况下转让其股权并没有违反法律的规定。同时，根据《最高人民法院关于适用〈中华人民共和国公司法〉若干问题的规定（三）》第19条第1款的规定，“有限责任公司的股东未履行或者未全面履行出资义务即转让股权，受让人对此知道或者应当知道，公司请求该股东履行出资义务、受让人对此承担连带责任的，人民法院应予支持”。根据本条款，法律已经规定了有限责任公司的股东可以在未履行或未全面履行出资义务的情况下即转让股权。

因此，笔者认为，三灵有限公司的股东在2000年和2007年两次转让股权的行为并没有违反当时的法律法规的禁止性规定，故而，两次股权转让行为均有效。

综上所述，笔者认为，虽然公司设立时原股东陈建明、张小玲、陈建国、严敏出资缴付不足，但是，根据《公司法》第72条、《最高人民法院关于适用〈中华人民共和国公司法〉若干问题的规定（三）》第19条等规定，公司原股东严敏、张小玲和陈建国可以依法转让其持有的公司股权，而且，上述2000年、2007年公司两次股权转让均符合当时有关法律、法规之规定，均未违反当时有关法律、法规的禁止性规定，并已履行了相应的法律手续，因此，公司设立时原股东出资缴付不足不影响上述2000年、2007年公司两次股权转让的效力。

第三节　股权转让问题的瑕疵

内容摘要：股权转让是股东行使股权经常而普遍的方式，《公司法》规定股东有权通过法定方式转让其全部出资或者部分出资。股权转让问题几乎是有限责任公司最重要的法律问题之一。股权转让是一种物权变动行为，股权转让后，股东基于股东地位而对公司所发生的权利义务关系全部同时移转于受让人，受让人因此成为公司的股东，取得股东权。

我国2005年《公司法》第72条规定："有限责任公司的股东之间可以相互转让其全部或者部分股权。

股东向股东以外的人转让股权，应当经其他股东过半数同意。股东应就其股权转让事项书面通知其他股东征求同意，其他股东自接到书面通知之日起满三十日未答复的，视为同意转让。其他股东半数以上不同意转让的，不同意的股东应当购买该转让的股权，不购买的，视为同意转让。

经股东同意转让的股权，在同等条件下，其他股东有优先购买权。两个以上股东主张行使优先购买权的，协商确定各自的购买比例；协商不成的，按照转让时各自的出资比例行使优先购买权。

公司章程对股权转让另有规定的，从其规定。

在新三板挂牌企业中，很多企业都会遇到股权转让存在瑕疵的问题，解决的方法就是依据上述《公司法》的规定，严格规范股权转让的程序。

关键词：转让股权　程序瑕疵

【斯派克(430392)】

一、案例陈述

2004年7月19日，长沙斯派克化工有限公司(以下简称有限公司)成立。有限公司由周涓、夏春凤、曾文平、王洪成、聂萍、张文杰出资组建，注册资本：人民币50万元，其中周涓出资12.5万元、夏春凤出资12.5万元、曾文平出资7.5

万元、王洪成6.25万元、聂萍出资6.25万元、张文杰出资5万元，全部以货币出资。

2006年6月6日，有限公司召开股东会，决定：周涓将其持有的有限公司25%股权转让予段湘生；同意夏春凤将其持有的有限公司25%股权转让予杨树根；增加新股东段湘生、杨树根、邱芳龙；将公司注册资本增加至500万元，新增注册资本分别由段湘生认缴116.5万元、杨树根认缴95万元、曾文平认缴60万元、王洪成认缴49.25万元、张文杰认缴35万元、聂萍认缴49.25万元、邱芳龙认缴45万元，增资价格为每1元出资的价格为1元。

2006年6月8日，周涓与段湘生签订《股份转让协议》，周涓将其持有的有限公司25%股权以每单位出资额1元的价格合计12.5万元转让予段湘生；同日，夏春凤与杨树根签订《股份转让协议》，夏春凤将其持有的有限公司25%股权以每单位出资额1元的价格合计12.5万元转让予杨树根。

有限公司分别于2007年9月26日、10月15日召开股东会并作出决议：同意杨树根将其持有的全部股权（107.5万元出资额）转让给毛春晖，其他股东放弃受让该股权；同意曾文平向聂萍转让其持有的公司10万元出资额，段湘生向陈明转让10万元出资额，毛春晖向陈明转让11.5万元出资额。各方就股权转让分别签订了《股份转让协议》，均约定每1元出资转让价格为1元。

2007年9月29日、10月20日，有限公司两次召开临时股东会，决定：增加新股东并增资至798.6万元，新增注册资本分别由聂萍认缴16万元、黄明智认缴63万元、杨慧认缴55万元、陈九星认缴31万元、陈明认缴11.7万元、陶贤鉴认缴22万元、柳爱平认缴20万元、国家农药创制工程技术研究中心认缴79.9万元。

2009年12月12日，有限公司召开股东会，决定将有限公司的注册资本由798.6万元增至998.6万元；修改公司章程并通过《公司章程第三次修正案》，除注册资本、股东变化外，对股东转让出资、增加注册资本、董事会的议事方式与表决程序、撤销监事会设监事等相关事项作出了新规定。

2009年12月28日，陶贤鉴与张文杰签订《股份转让协议》，陶贤鉴将所持有的4万元出资以4万元的总价转让予张文杰；黄明智与段湘生签订《股份转让协议》，黄明智将所持有的全部63万元出资以63万元的总价转让予段湘生；陈九星与段湘生签订《股份转让协议》，陈九星将所持有的28万元出资以28万元的总价转让予段湘生；陈九星与张文杰签订《股份转让协议》，陈九星将所持有的3万元出资以3万元的总价转让予张文杰；杨慧与张文杰签订《股份转让协议》，杨慧将所持有的2万元出资以2万元的总价转让予张文杰；杨慧与段湘生签订《股份转让协议》，杨慧将所持有的33万元出资以33万元的总价转让予段湘生；杨慧与新股东陶思明签订《股份转让协议》，杨慧将所持有的20万元出资以20万元的总价转让予陶思明。

问题：杨慧向股东以外的第三人陶思明转让股权未经过股东会决议，在程序上存在瑕疵。

二、律师解读

（一）股权转让的法律规定及含义

我国《公司法》（2005年修订）第72条规定："有限责任公司的股东之间可以相互转让其全部或者部分股权。

股东向股东以外的人转让股权，应当经其他股东过半数同意。股东应就其股权转让事项书面通知其他股东征求同意，其他股东自接到书面通知之日起满三十日未答复的，视为同意转让。其他股东半数以上不同意转让的，不同意的股东应当购买该转让的股权，不购买的，视为同意转让。

经股东同意转让的股权，在同等条件下，其他股东有优先购买权。两个以上股东主张行使优先购买权的，协商确定各自的购买比例；协商不成的，按照转让时各自的出资比例行使优先购买权。

公司章程对股权转让另有规定的，从其规定。

上述法律规定，具体分析有下列含义：

第一，其他股东的同意权。现行公司法"股东向股东以外的第三人转让股权，应当经过其他股东过半数同意"与原公司法"股东向股东以外的人转让其出资时，必须经全体股东过半数同意"的规定相比，两法对于股东同意权的归属和同意程序表决方式的具体规定明显不同。原公司法允许拟出让股东参与表决,“过半数同意”是指包括拟出让股东在内的“全体股东过半数同意”,而现行公司法排除了转让股权的股东的表决权,即“过半数同意”是指除拟出让股东以外的“其他股东过半数同意”。这一修改表明现行公司法根据世界各国通行的规则,在股东同意权的归属问题上采用了利害关系股东的回避制度,即股东会或董事会在讨论与某位股东或董事有直接的利害关系的事项时,该股东或董事应当回避,以保证决议的公正性。因此作为决议事项的直接关系人,转让股东不应当享有同意权。以实例为证:某有限责任公司共有股东5人,因对公司的经营方式产生不同意见,甲股东拟出让自己的股权给股东以外的第三人,如果按现行公司法的规定,参与表决的将是除甲股东以外的4名股东,按照“经过其他股东过半数同意”的要求,必须有3名其他股东同意方可,而如果按照原公司法的规定,参与表决的将是包括甲股东自己在内的5名股东,根据“全体股东过半数同意”的要求,只要有3名股东同意即可,其中允许包括拟出让的甲股东。

第二,表决采取的是人头主义,即按股东人数表决,要求股东人数过半数同意,而不是所代表的股份过半数,现行公司法对股东同意程序的表决要求比原公司法严格。此项规定表明了公司法更加注重有限责任公司人合性的原则,防止了占有股权比例较小的股东被大股东操控。

第三,股东同意权的行使程序:首先,股东就其转让事项书面通知其他股东征求意见;其次,其他股东接到通知之日起满30日未答复的,视为同意转让;最后,反对股东有购买义务,即不同意转让的股东必须表明自己愿意出资购买,否则视为同意转让。股东必须在“同意转让”和“购买”之间作出选择。

第四,其他股东的优先购买权。2005年《公司法》第72条第3款,针对已经经股东同意转让的股权,在同等条件下,其他股东有优先购买权。只有其他股东均放弃优先购买权,股权转让合同才能对抗公司、其他股东和其他第三人。

第五,股东会决议不再是取得股东同意的唯一方式。公司法删除了“对股东向股东以外的人转让出资作出决议”这一项股东会原有的职权,所以不再要求股东一定以召开股东会的形式对外转让股权作为决议,拟转让的股东取得其他股东的同意完全可以采取非会议的方式，如书面征求其他股东的意见，其他股东以分别签署同意书的方式达到“过半数同意”即可。

第六，公司章程的优先适用：修改后的《公司法》一个重要突破就是将过去许多强制性规范变成任意性规范。由于有限公司股权的转让主要涉及股东之间的利益，股权转让不再是强制性规范，因此法律允许公司根据自身情况自行选择对于股权转让如何加以限制，允许公司通过章程对于股权转让作出不同于公司法的规定，并给予章程优先于法律规定的效力，只有当章程没有规定的情况下才适用本条前3款的规定。

（二）具体案例分析

具体到本案例中，杨慧向股东以外的第三人陶思明转让股权未经过股东会决议，根据2013年修正的《公司法》，在程序上并不存在瑕疵，但修订前的《公司法》则要求必须开股东会进行决议。有限公司全体股东于2012年9月28日出具了《放弃优先受让权的确认函》，以对程序缺失进行事后补救，追认该次股权转让的有效性。杨慧向陶思明的股权转让未实际损害公司及其他股东的合法权益。

笔者认为，此次股权的系列转让，系转受让双方真实意思的体现，各方签订了相关协议，并依照协议履行了各自义务，相关程序得到了积极补救，不存在潜在纠纷。即使有程序上的瑕疵，也随着法律的修订自动补正，上述系列股权转让真实、合法、有效。

综上所述，笔者认为本次股权转让瑕疵不会对公司在新三板产生实质性的法律障碍。

第四节　股权继承

内容摘要：股权继承是指自然人股东死亡后由其合法继承人继承股东资格行使股东权利的制度。股权的合法继承会导致公司股东的变更，这对有限责任公司会产生深刻影响。因为有限责任公司具有人合性和资合性，是基于股东之间的相互信任设立的，如法律不加限制的允许股东的继承人继承股东资格，会导致因新旧股东的不合而产生纠纷或者突破法律对公司股东人数的限制等。

2005年10月27日修订后的《公司法》新增条款第76条对股权继承作出明确规定。该条款包括两层含义：第一，自然人股东死亡后，其合法继承人可以继承股东资格，而并非只对财产权的继承；第二，公司章程可以对股权继承作出特别规定，排除对股东资格的当然继承。

在新三板挂牌企业中，涉及股权继承的企业很少。本节所论述的是一个具体案例，下面将详细论述股权继承所涉及的问题及解决方法。

关键词：继承 股东身份

【陆海科技(430458)】

一、案例陈述

有限公司的第七大股东周玉钦于2007年3月3日意外死亡。2009年2月，公司因业务发展需要增资，在全体股东知悉并同意的情况下，由周晓东、周晓红各出资7.5万元，以二人父亲周玉钦的名义认缴新增的注册资本15万元。

2011年4月13日，大连市工商行政管理局高新技术产业园区分局作出了大工商园诫字〔2011〕第1号《行政告诫书》，认定上述行为违反了《公司登记管理条例》第2条第2款的有关规定，属于提交虚假证明文件或采取其他欺诈手段隐瞒重要事实取得公司登记行为。鉴于该违法情节轻微，决定对有限公司的上述违法行为免予行政处罚，予以行政告诫，要求有限公司纠正违法行为。

为纠正上述瑕疵，2011年4月1日，有限公司股东会作出决议，同意将原股东周玉钦（已死亡）名下有限公司20万元股权变更至实际持有人周晓东、周晓红名下，其中：(1)周玉钦生前持有的5万元股权，周玉钦死亡后，其配偶焦美香放弃对周玉钦所持公司股权的继承权，同时自愿将上述股权中属于自己份额赠与子女周晓东、周晓红，故该部分股权归周晓东、周晓红各2.5万元；(2)2009年2月以周玉钦名义增资的15万元属于周晓东、周晓红各7.5万元。

二、律师解读

根据2005年《公司登记管理条例》第2条的规定，“有限责任公司和股份有限公司设立、变更、终止,应当依照本条例办理公司登记。申请办理公司登记,申请人应当对申请文件、材料的真实性负责”。本案例中,周晓东、周晓红在增资的时候以其父亲的名义进行增资,在向工商局提供材料时提供的是虚假材料或虚假的证明文件,违反了上述的法律规定,故而应认定为增资程序瑕疵。但是,笔者认为,由于本次增资数额较低,又是子女以其父亲的名义进行增资,虽然违法,但可以通过后续的程序纠正。

(一)股权继承的法律含义

股权继承是指自然人股东死亡后由其合法继承人继承股东资格行使股东权利的制度。自然人作为有限公司股东,在其死亡后,必然产生股权继承问题。虽然股权继承问题在我国还未大量出现,但随着私营企业的发展壮大和个人股东的不断增多,这一问题将成为不可回避的法律问题。考虑到新三板挂牌企业基本都是中小企业,所以很有必要对股权继承问题进行分析和研究。

1. 股权继承的立法现状

我国《继承法》没有涉及股权继承问题的内容。该法第 3 条关于遗产范围的条文也未明确规定股权问题。虽然该条第 7 项规定公民的其他合法财产可以作为遗产继承,但考察《继承法》的立法经过可以发现,这一项规定在制定之初是不可能包括股权在内的。因为现行的《继承法》颁布于 1985 年,在此之前只有 1979 年颁布的《中外合资经营企业法》规定了有限责任公司这种组织形式,但中方股东只能是“公司、企业或其他经济组织”,并不包括个人公民,因此在法律上不存在个人拥有和继承股权的可能性。虽然 1988 年出台的《私营企业暂行条例》允许国内个人通过私营企业这一中介来拥有中外合资企业的股权,但这一条例在《继承法》颁布之后,显然不会影响《继承法》关于遗产范围的规定。

《公司法》作为公司组织和行为方面的法律,也没有涉及股权继承问题。尽管该法第 35 条对股东之间、股东与非股东之间的出资转让作了规定,但这一规定没有明确指出股权继承的问题,在实际操作中易引起争议。至于其他法律、法规、规章,也罕见有股权继承方面的规定。

在现行法律没有明确规定的情况下,公司章程对股权继承的约定可作为股权继承的法律依据。避免股权争议的最好方法，是在公司成立时的公司章程里予以明确约定。工商机关应通过制定章程范本等方式，指导企业事先约定股权转让的问题，明确规定申请人能否成为继承人、如何确定继承、股权价值等。股权价值形成一般有以下几种方式：一是按照设立公司的出资额；二是由当事人在最初对股份价格进行约定；三是由一个中立的机构对股份的价格进行估算；四是当事人与第三人达成的转让价格。

2. 规范股权继承变更登记程序

目前，工商部门还没有规范的股权继承变更登记程序及应提交的文件等规定。所以建议尽早制定规范的股权继承法律程序并明确应提交的文件。笔者根据《公司法》的相关规定，对股权继承的法律程序作如下构想：

如果公司股东只有 2 个，其中 1 名股东死亡，则由于股东人数不足《公司法》第 20 条关于公司股东人数必须 2 个以上的规定，公司应申请解散、进行清算，剩余资产由继承人按照被继承人（死亡股东）对公司的投资比例进行继承。

如果公司股东为 2 个以上，则应参照《公司法》关于股权转让的规定，按以下程序继承股权：

第一，公司全体股东召开股东会，按照《公司法》第 35 条、第 38 条及公司章程关于股东表决方式和表决权的规定，对是否同意继承人受让死亡股东的股权作出决议。如果有股东不同意转让，则不同意转让的股东应该购买死亡股东的出资，所得转让费作为死亡股东的遗产由其继承人继承。如果其不购买该项转让的出资，则视其同意转让。

第二，由公司将继承人（股权受让人）的姓名、住所及受让的出资额记入公司股东名册。

第三，修改公司章程。

第四，到公司登记机关办理工商变更登记手续。

3. 继承股权后，新股东能否当然取得原股东在公司中法律地位

有限责任公司的自然人股东死亡后，如果公司章程没有限制性规定，法定继承人可以继承股权，继承的顺序一般认为是与我国《继承法》相同，法定继承人当然可以放弃自己的继承权。从国外的立法来看，多数认为股权的可继承

性。例如,《德国有限公司法》第15条第1款规定:“股权可转让并可继承。”但是,因继承而发生股权转让时,新股东能否当然取得原股东在公司中法律地位?《公司法》对此未作规定,各国公司法的规定也不尽相同。例如,《英国公司法》规定已故股东的私人代表只有在重新申请并登记注册后,才能取得股东的地位。《法国商事公司法》第44条规定:“公司股东通过继承方式或在夫妻之间清算共同财产时自由转移,并在夫妻之间以及直系尊亲属或直系卑亲属之间自由转移。但是,章程可以规定,配偶、继承人、直系尊亲属、直系卑亲属只有在章程规定的条件获得同意后,才可成为股东。”也就是说,除非章程有规定,股东的继承人因继受出资即可成为有限责任公司股东。如果章程授权董事决定是否登记被转让股权的自由裁量权,那么董事可以拒绝某项股权转让。公司股权继承手续如何办理出资的可继承性主要体现在财产权的继承。股东的资格究其实质,乃是一种身份,属于人身权的一种。股东死亡,人身权消失。股东的身份不能像财产继承权一样由继承人当然继承。借鉴《法国公司法》的上述规定,如果有限责任公司章程中对股东身份的继受有明确的约定则从约定;否则,可比照《公司法》第35条规定处理,即继承人是否取得股东身份,应由全体股东过半数的同意,如果股东不同意继承人取得股东身份,则必须购买死亡股东的出资,如果不购买,则视为同意接纳继承人为股东。当然,继承人股东身份取得并不是继承取得,而是加入取得。实际上是死亡股东退出公司,其继承人基于公司章程或其他股东的同意而成为股东,继承了股东在公司中权利和义务。因此,一旦同意继承人取得股东身份,公司必须将其姓名、住所及继承的出资额记载于股东名册,并办理工商登记。

(二)结论

上述股东周玉钦死亡后,其妻子自愿放弃继承属于自己的股权,并将其转让给自己的子女周晓东和周晓红是完全符合法律规定的,公司的其他股东也同意周晓东和周晓红进入公司,实际上是股东周玉钦退出公司而其子女进入公司的过程。

笔者认为,有限公司在第一次增资时的瑕疵可由后续的程序进行完善,股东周玉钦死亡,其子女进入公司的过程也均符合法律的规定。大连陆海科技有限公司进入全国中小企业股份转让系统不存在法律障碍。

第五节 国有股权的转让

内容摘要：国有股权是指由国家授权的投资主体作为股东，对因其以国有财产进行投资而在公司中形成的相应股份（出资比例）所享有的收益和为此而享有的表决、质询、查询公司账册以及对股份进行处分等权能的总和。国有股权的大小是由在公司中国有股份（出资比例）的多少决定的。

国有股权转让即涉及国有资产监管的特别规定，又要符合《公司法》关于股权转让的规定，具体包括了如下法律法规：《公司法》、《企业国有资产监督管理暂行条例》、《企业国有产权转让管理暂行办法》以及国有股权向管理层转让等规定和相应产权交易机构的交易规则之规定。

实践中，某些新三板挂牌企业涉及国有股权转让问题，由于历史原因，这些国有股权的转让或多或少都会存在瑕疵。下面的三个案例将详细论述国有股权转让问题。

关键词：国有股权

【湘财证券（430399）】

一、案例陈述

2013年9月27日，湘财有限公司股东会决议，同意湘财有限公司全部股东作为发起人，以经天健会计师审计确认的截至2012年12月31日的净资产3,299,619,362.38元为基础，按照1.032016∶1的比例折为319,725.5878万股，将湘财有限公司整体变更设立湘财证券。2013年9月27日，湘财有限公司的16名股东作为湘财证券的发起人签署了《发起人协议》。

2013年11月13日，湖南监管局出具了《关于湘财证券有限责任公司变更公司形式的无异议函》（湘证监函〔2013〕309号），对公司由有限责任公司整体变更为股份有限公司无异议。

公司整体变更后的股权结构如下：

序号	股东名称	持股数量(万股)	持股比例
1	新湖控股有限公司	227,474.35	71.15%
2	国网英大国际控股集团有限公司	57,458.13	17.97%
3	新湖中宝股份有限公司	11,000.00	3.44%
4	山西和信电力发展有限公司	7578.80	2.37%
5	湖南华升股份有限公司	7333.33	2.29%
6	湖南电广传媒股份有限公司	3601.00	1.13%
7	中国钢研科技集团有限公司	1943.17	0.61%
8	青海省投资集团有限公司	836.78	0.26%
9	西安大唐医药销售有限公司	600	0.19%
10	伊犁农四师国有资产投资有限责任公司	552.1	0.17%
11	长城信息产业股份有限公司	331.26	0.10%
12	上海黄浦投资(集团)发展有限公司	325	0.10%
13	金瑞新材料科技股份有限公司	250	0.08%
14	深圳市仁亨投资有限公司	193.24	0.06%
15	湖南大学资产经营有限公司	149.06	0.05%
16	湖南嘉华资产管理有限公司	99.38	0.03%

湘财有限公司历次股权转让中存在涉及国有股权转让的情形，其中已确认取得了国有股权转让有关审批文件的如下：

序号	转让协议签署时间	转让方	转让出资额（万元）	受让方	审批文件
1	2007年3月	湖南华菱钢铁集团有限责任公司	39,088	新湖控股有限公司	湖南省国有资产监督管理委员会《关于湖南华菱钢铁集团有限责任公司、湖南华升工贸进出口（集团）公司及所属公司转让所持湘财证券有限责任公司股权的批复》
2	2007年3月	湖南华升工贸进出口（集团）公司	7000	新湖控股有限公司	
3	2011年4月	新疆伊力特实业股份有限公司	552.1	伊犁农四师国有资产投资有限责任公司	新疆生产建设兵团农业建设第四师国资委《关于伊力特实业股份有限公司转让所持湘财证券股权的决定》
4	2008年5月	西北电网有限公司	11,852.7978	国网资产管理有限公司	国家电网公司向国务院国有资产监督管理委员会报送的《关于无偿划转英大国际信托有限责任公司、鲁能金穗期货经纪有限公司、湘财证券有限责任公司国有股权的报告》
5	2008年5月	山东鑫源控股有限公司	39,088	国网资产管理有限公司	
6	2009年11月	山东鲁能物资集团有限公司	6517.33	国网资产管理有限公司	

除上述国有股权转让外，湘财有限公司部分股权转让因历史年代较为久远，未能取得股东身份证明、审批文件等资料，导致无法辨识转让主体的国有股东身份，或者无法核实转让时是否履行了国有股权转让程序，可能会导致某些国有股权在转让时存在瑕疵。

湘财证券历史上的股权变动依据相应法律、法规、规章等的规定取得证券监管部门核准的具体情况如下：

1.1995年10月，湘财有限公司经中国人民银行总行银复〔1995〕372号文批准设立。1996年8月2日，湘财有限公司领取注册号为18380084－3(3－1)

的《企业法人营业执照》，注册资本为人民币1亿元。

2.1999年10月8日，中国证监会作出证监机构字〔1999〕113号《关于核准湘财证券有限责任公司增资扩股并作为综合类证券公司的批复》，核准湘财有限公司注册资本由1亿元变更为100,200万元。

3.2002年4月9日，中国证监会作出证监机构字〔2002〕91号《关于同意湘财证券有限责任公司调整增资扩股方案的批复》，核准湘财有限公司注册资本由100,200万元变更为251,470.5万元。

4.2004年5月19日，中国证监会出具机构部部函〔2004〕175号《关于同意湘财证券有限责任公司股权变更的函》，同意湖南金健米业股份有限公司、常德市粮油总公司、湖南国光瓷业集团股份有限公司将各自持有的合计5.27%的湘财有限公司股权转让给山西和信电力发展有限公司。

5.2007年2月5日，中国证监会湖南监管局作出湘证监函〔2007〕06号《关于湘财证券有限责任公司调整增资扩股方案的复函》，核准湘财有限公司注册资本由251,470.5万元变更为292,936.6356万元。

6.2007年4月19日，中国证监会作出证监机构字〔2007〕89号《关于同意湘财证券有限责任公司增资扩股方案的批复》，核准湘财有限公司注册资本由292,936.6356万元变更为326,936.6356万元。

7.2007年10月8日，中国证监会出具证监机构字〔2007〕247号《关于核准湘财证券有限责任公司股权变更的批复》，批准新湖控股有限公司受让湖南省湘诚置业担保有限责任公司等13家单位合计持有的湘财有限公司33.18%的股权。

8.2008年8月13日，中国证监会作出证监许可〔2008〕1030号《关于核准湘财证券有限公司变更注册资本的批复》，核准湘财有限公司注册资本由326,936.6356万元变更为426,936.6356万元。

9.2009年10月10日，中国证监会出具证监许可〔2009〕1041号《关于核准湘财证券有限责任公司变更注册资本的批复》，核准湘财有限公司注册资本由426,936.6356万元变更为299,725.5878万元。

10.2010年12月9日，中国证监会出具证监许可〔2010〕1768号《关于核准湘财证券有限责任公司变更持有5%以上股权的股东批复》,核准国网资产管理有限公司持有湘财有限5%以上股权的股东资格(西北电网有限公司、山东鑫源控股有限公司和山东鲁能物资集团有限公司将合计持有的湘财有限公司19.17%股权无偿划转给国网资产管理有限公司)。

11.2011年5月25日,湖南证监局出具湘证监函〔2011〕107号《关于湘财证券变更持有5%以下股权股东的无异议函》,对新疆伊力特实业股份有限公司将持有湘财有限公司0.18%的股权转让给伊犁农四师国有资产投资有限责任公司无异议。

12.2012年6月18日,湖南省证监局作出湘证监机构字〔2012〕59号《关于核准湘财证券变更注册资本的批复》,核准湘财有限公司注册资本由2,997,255,878元变更为3,197,255,878元。

13.2013年11月13日,湖南监管局出具了湘证监函〔2013〕309号《关于湘财证券有限责任公司变更公司形式的无异议函》,对公司由有限责任公司整体变更为股份有限公司无异议。

如上所述,自《证券公司管理办法》于2002年3月起施行后,导致湘财有限公司持股5%以上股东变动的历次股权转让行为均已取得了证券监管部门的同意,在这方面不存在瑕疵。

二、律师解读

在尽职调查中,律师了解到湘财有限公司历次股权转让事宜均履行了内部决策程序,签署了股权转让协议,办理了股权转让的工商变更登记手续。湘财有限公司历次股权转让行为均系转让方和受让方的真实意思表示,最近一次股权转让行为已履行完毕达2年以上,超过了我国民事诉讼法规定的诉讼时效,湘财证券不存在因国有股权转让行为而导致股权纠纷的情形。

湘财有限公司因经营不善,资产负债率过高,于2007年实施了资产重组。通过本次重组以及之后的股权调整,新湖控股有限公司成为湘财有限公司的控股股东。本次重组取得了以下政府主管部门的批准:

2005年7月22日,为推进湘财有限公司的资产重组,湖南省人民政府向人民银行出具了《关于请求将湘财证券有限责任公司纳入重点券商重组计划的函》。该函证实湘财证券"股权清晰,股东出资真实、完整、足额到位,无重大违规违法行为"。

2007年1月11日,中国证监会下发《关于同意湘财证券有限责任公司增资扩股方案的批复》(证监机构字〔2007〕7号),对湘财有限公司拟实施的增资扩股方案予以批复。

2007年2月5日,中国证监会湖南监管局下发《关于湘财证券有限责任公司调整增资扩股方案的复函》(湘证监函〔2007〕06号),同意湘财有限公司对中国证监会下发的《关于同意湘财证券有限责任公司增资扩股方案的批复》(证监机构字〔2007〕7号)中的增资扩股方案进行调整。

上述各期期末,湘财有限公司经审计的每元出资额对应的净资产均低于人民币1元。2005年后,湘财有限公司的历次股权转让价格均为每元出资额对应人民币1元,且最后一次股权转让发生于2011年4月,因此,湘财有限公司2005年后的股权转让价格均高于每元出资额对应的净资产,该等股权转让皆不存在导致国有资产流失的情形。此外,2008年以后,湘财证券涉及国有股东的历次股权转让均已取得了国有股权转让的有关审批文件。

国网英大国际控股集团有限公司依法经无偿划转受让西北电网有限公司、山东鑫源控股有限公司和山东鲁能物资集团有限公司持有的湘财有限57,458.1278万元出资并于2011年1月办理了相关股权变更的工商登记手续,现持有湘财证券17.97%股权,系湘财证券第一大国有股东。国网英大国际控股集团有限公司是国家电网公司的全资子公司,国家电网公司是国务院国有资产监督管理委员会的全资子公司。依照国有资产有关法律法规的规定,应当由湘财证券的第一大国有股东办理国有股权设置批复的有关手续。目前,关于湘财证券国有股权管理事项的申请已报送至国务院国有资产监督管理委员会,相关国有股权设置批复的手续正在办理过程中。

综上,笔者认为,虽然湘财有限公司历史上部分涉及国有资产的股权转让未充分履行国资相关程序,但不会对公司本次申请挂牌构成实质性法律障碍。除此之外,公司及其前身湘财有限公司的设立、股权设置、股本结构及历次股权变更均履行了相关法律程序，符合法律、法规及其他规范性文件的规定。

【格纳斯（430619）】

一、案例陈述

2000年9月21日，自然人查向阳、王斌二人签署了《股东出资协议书》，决定出资500万元设立四川省格纳斯光电科技有限公司（以下简称有限公司）。

在经过之后的三次股权转让后，有限公司的股权结构为：

股东名称	出资金额（万元）	出资比例
王斌	341.25	68.25%
博创风投	158.75	31.75%
合计	500.00	100.00%

2003年1月28日，有限公司召开临时股东会，审议通过了有关股东股权转让议案。根据该日股东会决议，股东王斌将其所持的136.5万元股权转让给嘉阳集团，博创风投将所持的63.5万元股权转让给嘉阳集团。嘉阳集团2003年1月召开董事会，出资参股四川省格纳斯光电科技有限公司，出资额为200万元。王斌与嘉阳集团、博创风投与嘉阳集团分别签署了《股权转让协议》。

转让后，公司股权结构为：

股东名称	出资金额（万元）	出资比例
王斌	204.75	40.95%
嘉阳集团	200.00	40.00%
博创风投	95.25	19.05%
合计	500.00	100.00%

2004年5月31日，有限公司召开临时股东会，审议通过了有关股东股权转让议案。根据该日股东会决议，王斌、博创风投、嘉阳集团分别将各自持有公司股权中的34.13万元股权、15.88万元股权、33.34万元股权转让给成都创

投,受让后成都创投持有公司83.35万元股权。

2004年6月23日博创风投与成都创投签署了《股权转让协议》。

转让后,有限公司股权结构为:

股东名称	出资金额(万元)	出资比例
王斌	170.62	34.13%
嘉阳集团	166.66	33.33%
博创风投	79.37	15.87%
成都创投	83.35	16.67%
合计	500.00	100.00%

2004年6月23日,有限公司召开临时股东会,审议通过了新的公司章程和有关股东股权转让的议案。根据该日股东会决议,王斌、嘉阳集团、成都创投分别将各自持有公司股权中的17.85万元股权、17.41万元股权、8.7万元股权转让给博创风投。

转让后,有限公司股权结构为:

股东名称	出资金额(万元)	出资比例
王斌	152.77	30.56%
嘉阳集团	149.25	29.85%
博创风投	123.33	24.66%
成都创投	74.65	14.93%
合计	500.00	100.00

2005年2月2日,有限公司召开临时股东会,审议通过了有关股东股权转让的议案。根据该日股东会决议,嘉阳集团将持有公司的149.25万元股权作价180万元转让给王斌,转让后嘉阳集团不再是公司股东。

2005年2月2日,王斌与嘉阳集团签署了《股权转让协议》。

转让后,有限公司股权结构为:

股东名称	出资金额(万元)	出资比例
王斌	302.05	60.41%
博创风投	123.33	24.66%
成都创投	74.65	14.93%
合计	500.00	100.00%

2006年7月17日,有限公司召开临时股东会,审议通过了有关股东股权转让,重新选任董事及公司不设监事会设1名监事的议案。根据该日股东会决议,成都创投将所持公司的74.65万元股权转让给王斌,博创风投将所持公司的10.63万元股权作转让给王斌,转让后成都创投不再是公司股东。王斌向成都创业投资管理有限公司和成都博创风险投资有限公司支付合计115万元的股权转让款。

2006年7月17日,博创风投与王斌签署了《股权转让协议》;2006年7月18日,成都创投与王斌签署了《股权转让协议》。转让后,有限公司股权结构为:

股东名称	出资金额(万元)	出资比例
王斌	387.30	77.46%
博创风投	112.70	22.54%
合计	500.00	100.00%

二、律师解读

(一)有限公司的国有股东投资入股基本情况

格纳斯在有限公司时期存有两个国有法人股东,包括嘉阳集团和成都创投。其中,嘉阳集团原为四川省乐山市国资委下属国有独资公司,2005年11月,四川省乐山市国资委将嘉阳集团股权无偿划转至四川省投资集团有限责任公司(国有独资);成都创投原为成都市科技风险开发事业中心(成都市科技局下属事业单位)主导设立的国有控股公司。

嘉阳集团2003年1月28日,有限公司召开股东会并由全体股东决议通过了吸纳新股东和股权转让事宜,股东王斌、成都博创分别将其所持有的27.3%和12.7%的公司股权转让给嘉阳集团,嘉阳集团分别与王斌、成都博创签订了《股权转让协议》,并办理了工商变更登记手续。嘉阳集团董事会就本次投资入股事宜作出了《关于出资参股格纳斯科技有限公司的决定》,决定出资200万元人民币,持有有限公司40%的股权。

2004年5月31日,有限公司召开股东会,全体股东决议通过股东股权转让事宜。股东王斌、嘉阳集团、成都博创分别将其持有的6.82%、6.67%、3.18%的公司股权转让给成都创投,成都创投分别与王斌、嘉阳集团、成都博创签订了《股权转让协议》,并办理了工商变更登记手续。通过该次股权受让,成都创投共支付股权转让价款人民币100万元至有限公司账户用于置换未到位的原材料出资款、并持有有限公司16.67%的股权。

根据嘉阳集团当时有效的章程,律师认为,嘉阳集团投资入股有限公司时并无法律、行政法规就国有资产对外投资应履行的程序进行明确规定,嘉阳集团已按照章程规定履行了内部决策程序作出了有效的内部决议并依法办理了工商变更登记手续,嘉阳集团的投资入股行为真实、合法、有效,且嘉阳集团投资持有有限公司股权为国有股权。

根据成都创投当时有效的章程,律师认为,成都创投投资入股有限公司为其创业投资主营业务,虽未收集到成都创投当时投资入股的决策程序有关文件,但成都创投该次投资入股已支付股权转让价款并完成了工商变更登记手续,成都创投投资入股行为真实、合法、有效;且成都创投投资持有有限公司股权为国有股权。

(二)有限公司国有股东转让股权的程序瑕疵

2004年5月31日,有限公司召开股东会,全体股东决议通过股东股权转让事宜。股东王斌、嘉阳集团、成都博创分别将其持有的6.82%、6.67%、3.18%的公司股权转让给成都创投,成都创投分别与王斌、嘉阳集团、成都博创签订了《股权转让协议》,并办理了工商变更登记手续。

2004年6月23日,有限公司召开股东会,全体股东决议通过股东股权转让事宜。股东王斌、嘉阳集团、成都创投分别将其持有的3.57%、3.48%、1.74%的公司股权转让给成都博创,成都博创分别与王斌、嘉阳集团、成都创投签订了《股权转让协议》,并办理了工商变更登记手续。

2005年2月2日,有限公司召开股东会,全体股东决议通过股东股权转让事宜。嘉阳集团将其持有的29.85%的公司股权转让给王斌,嘉阳集团与王斌签订了《股权转让协议》,并办理了工商变更登记手续。嘉阳集团本次股权转让行为由嘉阳集团董事会作出《关于转让格纳斯光电科技有限公司股份的决议》,决议明确了转让金额不低于180万元。

2006年7月17日,有限公司召开股东会,全体股东决议通过股东股权转让事宜。股东成都创投将其持有的14.93%公司股份转让给王斌;股东成都博创将其所持有的2.12%公司股份转让给王斌。

根据四川华信出具的《关于四川省格纳斯光电科技有限公司整体变更股份有限公司前注册资本实收情况的专项复核报告》和2005年1月31日嘉阳集团与王斌签订的《股权转让协议书》,嘉阳集团2004年5月和2004年6月转让股权的价款均支付至有限公司账户,用于弥补有限公司设立时未到位的实物出资;嘉阳集团2005年2月全部退出有限公司时,由王斌参照有限公司2004年12月31日经审计确认的200万元人民币出资对应的公司净资产值协商后确定支付股权转让价款180万元人民币,其中用货币资金转给有限公司后支付给嘉阳集团人民币140万元,王斌用私车(川A. BP412本田CRV车一辆)抵股权转让款人民币40万元。

根据四川华信出具的《关于四川省格纳斯光电科技有限公司整体变更股份有限公司前注册资本实收情况的专项复核报告》,成都创投2004年6月转让股权的价款支付至有限公司账户,用于弥补有限公司设立时未到位的实物出资;成都创投2006年7月全部退出有限公司时,股权转让双方参照有限公司2005年12月31日经审计确认的100万元人民币出资对应的公司净资产值协商后作价。该股权转让价款由王斌将货币资金转给有限公司再通过有限公司账户支付给成都创投。

律师认为,嘉阳集团和成都创投转让上述川格有限股权时未按照《企业国有资产监督管理暂行条例》、《企业国有产权转让管理暂行办法》、《企业国有资产评估管理办法》、《企业国有资产评估管理暂行条例》等规定履行国有资产转让的立项、审计、评估、挂牌转让等程序，而直接以协议方式转让存在程序瑕疵。

（三）有限公司国有股东转让股权程序瑕疵不构成本次挂牌实质性法律障碍

在尽职调查过程中，与嘉阳集团当时经办股权转让人员确认了相关股权转让事项，并且嘉阳集团就国有股权转让程序出具了《声明》认可其参股及股权转让行为的真实性，声明按照当时的公司章程，嘉阳集团出资 200 万元参股格纳斯已履行相关的内部决议程序，嘉阳集团退出时的股权转让协议是其真实意思表示。

成都创投为主要从事创业投资的创业投资企业。成都创投通过协议转让方式退出了有限公司符合 2006 年 3 月 1 日实施的《创业投资企业管理暂行办法》第 24 条的规定，即“创业投资企业可以通过股权上市转让、股权协议转让、被投资企业回购等途径，实现投资退出。国家有关部门应当积极推进多层次资本市场体系建设，完善创业投资企业的投资退出机制。”而且，根据成都创投的工商登记信息，成都创投国有股东成都市科技风险开发事业中心经成都市科技局批准，通过公开挂牌的方式于 2006 年 11 月以不低于评估价值转让了其持有成都创投 35% 的股权，成都创投由国有控股公司变更为国有参股企业；成都创投国有股东蚌埠市建设投资有限公司经蚌埠市国资委批准，通过公开挂牌的方式于 2008 年 1 月以不低于评估价值的价格转让了其持有成都创投 35% 的股权，成都创投由国有参股企业变更为有限责任公司（法人独资）；成都创投于 2011 年变更为自然人投资的有限责任公司。故成都创投现已不再受国有资产监督管理部门的监督管理。

基于嘉阳集团和成都创投转让所持有的有限公司股权存在未履行《企业国有资产监督管理暂行条例》、《企业国有产权转让管理暂行办法》、《企业国有资产评估管理办法》规定的国有资产转让的立项、审计、评估、挂牌转让等程序方面的瑕疵，现股份公司控股股东、实际控制人王斌与律所律师走访了四川省国有资产监督管理委员会，希望国资监管部门就嘉阳集团、成都创投转让有限公司股权事项出具追认文件,但相关工作人员答复按照国务院国有资产监督管理委员会的会议精神原则上不再对既往国有资产转让相关事宜进行追认。

为最大限度降低嘉阳集团和成都创投转让所持有限公司股权的程序瑕疵所带来的潜在风险,减轻对本次公司新三板挂牌的影响,当时的股权受让方暨股份公司现控股股东、实际控制人王斌于2013年11月12日作出《承诺书》明确承担其相应的责任,具体内容如下:"本人作为四川格纳斯光电科技股份有限公司的控股股东、实际控制人,承诺:2003年2月至2005年2月之间涉及四川嘉阳集团有限责任公司、2004年5月至2006年7月之间涉及成都创业投资有限公司的国有法人股权转让,由此产生的一切法律后果,均由本人承担,与公司无关。"

综上所述,笔者认为,嘉阳集团投资参股有限公司并无法律、行政法规就国有资产对外投资应履行的程序进行明确规定,嘉阳集团严格按照其公司章程的规定召开了董事会通过相关投资决议,嘉阳集团在参股有限公司期间两次转让所持有的有限公司股权虽未通过董事会作出决议,但均与股权受让方签署了股权转让协议并已完成工商变更登记手续。虽未收集到成都创投在参股有限公司时及参股期间转让所持有限公司股权的相关内部决议文件,但成都创投该次投资入股已支付股权转让价款并完成了工商变更登记手续,在参股有限公司期间转让所持有的有限公司股权均与股权受让方签署了股权转让协议并已完成工商变更登记手续。并且,嘉阳集团和成都创投退出有限公司的股权转让作价均参照了经审计确认的有限公司上年末净资产值且已结算支付,嘉阳集团出具的书面声明文件和现股份公司控股股东、实际控制人王斌出具的书面承诺书均是其真实意思表示,内容合法有效。故而公司涉及的国有股权转让不规范事项不构成本次公司新三板挂牌的实质性障碍。

【航天检测(832007)】

云南航天工程物探检测股份有限公司(以下简称航天检测)自其前身云南航天工程监测技术有限公司(以下简称航天有限)设立时起至今,曾经持有航天检测股权(份)的法人股东为云南航天新技术工程有限公司(以下简称航天新技术)及北京航天勘察设计研究院有限公司(以下简称航天研究院)。下面逐一进行分析。

一、关于云南航天新技术工程有限公司

(一)案例陈述

1. 航天新技术的历史沿革

航天新技术成立于1999年9月9日,成立时的股东出资情况为:

序号	股东	出资金额(万元)	出资比例(%)
1	刘浩	42.5	85
2	刘健康	2.5	5
3	云南航天工业有限公司	5	10
合计		50	100

根据云南航天工业有限公司出具的《情况说明》,航天新技术成立时,云南航天工业有限公司并未实际投入资本金,当时在工商登记为航天新技术10%股权,实际为名义持股的股东。航天新技术及其再投资的公司,实际均无云南航天工业有限公司的投入或股权;航天新技术及其再投资公司均为自负盈亏,云南航天工业有限公司未参与其经营管理,因此,不享有任何盈利,也不承担任何亏损。

2014年3月17日,航天新技术召开股东会,决议解散航天新技术并成立清算组。根据云南航天工业有限公司出具的《情况说明》:为规范企业发展,云南航天工业有限公司同意航天新技术依法办理注销手续,云南航天工业有限公司将配合履行法律手续。自航天新技术设立至申请办理注销登记时,云南航天工业有限公司名义持有的航天新技术出资额均为5万元,股权比例为10%,未发生变化。

2. 云南航天工业有限公司

云南航天工业有限公司(原云南航天工业总公司)为中国航天汽车有限责

任公司全资子公司。

中国航天汽车有限责任公司隶属于中国航天科工集团公司。根据《国务院办公厅关于公布国务院国有资产监督管理委员会履行出资人职责企业名单的通知》,中国航天科工集团公司属于国务院国有资产监督管理委员会履行出资人职责的企业。

根据《企业国有资产法》,企业国有资产是指国家对企业各种形式的出资所形成的权益。国家出资企业,是指国家出资的国有独资企业、国有独资公司,以及国有资本控股公司、国有资本参股公司。根据《企业国有资产监督管理暂行条例》,国有资产是指国家对企业各种形式的投资和投资所形成的权益,以及依法认定为国家所有的其他权益。根据《企业国有产权转让管理暂行办法》,企业国有产权,是指国家对企业以各种形式投入形成的权益、国有及国有控股企业各种投资所形成的应享有的权益,以及依法认定为国家所有的其他权益。

律师认为,云南航天工业有限公司的股权中存在国有产权,但由于云南航天工业有限公司未对航天新技术实际出资,云南航天工业有限公司及其股东、出资人未在航天新技术、航天检测中实际形成国有权益。

3. 航天新技术持有航天检测股权(份)的变动情况

2003 年 8 月,航天新技术向航天有限出资人民币 50 万元,占航天有限注册资本 10%。

2009 年 9 月,航天检测吸收合并云南航天质量无损检测站有限公司,航天检测注册资本由 500 万元增加至 800 万元。航天新技术的出资额由 50 万元增加至 80 万元,占航天检测注册资本 10%。

2011 年 11 月,航天新技术将持有的航天检测 10% 的股份转让给了康淑仙。

(二)律师解读

《企业国有产权转让管理暂行办法》第 32 条第 1 款规定:"在企业国有产权转让过程中,转让方、转让标的企业和受让方有下列行为之一的,国有资产监督管理机构或者企业国有产权转让相关批准机构应当要求转让方终止产权转让活动,必要时应当依法向人民法院提起诉讼,确认转让行为无效:(一)未按本办法有关规定在产权交易机构中进行交易的;(二)转让方、转让标的企业不履行相应的内部决策程序、批准程序或者超越权限、擅自转让企业国有产权的;(三)转让方、转让标的企业故意隐匿应当纳入评估范围的资产,或者向中介机构提供虚假会计资料,导致审计、评估结果失真,以及未经审计、评估,造成国有资产流失的;(四)转让方与受让方串通,低价转让国有产权,造成国有资产流失的;(五)转让方、转让标的企业未按规定妥善安置职工、接续社会保险关系、处理拖欠职工各项债务以及未补缴欠缴的各项社会保险费,侵害职工合法权益的;(六)转让方未按规定落实转让标的企业的债权债务,非法转移债权或者逃避债务清偿责任的;以企业国有产权作为担保的,转让该国有产权时,未经担保权人同意的;(七)受让方采取欺诈、隐瞒等手段影响转让方的选择以及产权转让合同签订的;(八)受让方在产权转让竞价、拍卖中,恶意串通压低价格,造成国有资产流失的。"

航天新技术历次出资、增资、转让航天检测股权时均签署了相关协议,并经航天检测召开通过了股东会决议或股东大会决议,并办理了工商变更登记,航天新技术作为企业法人,均在相关协议、决议文件上加盖了公章。根据云南航天工业有限公司出具的《关于云南航天新技术工程有限公司及再投资企业的基本情况》,云南航天工业有限公司针对航天新技术上述相关股权转让行为的真实性进行了确认。本所律师认为,航天新技术历次出资、增资、转让航天检测股权时,航天新技术及航天检测已履行了必要的内部决策程序。

未出现国有资产监督管理机构或者企业国有产权转让相关批准机构要求航天新技术终止产权转让活动的情形,未出现国有资产监督管理机构或者企业国有产权转让相关批准机构向法院起诉确认转让行为无效的情形,亦未出现对航天新技术曾经持有、转让航天检测股权(份)的效力提出过异议。

航天新技术曾持有航天检测 10% 股权(份),故云南航天工业有限公司及其股东、出资人间接持有航天检测 1% 股权(份)。律师认为,云南航天工业有限公司未对航天新技术实际出资,云南航天工业有限公司及其股东、出资人未在航天新技术、航天检测中实际形成国有权益,但若因相关国有资产监督管理机构及司法机关对此观点持不同的理解和判断，不排除相关国有资产监督管理机构根据《企业国有产权转让管理暂行办法》向人民法院提起诉讼，确认转让行为无效。但鉴于云南航天工业有限公司及其股东、出资人曾间接持有航天检测的股权（份）仅为1%，且该等股份的受让方为刘浩的母亲康淑仙，若该等股份曾涉及的股权份转让行为被司法机关裁定为无效，该等股权（份）的变化并不会对航天检测实际控制人的股份、公司经营的持续性和稳定性造成实质影响。

同时，航天检测实际控制人已出具承诺，若相关国有资产监督管理机构就云南航天工业有限公司通过航天新技术间接持有和转让航天检测股权（份）之事宜根据《企业国有产权转让管理暂行办法》向人民法院提起诉讼，航天检测实际控制人将充分及时履行法院之相关生效判决或裁定，若航天检测因该等判决或裁定发生实际损失的，由航天检测实际控制人向公司进行补偿。

笔者认为，云南航天工业有限公司通过航天新技术间接持有和转让航天检测股权（份）的行为，并未涉及国有权益的实际形成和转让，故航天检测股权变动中涉及航天新技术持有的股权（份）部分不涉及国资，未履行相关国资审批程序。该等行为虽未取得云南航天工业有限公司股东中国航天汽车有限责任公司及上级单位中国航天科工集团公司的书面确认，但该等行为的存在不构成本次挂牌的实质障碍，亦不会对航天检测实际控制人的股权、公司经营的持续性和稳定性造成实质影响。

二、关于北京航天勘察设计研究院有限公司

（一）案例陈述

航天研究院设立于1993年2月25日，由原北京航天勘察设计研究院于2013年更名而来。航天研究院股东为中国航天建设集团有限公司，中国航天建设集团有限公司控股股东为中国航天科工集团公司。根据《国务院办公厅关于公布国务院国有资产监督管理委员会履行出资人职责企业名单的通知》（国办发〔2003〕88号），中国航天科工集团公司属于国务院国有资产监督管理委员会履行出资人职责的企业。律师认为，航天研究院的股权中存在国有

产权。

根据航天研究院出具的《对股份转让事项的确认说明》,航天研究院于2010年10月通过受让康淑仙持有航天检测60%的股份(480万元出资额)的方式成为航天检测股东,转让价格为480万元。2011年10月,由于航天研究院未能依约支付股份转让款,于是同意将持有航天检测60%的股份无偿转让回康淑仙,并正式退出持股航天检测。同时,航天研究院确认:由于航天研究院受让航天检测股份时未能实际支付股份转让款,因此航天研究院同意转让回股份,并不收取任何转让款和其他费用;航天研究院转让持有航天检测的全部股份后,即已实际转让了在航天检测的一切股东权益,转让真实有效,并无任何其他代持、委托他人持有航天检测股份的行为,也不再就航天检测经营享有任何权益或承担任何责任。航天研究院持股航天检测期间,航天检测有任何盈利或亏损的,航天研究院将不主张收益,也不承担亏损;航天研究院与康淑仙两次转让持有航天检测股份的行为均为航天研究院自愿行为,无任何特殊利益安排或其他违反法律法规规定的约定;股份转让完成至今,航天研究院与航天检测、康淑仙之间的权利义务关系清晰,未发生任何纠纷,也未发现存在潜在纠纷的情形。

(二)律师解读

根据《企业国有资产法》,企业国有资产是指国家对企业各种形式的出资所形成的权益。国家出资企业,是指国家出资的国有独资企业、国有独资公司,以及国有资本控股公司、国有资本参股公司。根据《企业国有资产监督管理暂行条例》,国有资产是指国家对企业各种形式的投资和投资所形成的权益,以及依法认定为国家所有的其他权益。根据《企业国有产权转让管理暂行办法》,企业国有产权,是指国家对企业以各种形式投入形成的权益、国有及国有控股企业各种投资所形成的应享有的权益,以及依法认定为国家所有的其他权益。

笔者认为,航天研究院未向转让方支付股份对价,未实际取得相应股份对应的权益,航天研究院向康淑仙转让其持有的航天检测股份的行为本质上属于为恢复股份转让前各方的权利状态而向原转让方返还财产的行为,航天研究院及其股东、出资人未在航天检测中实际形成权益,亦不涉及国有权益的实际变动,亦未造成国有权益的实际损失。

根据中国航天建设集团有限公司出具的说明:航天研究院系该集团公司下属子公司。航天研究院对外投资、受让及转让所投资企业股权的行为由该集团公司履行相关监督管理职责,并需向该集团公司进行备案或审批。该集团公司及包括航天研究院在内的该集团公司下属各级子公司、子企业均未曾在航天检测中实际持有过权益。

经核查,未出现国有资产监督管理机构或者企业国有产权转让相关批准机构要求航天研究院终止产权转让活动的情形,亦未出现国有资产监督管理机构或者企业国有产权转让相关批准机构向法院起诉确认转让行为无效的情形,或对航天研究院曾经持有、转让航天检测股权(份)的效力提出过异议。

综上所述,笔者认为,航天研究院持有和转让航天检测股权的行为,并未涉及国有权益的实际形成和转让,且航天研究院股东中国航天建设集团有限公司已书面确认不存在对航天检测实际持有权益,故航天检测股权变动中涉及航天研究院持有的股权(份)部分不涉及国资,无须履行相关国资审批程序。航天研究院曾持有和转让航天检测股权的行为不会对公司股权的稳定性及公司经营的持续性和稳定性产生不利影响。

第六节 股份回购中的法律瑕疵

内容摘要:股份回购是指股份公司按一定的程序购回发行或流通在外的本公司股份的行为。我国《公司法》(2005 年修订)第 143 条第 1 款和第 3 款规定:"公司不得收购本公司股份。但是,有下列情形之一的除外:(一)减少公司注册资本;(二)与持有本公司股份的其他公司合并;(三)将股份奖励给本公司职工;(四)股东因对股东大会作出的公司合并、分立决议持异议,要求公司收购其股份的。公司依照第一款第(三)项规定收购的本公司股份,不得超过本公司已发行股份总额的百分之五;用于收购的资金应当从公司的税后利润中支出;所收购的股份应当在一年内转让给职工。"

根据上述规定，公司在四种情形下，可以选择回购本公司的股份，但是回购的股份为库存股，没有表决权。公司要奖励职工的而回购股份的，必须满足不得超过本公司已发行股份总额的5%、收购资金从税后利润中支出、收购股份在一年内转让三个条件。

实践中发生的股份回购行为较少，尤其对于想在新三板挂牌的中小企业来说，这样的例子就更少了。下面将介绍新三板挂牌企业中的一个具体案例，腾旋科技股份有限公司的股份回购行为就存在一些法律瑕疵，本文将展开详细论述。

关键词：税后利润　正常经营

【腾旋科技(430602)】

一、案例陈述

腾旋科技股份有限公司(以下简称公司)的前身无锡腾旋技术有限公司是由腾旋厂及自然人董秋平、陈强共同以货币资金出资设立。注册资本为168万元人民币，其中腾旋厂出资134.4万元，董秋平出资16.8万元，陈强出资16.8万元，法定代表人为李继锁。

在2010年10月20日，有限公司整体变更为股份公司，此后经过增资，注册资本变更为2657.68万元。2012年8月6日，公司决定进行增资，股东大会通过决议，同意公司注册资本由2657.68万元增至3257.68万元，增资部分由无锡国联厚泽创业投资企业(有限合伙)以货币出资2160万元，认购600万股，溢价1560万元计入资本公积，变更后的注册资本为人民币3257.68万元。

此时，公司股本结构如下：

序号	股东姓名	持股数量(万股)	持股比例(%)
1	李继锁	1496.22	45.92
2	陈曲萍	203.06	6.23
3	董秋平	170.50	5.23

续表

序号	股东姓名	持股数量	持股比例
4	陈强	170.50	5.23
5	陈义昌	35.20	1.08
6	蒋克沨	26.62	0.82
7	刘钰	26.62	0.82
8	鲍玉龙	26.62	0.82
9	沈元坤	26.62	0.82
10	严明雄	26.62	0.82
11	金薛永	9.02	0.28
12	潘宁	9.02	0.28
13	过海文	26.62	0.82
14	刘会莲	4.44	0.14
15	苏州金茂	400.00	12.28
16	国联厚泽	600.00	18.41
合计		3257.68	100.00

2013 年 4 月 22 日，公司召开股东大会，同意沈元坤将其持有的公司 26.62 万股转让给公司作为库存股，转让总价为 36 万元人民币。公司将在一年内将回购股份转让给其他员工。2013 年 4 月 23 日，公司与沈元坤签订了《股权回购协议》，约定沈元坤将持有的公司 26.62 万股以 36 万元人民币的价格转让给公司。原股东沈元坤由于离职而出让公司股份，因此发生了此次股份回购。公司于 2013 年 4 月 25 日通过银行转账方式向沈元坤支付了股份转让款。

根据向无锡市工商行政管理局咨询确认，股份公司回购本公司股份的，暂不办理备案，待回购的股份转让给其他员工后再行办理相关备案手续。本次回购行为已在无锡市股权登记托管中心完成必要手续，回购行为真实有效。

二、律师解读

股份回购是指股份公司按一定的程序购回发行或流通在外的本公司股份的行为。运用股份回购，执行员工持股计划和股票期权制度。信息不对称和契约的不完全性，使公司所有者与经营者之间存在目标函数的差异，即代理成本，包括经营者偏离股东财富最大化目标产生的成本以及股东对经营者的监督成本，矫正偏差仅依靠诸如公司治理结构，资本市场、产品市场和劳动力市场的竞争等外部约束远远不够，尚需要设计出一套成果分享方案，使员工和管理者的努力与公司财富增大建立相关性，而员工持股计划和股票期权制度就是比较有效的内部激励机制之一。由于新股发行手续烦琐、程序复杂、成本较高，因此解决员工持股计划与股票期权制度的股票来源的较好途径就是股份回购，公司选择适当的时机从股东手里回购本公司股票作为库藏股，依程序交给员工持股会管理或直接作为股票期权奖励给公司管理人员。

我国2005年《公司法》第143条第1款、2款、3款规定："公司不得收购本公司股份。但是，有下列情形之一的除外：

（一）减少公司注册资本；

（二）与持有本公司股份的其他公司合并；

（三）将股份奖励给本公司职工；

（四）股东因对股东大会作出的公司合并、分立决议持异议，要求公司收购其股份的。

公司因前款第（一）项至第（三）项的原因收购本公司股份的，应当经股东大会决议。公司依照前款规定收购本公司股份后，属于第（一）项情形的，应当自收购之日起十日内注销；属于第（二）项、第（四）项情形的，应当在六个月内转让或者注销。

公司依照第一款第（三）项规定收购的本公司股份，不得超过本公司已发行股份总额的百分之五；用于收购的资金应当从公司的税后利润中支出；所收购的股份应当在一年内转让给职工。"

公司此次股份回购目的在于激励员工，把职工利益与公司利益联系在一起，符合上述第三项"将股份奖励给本公司职工"的规定情形。根据股东大会关于此次回购的决议，公司回购的股份数为26.62万股，占总股本的0.817%，没有超过总股数的5%，公司计划在一年内将回购股份转让给其他员工，符合《公司法》关于回购比例和回购股份转出时间的要求。

根据《公司法》第103条的规定，股东出席股东大会会议，所持每一股份有一表决权。但是，公司持有的本公司股份没有表决权。自2013年4月即本次股份回购事宜完成后，历次股东大会均按照上述法律规定及《公司章程》的规定严格执行，不影响股东大会有效决议的作出。

本案例争议的焦点就在于，公司支付此次股份转让款的当期未分配利润为负，公司并未通过税后利润来履行支付义务，这一点有违法之嫌。本次回购完成后，回购股份转为库存股，由公司持有。法律规定公司必须用公司的税后利润来回购股份的初衷就在于为了不影响公司正常的经营和资金的使用。一般情况下，公司必须用税后利润来回购股份，但是如果公司在不影响正常经营和资金使用的前提下，没有用税后利润来支付，在实践中一般认为也是可以的。本案例中，在股权回购行为发生后，没有出现因此回购行为而产生的纠纷，也未对公司、公司股东或公司员工造成任何实际损失，股东权益未受侵害，公司经营未受影响。

2013年12月17日，公司将其持有的26.62万股份即回购股份转让给公司员工，在股东大会通过相应决议后，认购该股份的员工与公司签订了《股份转让协议》。经核查，此次股份转让事宜履行了必要程序，内容真实准确，股份转让事宜合法有效。

因此，律师认为，本次股份回购的支付因未使用税后利润支付而存在一定的瑕疵，但本次股份回购之用途明确，比例符合《公司法》的要求，并通过了相应的股东大会决议，符合《公司法》的程序要求；本次股份回购比例较少，其支付金额占公司净资产的比例较低；回购事项不影响公司股东大会有效决议的作出，且未产生任何纠纷，不影响公司股权的明晰，也不会对公司本次挂牌事宜构成实质性障碍。

第七节 公司股权转让给核心人员是否为股权激励

内容摘要：股权激励是企业为了激励和留住核心人才，而推行的一种长期激励机制，可以充分调动公司中、高层管理人员及全体员工的主动性和创造性，提升公司凝聚力，建立股东与经营管理层及公司全员之间利益共享、风险共担的机制，实现股东、公司和员工各方利益的一致。

股权激励完全不同于一般的股权转让行为，在新三板挂牌企业中，股转公司的反馈意见很少涉及这方面。笔者想通过下面一个例子来对本问题进行简要地阐述。

关键词：转让目的　转让对象　转让价格

【安华智能（430332）】

一、案例陈述

2013年4月26日，安华有限公司召开股东会议，会议作出决议，同意股东姚美君将其所持有的部分股权转让给赵国强、邓阳光、孔念进、梁志刚、姚祖荣、姚文杰、路泽昌、易国荣、张小方、肖耀华、肖莉、王辉。具体为：姚美君将其在有限公司的1.99%的股权作价70万元转让给王辉；姚美君将其在有限公司的共计2.58%的股权作价90万元平均转让给赵国强、邓阳光、孔念进、梁志刚、姚祖荣、姚文杰，6人分别持有有限公司0.43%的股权，分别支付转让价款15万元；姚美君将其在有限公司的0.34%的股权作价12万元转让给路泽昌；姚美君将其在有限公司的0.28%的股权作价10万元转让给肖莉；姚美君将其在有限公司的0.26%的股权作价9万元转让给易国荣；姚美君将其在有限公司的0.09%的股权作价3万元转让给肖耀华；姚美君将其在有限公司的0.06%的股权作价2万元转让给张小方。每股转让价格为人民币1元。

2013年5月3日，姚美君分别与赵国强、邓阳光、孔念进、梁志刚、姚祖荣、姚文杰、路泽昌、易国荣、张小方、肖耀华、肖莉、王辉签订《股权转让协议》，并就安华有限公司本次股权转让的相关权利义务进行了约定。

二、律师解读

姚美君将其持有的安华有限公司股权转让给12位自然人是否为公司股权激励行为？

律师依据有关法律法规规定对2013年6月，姚美君将其持有的安华有限公司股权转让给12位自然人（以下简称本次转让）是否为公司股权激励行为进行了核查，经核查认为本次转让给公司管理人员与核心技术人员的行为不是公司股权激励行为，具体理由如下：

1. 本次转让的目的不是激励员工。

本次转让的目的为公司股东变现部分资金而不是激励员工。杨剑波与姚美君作为公司创始股东在公司发展过程中以自有资金对公司不断投入，为了公司长远发展，安华股份2013年之前并未对股东进行分红。鉴于公司股东个人家庭生活资金紧缺，因此亟须变现部分股权以获取资金。

2. 本次转让对象并不针对公司员工。

本次转让的转让对象并不是针对安华有限公司的员工进行，参与受让安华有限股权的员工是基于对安华有限的了解以及对公司未来发展的信心愿意受让股权。此外，本次转让对象中，肖耀华、肖莉、王辉均不是安华有限公司的员工而受让了本次转让中的大部分股权。

3. 转让价格参照历次增资价格。本次转让价格是参照安华有限历史上历次股权增资价格进行，并未折价转让，同时公司控股股东并未对受让方提供财务资助。

因此，笔者认为，本次转让行为不是公司针对员工的股权激励行为。

第八节 股权激励——员工持股计划

内容摘要：股权激励，是通过全员持股的方式最大化员工的主人翁感及组织承诺，是指通过让员工持有本公司股票和期权而使其获得激励的一种长期绩效奖励计划。股权激励的本质在于通过对人力资本价值及人力资本剩余价值索取权的承认，正确处理货币资本与人力资本的矛盾，形成利益共生共享的机制与制度安排。

新三板挂牌企业中，大多数为处于成长期的中小企业，人力资源的挖掘当然显得更为重要。实现股权激励不仅可以充分发挥人才潜力、实现企业绩效最大化，而且可以实现员工与企业的利益共同体。故而，越来越多的新三板挂牌企业选择股权激励。

关键词：员工持股　可行性

【联讯证券(830899)】

一、案例陈述

联讯证券股份有限公司为了进一步完善公司法人治理结构，确保联讯证券未来发展战略和经营目标的实现，充分调动公司中、高层管理人员及全体员工的主动性和创造性，提升公司凝聚力，并为稳定优秀人才提供一个良好的激励平台，增强公司竞争力，提升公司的行业地位，建立股东与经营管理层及公司全员之间利益共享、风险共担的机制，实现股东、公司和员工各方利益的一致，为股东带来更为持久、丰厚的回报，制订了员工持股计划。

（一）员工持股计划的基本原则

1. 依法合规原则

公司实施员工持股计划，应当严格按照法律、行政法规的规定履行程序，真实、准确、完整、及时地实施信息披露。任何人不得利用员工持股计划进行内幕交易、操纵证券市场等证券欺诈行为。

2. 自愿参与原则

公司实施员工持股计划应当遵循公司自主决定，员工自愿参加的原则，公司不得以摊派、强行分配等方式强制员工参加员工持股计划。

3. 风险自担原则

员工持股计划参与人盈亏自负，风险自担，与其他投资者权益平等。

（二）参加对象的范围、名单及份额分配情况

本计划的参加对象为截至2014年12月31日公司全体在册正式员工。除公司董事、监事，公司及各分公司、营业部经营管理团队、部门级管理人员外，其他员工按照入职年限分为三档：

1. 司龄10年（含）以上；

2. 司龄5（含）以上10年以下；

3. 司龄5年以下。

所有参加对象必须在本计划的有效期内在公司、分公司及营业部任职并签署劳动合同、领取报酬。

参加对象认购本员工持股计划的份额合计不超过8345.36万份，资金总额不超过8345.36万元。其中，拟参加本员工持股计划的公司董事、监事和高级管理人员共11人，认购本员工持股计划的初始份额合计不超过2117.00万份，占员工持股计划总份额的初始比例不超过25.37%。

参加对象名单及份额分配情况如下表所示：

序号	姓名	职务	拟出资额（万元）	拟持有持股计划的份额（万份）	占持股计划总份额的比例
1	徐刚	董事长	438	438	5.25%
2	吕广伟	副董事长	292	292	3.50%
3	李翊	董事、总裁	292	292	3.50%
4	沈顺宏	董事、财务总监	146	146	1.75%
5	朱洪涛	副总裁	146	146	1.75%
6	苏锋	副总裁、董事会秘书	146	146	1.75%
7	黄立新	合规总监	146	146	1.75%
8	曹卫东	副总裁	146	146	1.75%

续表

序号	姓名	职务	拟出资额（万元）	拟持有持股计划的份额（万份）	占持股计划总份额的比例
9	汪俭	副总裁	146	146	1.75%
10	黄达明	副总裁	146	146	1.75%
11	梁木水	职工监事	73	73	0.87%
12	其他员工不超过1014人		6228.36	6228.36	74.63%
合计			8345.36	8345.36	100.00%

（三）员工持股计划的资金来源和股票来源

参加对象认购本计划的资金来源为其合法薪酬及法律、行政法规允许的其他方式筹集的资金。本员工持股计划每份份额为1.00元，筹集资金总额上限为8345.36万元。每1460份为一个认购份额基数，单个员工必须认购整数倍份额基数，参加对象按级别设定不同的认购标准。员工具体持有份额数以员工最后实际缴纳的出资额所对应的员工持股计划份额数为准。参加对象应在规定时间内将认购资金足额转入本计划资金账户。未在规定缴款时间内足额缴款的，则视为自动退出本计划；该等份额在董事会征求相关人员意见后由指定人选认购。参加对象参与认购本计划份额后，也称持有人。

本员工持股计划的股票来源为联讯证券定向发行的股票。联讯证券本次定向发行股票的股票发行方案于2014年12月24日在全国股份转让系统指定披露平台http://bjzr.gfzr.com.cn披露，并于2015年1月9日经联讯证券2015年第一次临时股东大会审议通过。

本计划设立后委托中信信诚资产管理有限公司管理，并全额认购由中信信诚资产管理有限公司设立的中信信诚联讯启航1号专项资产管理计划中的次级份额。启航1号资管计划份额上限为21,250,00万份，按照1∶1.5的比例设立次级份额和优先级份额，启航1号资管计划主要投资范围为投资于联讯证券在全国中小企业股份转让系统定向发行的股票以及银行存款和货币基金等低风险高流动性现金管理工具。

公司全部有效的员工持股计划份额所对应的标的股票总数量不超过公司股本总额的10%。任一持有人所持本计划份额所对应的标的股票数量不超过公司股本总额的1%。启航1号资管计划认购公司标的股票的价格为1.46元/股。

(四)员工持股计划的存续期和所涉及标的股票的锁定期

1. 本员工持股计划的存续期为24个月,自股东大会审议通过本员工持股计划之日起计算。

2. 本员工持股计划涉及标的股票的锁定期满后,启航1号资管计划终止时,本员工持股计划随之终止。

3. 本员工持股计划的存续期届满前,经出席持有人会议的持2/3以上份额的持有人同意并提交董事会审议通过后,本员工持股计划的存续期可以延长。

4. 员工持股计划的存续期届满后未有效延期的,员工持股计划自行终止。

启航1号资管计划持有标的股票的锁定期为12个月,自标的股票过户至启航1号资管计划名下之日起计算。

(五)员工持股计划的管理模式及管理机构

员工持股计划委托给中信信诚资产管理有限公司进行管理。

员工持股计划的权力机构为持有人会议;员工持股计划设管理委员会,监督员工持股计划的日常管理,代表持有人行使股东权利或者授权资产管理机构行使股东权利;公司董事会负责拟定和修改本计划草案,并办理员工持股计划的其他相关事宜。

员工持股计划委托中信信诚资产管理有限公司为员工持股计划的管理机构,公司代表员工持股计划与中信信诚资产管理有限公司签订《中信信诚联讯启航1号专项资产管理计划资产管理合同》。中信信诚资产管理有限公司根据中国证监会等监管机构发布的资管计划业务规则以及员工持股计划的约定管理员工持股计划,并维护员工持股计划的合法权益,确保员工持股计划的财产安全。

(六)持有人会议及其召集和表决程序

1. 参加对象在认购员工持股计划份额后即成为持有人,持有人会议是员工持股计划的权力机构，由全体持有人组成。所有持有人均有权参加员工持股计划持有人会议，并按其持有份额行使表决权。持有人会议行使如下职权：

（1）制定和修订员工持股计划的管理细则。

（2）选举和罢免管理委员会成员。

（3）授权管理委员会行使员工持股计划资产管理职责及股东权利。

（4）审议员工持股计划的变更、终止、存续期的延长和提前终止。

（5）审议员工持股计划在存续期内是否参与公司配股、增发等融资项目。

（6）法律、行政法规、部门规章或本计划授予的其他职权。

2. 持有人会议的召集和提案

第一，首次持有人会议由公司董事长负责召集，此后的持有人会议由管理委员会负责召集。管理委员会不能履行职务时，由单独或合计持有员工持股计划10%以上份额的持有人召集。

第二，应当召开持有人会议的情形：

（1）修订员工持股计划的管理细则；

（2）选举和罢免管理委员会；

（3）员工持股计划的变更、终止、存续期的延长和提前终止；

（4）公司发生配股、增发等再融资时，决定员工持股计划是否参与；

（5）出现员工持股计划规定的其他需要持有人会议审议的事项。

第三，单独或合计持有员工持股计划10%以上份额的持有人可以提议召开持有人会议。

第四，单独或合计持有本员工持股计划3%以上份额的持有人可以向持有人会议提交临时提案，临时提案须在持有人会议召开前3个工作日向管理委员会提交。

第五，召开持有人会议，管理委员会应提前5个工作日发出会议通知，会议通知可以通过直接送达、邮寄、传真、电子邮件或者其他方式，提交给全体持有人。会议通知应当至少包括以下内容：

（1）会议的时间和地点；

（2）会议事由和议题；

(3)会议所必需的会议材料；

(4)发出通知的日期。

如遇紧急情况,可以通过口头方式通知召开持有人会议。口头方式通知至少应包括上述第(1)项、第(2)项内容以及因情况紧急需要尽快召开持有人会议的说明。

3. 持有人会议的召开和表决程序

(1)员工持股计划的持有人均有权出席持有人会议。

(2)首次持有人会议由公司董事长或总经理负责主持,此后的持有人会议由管理委员会主任负责主持。管理委员会主任不能履行职务时,由其指派一名管理委员会成员负责主持。

(3)持有人以其所持有的本计划份额行使表决权,每一单位计划份额具有一票表决权,持有人会议采取记名方式投票表决。

(4)持有人会议对所有提案进行逐项表决,持有人会议作出决议可采取填写表决票的书面表决方式或举手表决方式。持有人会议在保障持有人充分表达意见的前提下,可以用传真、电话或视频会议等方式进行并作出决议,并由参会持有人签字。

(5)持有人对提交持有人会议审议的事项发表以下意见之一:同意、反对或弃权。未填、错填、字迹无法辨认的表决票或未投的表决票均视为投票人放弃表决权利,其所持股份数的表决结果应计为“弃权”。

(6)持有人会议应当推举两名持有人负责计票和监票。持有人会议主持人应当场宣布表决结果,且持有人会议应形成会议记录。

(7)持有人会议作出决议,每项决议应当经出席持有人会议的持有人所持表决权的2/3以上表决通过。

(七)管理委员会

第一,员工持股计划设管理委员会,对员工持股计划负责,是员工持股计划的日常监督管理机构,代表持有人行使股东权利或者授权资产管理机构行使股东权利。

第二,管理委员会由3名委员组成,设管理委员会主任1名。管理委员会委员均由持有人会议选举产生。管理委员会主任由管理委员会以全体委员的过半数选举产生。管理委员会委员的任期为自管理委员会选举产生之日起至员工持股计划终止。管理委员会委员因个人提出辞任或因退出员工持股计划等原因不再符合担任管理委员会委员时，由持有人会议补充选举相应管理委员会成员。

第三，管理委员会委员应当遵守法律、行政法规及本员工持股计划的规定，对员工持股计划负有下列忠实义务：

1. 不得利用职权收受贿赂或者其他非法收入，不得侵占员工持股计划的财产。

2. 不得挪用员工持股计划资金。

3. 未经管理委员会同意，不得将员工持股计划资产或者资金以其个人名义或者其他个人名义开立账户存储。

4. 未经持有人会议同意，不得将员工持股计划资金借贷给他人或者以员工持股计划财产为他人提供担保。

5. 不得利用其职权损害员工持股计划利益。管理委员会委员违反忠实义务给员工持股计划造成损失的，应当承担赔偿责任。

第四，管理委员会行使以下职责：

1. 负责召集和主持持有人会议；

2. 代表全体持有人监督员工持股计划的日常管理；

3. 代表全体持有人暨员工持股计划行使员工持股计划资产所对应的股东权利或者授权资产管理机构行使股东权利；

4. 负责与资产管理机构的对接工作；

5. 办理员工持股计划份额登记事宜；

6. 代表全体持有人暨员工持股计划向持有人分配收益和现金资产；

7. 决策员工持股计划被强制转让份额的归属；

8. 对计划持有人发出补仓通知；

9. 持有人会议授予的其他职责。

第五，管理委员会主任行使下列职权：

1. 主持持有人会议和召集、主持管理委员会会议；

2. 督促、检查持有人会议、管理委员会决议的执行；

3. 管理委员会授予的其他职权。

第六，管理委员会不定期召开会议，由管理委员会主任召集，于会议召开3日前通知全体管理委员会委员。

第七，管理委员会委员可以提议召开管理委员会临时会议。管理委员会主任应当自接到提议后5日内，召集和主持管理委员会会议。

第八，管理委员会的召开和表决程序。

1. 管理委员会会议应有过半数的管理委员会委员出席方可举行。

2. 管理委员会作出决议，必须经全体管理委员会委员的过半数通过。

3. 管理委员会决议的表决，实行一人一票，表决方式为记名投票表决。

4. 管理委员会会议在保障管理委员会委员充分表达意见的前提下，可以用传真等方式进行并作出决议，并由参会管理委员会委员签字。

5. 管理委员会会议，应由管理委员会委员本人出席；管理委员会委员因故不能出席的，可以书面委托其他管理委员会委员代为出席，代为出席会议的管理委员会委员应当在授权范围内行使管理委员会委员的权利。管理委员会委员未出席管理委员会会议，亦未委托代表出席的，视为放弃在该次会议上的投票权。

6. 管理委员会应当对会议所议事项的决定形成会议记录，出席会议的管理委员会委员应当在会议记录上签名。

(八)员工持股计划权益的处置办法

第一，本计划存续期内，除法律、行政法规、部门规章另有规定，或经持有人会议审议通过以外，持有人不得主动提出退出本计划及收取本计划分配收益，但经管理委员会同意的除外。

第二，本计划存续期内，持有人所持有的员工持股计划权益不得用于担保、偿还债务以及对外转让。

第三，收益分配。

1. 标的股票锁定期内员工持股计划的分配：

(1)在标的股票锁定期内持有人不得要求对员工持股计划的权益进行分配;

(2)在标的股票锁定期内,公司发生资本公积转增股本、派送股票红利时,启航 1 号资管计划因持有公司股份而新取得的股份一并锁定,不得出售或以其他方式转让,该等股票的解锁期与相对应股票相同;

(3)在标的股票锁定期内,公司发生派发现金股利时,启航 1 号资管计划因持有公司股份而获得的现金股利也一并锁定,在启航 1 号资管计划退出日或产品结束时进行分配。

2. 标的股票锁定期届满后,管理委员会有权要求启航 1 号资管计划减持标的股票,在启航 1 号资管计划设定的退出开放日,对优先级和次级(员工持股计划)对应计划份额进行退出。员工持股计划将退出部分的本金及收益分配给员工持股计划持有人。

3. 本员工持股计划涉及标的股票的锁定期满后,启航 1 号资管计划终止时,本员工持股计划随之终止。

4. 存续期内,启航 1 号资管计划需按年支付优先级份额 10.7% 的年基准收益率收益及专项资产管理计划的管理费、托管费。当启航 1 号资管计划可分配的现金不足以支付优先级份额收益、管理费及托管费时,由本员工持股计划持有人补缴资金,用于支付优先级份额收益、管理费及托管费。

5. 存续期满或本员工持股计划提前终止时,启航 1 号资管计划所持公司股票及其他资产进行变现,启航 1 号资管计划资产全部变现后,首先对优先级份额进行分配,支付优先级份额的本金及收益,剩余可分配资产向次级份额(本员工持股计划)分配,员工持股计划按各持有人份额比例进行分配。

第四,预警线、止损线及补仓义务。

1. 预警线、止损线的设置

启航 1 号资管计划份额净值预警线设置为 0.83 元,止损线设置为 0.80 元。员工持股计划存续期内,其认购的启航 1 号资管计划份额净值低于 0.83 元(含)时,本计划持有人履行补仓义务。

2. 补仓安排

在启航 1 号资管计划存续期间任何一个工作日(T 日),若启航 1 号资管计划份额净值跌破预警线时,由管理委员会发出补仓通知,本计划持有人按照触发预警线时点各持有人持有份额的比例补缴资金,以履行专项资产管理计划合同约定之补仓义务,使启航 1 号计划份额净值不低于 1.00 元(含)。

当出现个别本员工持股计划持有人未能及时补缴资金的,需补缴资金缺口由管理委员会指定公司符合条件的持有人按职级优先补仓,并对员工持股计划持有人份额进行重新折算,份额折算参照如下公式:

持有人折算后份额 = 持有人本次补仓前持有份额 * 补仓资金认缴前一日员工持股计划单位净值/1 元 + 持有人本次补仓补缴资金/1 元

补仓资金认缴前一日员工持股计划单位净值以中信信诚联讯启航 1 号专项资产管理计划补仓资金认缴前一日估值为准。

若员工持股计划未能及时、足额补足资金,启航 1 号资管计划管理人行使特别交易权,处置金额优先用于分配优先级份额的本金和收益,剩余收益归属员工持股计划,本计划持有人按比例享有该部分收益。

第五,发生下列情形之一的,公司有权取消该持有人参与本员工持股计划的资格,并将其持有的员工持股计划权益按照其认购成本与份额对应的累计净值孰低的原则强制转让给管理委员会指定的具备参与本员工持股计划资格的员工:

1. 持有人辞职或擅自离职的;

2. 持有人在劳动合同到期后拒绝与公司、分公司及各营业部续签劳动合同的;

3. 持有人劳动合同到期后,公司、分公司及各营业部不与其续签劳动合同的;

4. 持有人因违反法律、行政法规或公司规章制度而被公司解除劳动合同的。

(九)持有人所持权益不作变更的情形

1. 员工持股计划存续期内,持有人职务变动但仍符合参与条件的,其持有的员工持股计划权益不作变更。

2. 员工持股计划存续期内,持有人丧失劳动能力的,其持有的员工持股计划份额及权益不受影响。

3. 员工持股计划存续期内,持有人达到国家规定的退休年龄而退休的,其持有的员工持股计划份额及权益不作变更。

4. 员工持股计划存续期内,持有人身故,其持有的员工持股计划份额及权益不作变更,由其合法继承人继续享有,该等继承人不受需具备参与本员工持股计划资格的限制。

5. 管理委员会认定的其他情形。

(十)资产管理协议的主要条款

第一,资管计划名称:中信信诚联讯启航 1 号专项资产管理计划。

第二,类型:证券投资型资产管理计划。

第三,目标规模:本专项资产管理计划规模上限为 21,250.00 万份,资金总额不超过 21,250.00 万元,按照 1∶1.5 的比例设立次级份额和优先级份额。

第四,存续期限:启航 1 号资管计划期限为 24 个月,自启航 1 号资管计划生效之日起满 12 个月后,经管理人允许,可以提前全部或部分减持启航 1 号资管计划所持有的联讯证券股份有限公司股票。

第五,资管计划的参与和退出:

1. 资产管理计划的参与:启航 1 号资管计划存续期不允许参与。

2. 资产管理计划的退出:启航 1 号资管计划存续期满 12 个月起至启航 1 号资管计划到期前,允许优先级委托人和次级委托人在保持其持有份额比例不变的前提下同时等比例减少各自持有的部分计划份额,提前退出本启航 1 号资管计划。

第六,投资策略:启航 1 号资管计划通过对定向增发上市公司的多维度基本面分析,包括其估值水平、成长性、行业地位、盈利水平、公司治理等多个角度,从战略角度评估参与定向增发的可能损益和风险成本,综合决定参与其定向增发。通过对市场环境的理性判断,采取集中投资策略,将委托财产集中投资于某个定向增发股票。

为了支付各类费率而保留的计划财产以及闲置资金通过委托人代表出具投资指令投资于流动性强期限较短的现金管理工具(包括但不限于货币基金,银行存款等),增强组合管理效率。

第七,特别风险提示:

1. 委托人资金流动性风险

根据启航1号资管计划的规定,委托人不得随意赎回其计划单位,委托人持有计划单位的封闭时间和金额均有一定要求,因此委托人在资金流动性方面会受一定影响。

2. 计划利益不确定的风险

计划利益受多项因素影响,包括证券市场价格波动、投资操作水平、国家政策变化等,启航1号资管计划既有盈利的可能,亦存在亏损的可能。根据相关法律法规规定,管理人不对启航1号资管计划的委托人承诺计划利益或做出某种保底暗示。

3. 特定投资策略的风险

由于委托人代表的知识、经验等因素而影响其对相关信息、经济形势和证券价格走势的判断,可能导致其建议投资品种的业绩表现低于预期,甚至形成投资亏损。由此造成的风险和损失由启航1号资管计划财产承担。

4. 次级委托人的收益分配顺序劣后于优先级委托人。在启航1号资管计划投资未实现预期投资目标时,次级委托人的投资本金将用于补偿优先级委托人的预期收益,次级委托人的投资本金面临全部或部分损失的风险。

二、律师解读

(一)新三板挂牌企业实施员工持股计划的几个特点

1. 参与对象以董事、监事、高级管理人员和核心员工为主,并设定一定的公司业绩考核指标及员工业绩考核指标。

2. 股票来源以定向发行为主。因此,新三板挂牌企业需要按照《全国中小企业股份转让系统业务规则(试行)》、《全国中小企业股份转让系统股票发行业务细则(试行)》等监管规定履行必要的程序。对于股东人数超过200人的挂牌企业，股东大会通过相关决议后需报中国证监会核准；对于股东人数没有超过200人的挂牌企业，股东大会通过相关决议后即可实施，并报全国股转系统备案。

3. 持股期限方面，均不短于12个月；持股规模方面，员工持股计划占挂牌公司股票总数累计均不得超过公司股本总额的10%，单个员工所获股份权益对应的股票总数累计均不得超过公司股本总额的1%。

4. 管理方式均以委托管理为主，且可参与认购所委托机构成立的专项产品次级份额。

（二）证券公司实施员工持股计划的法律限制及可行性分析

证券公司（包括上述的联讯证券）实施员工持股计划是否有法律法规限制、是否具有可行性，下面予以简要分析。

1. 证券公司实施员工持股计划可能存在的法律限制

《证券法》第43条第1款规定："证券交易所、证券公司和证券登记结算机构的从业人员、证券监督管理机构的工作人员以及法律、行政法规禁止参与股票交易的其他人员，在任期或者法定期限内，不得直接或者以化名、借他人名义持有、买卖股票，也不得收受他人赠送的股票。"

根据中国证监会《关于上市公司实施员工持股计划试点的指导意见》（以下简称《指导意见》）的规定，"法律禁止特定行业公司员工持有、买卖股票的，不得以员工持股计划的名义持有、买卖股票"。

根据上述要求，因证券公司从业人员不得持有买卖股票，则证券公司不得以员工持股计划的名义持有、买卖股票。但值得说明的是，《指导意见》适用对象为A股上市公司。综合而言，即A股上市证券公司不得以员工持股计划的名义持有、买卖股票。

那么，如果证券公司非A股上市公司且从业人员未直接或者以化名、借他人名义持有及买卖股票是否可行呢？

根据联讯证券员工持股计划方案，联讯证券拟采用委托管理方式，即员工持股计划设立后委托资产管理公司进行管理。联讯证券作为新三板挂牌企业，法律属性为非上市公众公司，应不适用《指导意见》中关于A股上市公司特定行业实施员工持股计划的限制性规定。同时，联讯证券采取上述委托管理方式，应为非“直接或者以化名、借他人名义持有、买卖股票”，应符合《证券法》的上述规定。

综合，A股上市证券公司实施员工持股计划具有严格的法律限制，但新三板挂牌证券公司实施员工持股计划应具有一定的可行性。

2. 证券公司实施员工持股计划的可行性分析

根据《中共中央关于全面深化改革若干重大问题的决定》的规定，“允许混合所有制经济实行企业员工持股，形成资本所有者和劳动者利益共同体”。

根据证监会《关于证券经营机构参与全国股转系统相关业务有关问题的通知》的规定，“支持证券期货经营机构通过全国股转系统进行股权转让。证券期货经营机构通过全国股转系统探索股权激励，建立、健全员工激励与约束机制”。

同时，《非上市公众公司监督管理办法》、《全国中小企业股份转让系统业务规则（试行）》、《全国中小企业股份转让系统股票发行业务细则（试行）》及《全国中小企业股份转让系统投资者适当性管理细则（试行）》等全国股转系统相关规定对挂牌公司定向发行的程序、认购对象、本案要求等进行了详细规定。

综上，证券公司开展员工持股计划应符合党中央、中国证监会的政策精神。同时，新三板挂牌证券公司按照全国股转系统上述相关规定制定具体发行方案、履行必要核准或备案程序，具有可操作性。

3. 新《证券法》中允许员工持股的规定应有利于证券公司实施员工持股计划

根据《证券法》，证券公司从业人员可以买卖证券，但不得与其所任职务、工作职责等发生利益冲突；证券公司应当建立从业人员买卖证券申报、登记、审查和处置等管理制度，并向国务院证券监督管理机构备案。

如根据上述修订意见，则A股上市证券公司实施员工持股计划应不存在法律障碍。员工持股计划作为一种积极有效的激励机制，待新《证券法》正式实施及相关法规进一步修订完善，相信会有更多的证券公司实施员工计划。

第二部分　新三板企业挂牌的核心法律法规

中华人民共和国公司法

第一章　总　　则

第一条　为了规范公司的组织和行为，保护公司、股东和债权人的合法权益，维护社会经济秩序，促进社会主义市场经济的发展，制定本法。

第二条　本法所称公司是指依照本法在中国境内设立的有限责任公司和股份有限公司。

第三条　公司是企业法人，有独立的法人财产，享有法人财产权。公司以其全部财产对公司的债务承担责任。

有限责任公司的股东以其认缴的出资额为限对公司承担责任；股份有限公司的股东以其认购的股份为限对公司承担责任。

第四条　公司股东依法享有资产收益、参与重大决策和选择管理者等权利。

第五条　公司从事经营活动，必须遵守法律、行政法规，遵守社会公德、商业道德，诚实守信，接受政府和社会公众的监督，承担社会责任。

公司的合法权益受法律保护，不受侵犯。

第六条　设立公司，应当依法向公司登记机关申请设立登记。符合本法规定的设立条件的，由公司登记机关分别登记为有限责任公司或者股份有限公司；不符合本法规定的设立条件的，不得登记为有限责任公司或者股份有限公司。

法律、行政法规规定设立公司必须报经批准的，应当在公司登记前依法办理批准手续。

公众可以向公司登记机关申请查询公司登记事项，公司登记机关应当提供查询服务。

第七条 依法设立的公司，由公司登记机关发给公司营业执照。公司营业执照签发日期为公司成立日期。

公司营业执照应当载明公司的名称、住所、注册资本、实收资本、经营范围、法定代表人姓名等事项。

公司营业执照记载的事项发生变更的，公司应当依法办理变更登记，由公司登记机关换发营业执照。

第八条 依照本法设立的有限责任公司，必须在公司名称中标明有限责任公司或者有限公司字样。

依照本法设立的股份有限公司，必须在公司名称中标明股份有限公司或者股份公司字样。

第九条 有限责任公司变更为股份有限公司，应当符合本法规定的股份有限公司的条件。股份有限公司变更为有限责任公司，应当符合本法规定的有限责任公司的条件。

有限责任公司变更为股份有限公司的，或者股份有限公司变更为有限责任公司的，公司变更前的债权、债务由变更后的公司承继。

第十条 公司以其主要办事机构所在地为住所。

第十一条 设立公司必须依法制定公司章程。公司章程对公司、股东、董事、监事、高级管理人员具有约束力。

第十二条 公司的经营范围由公司章程规定，并依法登记。公司可以修改公司章程，改变经营范围，但是应当办理变更登记。

公司的经营范围中属于法律、行政法规规定须经批准的项目，应当依法经过批准。

第十三条 公司法定代表人依照公司章程的规定，由董事长、执行董事或者经理担任，并依法登记。公司法定代表人变更，应当办理变更登记。

第十四条 公司可以设立分公司。设立分公司，应当向公司登记机关申请登记，领取营业执照。分公司不具有法人资格，其民事责任由公司承担。

公司可以设立子公司，子公司具有法人资格，依法独立承担民事责任。

第十五条 公司可以向其他企业投资；但是，除法律另有规定外，不得成为对所投资企业的债务承担连带责任的出资人。

第十六条 公司向其他企业投资或者为他人提供担保，依照公司章程的规定，由董事会或者股东会、股东大会决议；公司章程对投资或者担保的总额及单项投资或者担保的数额有限额规定的，不得超过规定的限额。

公司为公司股东或者实际控制人提供担保的，必须经股东会或者股东大会决议。

前款规定的股东或者受前款规定的实际控制人支配的股东，不得参加前款规定事项的表决。该项表决由出席会议的其他股东所持表决权的过半数通过。

第十七条 公司必须保护职工的合法权益，依法与职工签订劳动合同，参加社会保险，加强劳动保护，实现安全生产。

公司应当采用多种形式，加强公司职工的职业教育和岗位培训，提高职工素质。

第十八条 公司职工依照《中华人民共和国工会法》组织工会，开展工会活动，维护职工合法权益。公司应当为本公司工会提供必要的活动条件。公司工会代表职工就职工的劳动报酬、工作时间、福利、保险和劳动安全卫生等事项依法与公司签订集体合同。

公司依照宪法和有关法律的规定，通过职工代表大会或者其他形式，实行民主管理。

公司研究决定改制以及经营方面的重大问题、制定重要的规章制度时，应当听取公司工会的意见，并通过职工代表大会或者其他形式听取职工的意见和建议。

第十九条 在公司中，根据中国共产党章程的规定，设立中国共产党的组织，开展党的活动。公司应当为党组织的活动提供必要条件。

第二十条 公司股东应当遵守法律、行政法规和公司章程，依法行使股东权利，不得滥用股东权利损害公司或者其他股东的利益；不得滥用公司法人独立地位和股东有限责任损害公司债权人的利益。

公司股东滥用股东权利给公司或者其他股东造成损失的,应当依法承担赔偿责任。

公司股东滥用公司法人独立地位和股东有限责任,逃避债务,严重损害公司债权人利益的,应当对公司债务承担连带责任。

第二十一条 公司的控股股东、实际控制人、董事、监事、高级管理人员不得利用其关联关系损害公司利益。

违反前款规定,给公司造成损失的,应当承担赔偿责任。

第二十二条 公司股东会或者股东大会、董事会的决议内容违反法律、行政法规的无效。

股东会或者股东大会、董事会的会议召集程序、表决方式违反法律、行政法规或者公司章程,或者决议内容违反公司章程的,股东可以自决议作出之日起六十日内,请求人民法院撤销。

股东依照前款规定提起诉讼的,人民法院可以应公司的请求,要求股东提供相应担保。

公司根据股东会或者股东大会、董事会决议已办理变更登记的,人民法院宣告该决议无效或者撤销该决议后,公司应当向公司登记机关申请撤销变更登记。

第二章 有限责任公司的设立和组织机构

第一节 设 立

第二十三条 设立有限责任公司,应当具备下列条件:

(一)股东符合法定人数;

(二)股东出资达到法定资本最低限额;

(三)股东共同制定公司章程;

(四)有公司名称,建立符合有限责任公司要求的组织机构;

(五)有公司住所。

第二十四条 有限责任公司由五十个以下股东出资设立。

第二十五条 有限责任公司章程应当载明下列事项：

（一）公司名称和住所；

（二）公司经营范围；

（三）公司注册资本；

（四）股东的姓名或者名称；

（五）股东的出资方式、出资额和出资时间；

（六）公司的机构及其产生办法、职权、议事规则；

（七）公司法定代表人；

（八）股东会会议认为需要规定的其他事项。

股东应当在公司章程上签名、盖章。

第二十六条 有限责任公司的注册资本为在公司登记机关登记的全体股东认缴的出资额。法律、行政法规以及国务院决定对有限责任公司注册资本实缴、注册资本最低限额另有规定的，从其规定。

第二十七条 股东可以用货币出资，也可以用实物、知识产权、土地使用权等可以用货币估价并可以依法转让的非货币财产作价出资；但是，法律、行政法规规定不得作为出资的财产除外。

对作为出资的非货币财产应当评估作价，核实财产，不得高估或者低估作价。法律、行政法规对评估作价有规定的，从其规定。

第二十八条 股东应当按期足额缴纳公司章程中规定的各自所认缴的出资额。股东以货币出资的，应当将货币出资足额存入有限责任公司在银行开设的账户；以非货币财产出资的，应当依法办理其财产权的转移手续。

股东不按照前款规定缴纳出资的，除应当向公司足额缴纳外，还应当向已按期足额缴纳出资的股东承担违约责任。

第二十九条 股东认足公司章程规定的出资后，由全体股东指定的代表或者共同委托的代理人向公司登记机关报送公司登记申请书、公司章程等文件，申请设立登记。

第三十条 有限责任公司成立后，发现作为设立公司出资的非货币财产的实际价额显著低于公司章程所定价额的，应当由交付该出资的股东补足其差额;公司设立时的其他股东承担连带责任。

第三十一条 有限责任公司成立后,应当向股东签发出资证明书。

出资证明书应当载明下列事项:

(一)公司名称;

(二)公司成立日期;

(三)公司注册资本;

(四)股东的姓名或者名称、缴纳的出资额和出资日期;

(五)出资证明书的编号和核发日期。

出资证明书由公司盖章。

第三十二条 有限责任公司应当置备股东名册,记载下列事项:

(一)股东的姓名或者名称及住所;

(二)股东的出资额;

(三)出资证明书编号。

记载于股东名册的股东,可以依股东名册主张行使股东权利。

公司应当将股东的姓名或者名称及其出资额向公司登记机关登记;登记事项发生变更的,应当办理变更登记。未经登记或者变更登记的,不得对抗第三人。

第三十三条 股东有权查阅、复制公司章程、股东会会议记录、董事会会议决议、监事会会议决议和财务会计报告。

股东可以要求查阅公司会计账簿。股东要求查阅公司会计账簿的,应当向公司提出书面请求,说明目的。公司有合理根据认为股东查阅会计账簿有不正当目的,可能损害公司合法利益的,可以拒绝提供查阅,并应当自股东提出书面请求之日起十五日内书面答复股东并说明理由。公司拒绝提供查阅的,股东可以请求人民法院要求公司提供查阅。

第三十四条 股东按照实缴的出资比例分取红利;公司新增资本时,股东有权优先按照实缴的出资比例认缴出资。但是,全体股东约定不按照出资比例分取红利或者不按照出资比例优先认缴出资的除外。

第三十五条 公司成立后,股东不得抽逃出资。

第二节　组 织 机 构

第三十六条　有限责任公司股东会由全体股东组成。股东会是公司的权力机构,依照本法行使职权。

第三十七条　股东会行使下列职权:

(一)决定公司的经营方针和投资计划;

(二)选举和更换非由职工代表担任的董事、监事,决定有关董事、监事的报酬事项;

(三)审议批准董事会的报告;

(四)审议批准监事会或者监事的报告;

(五)审议批准公司的年度财务预算方案、决算方案;

(六)审议批准公司的利润分配方案和弥补亏损方案;

(七)对公司增加或者减少注册资本作出决议;

(八)对发行公司债券作出决议;

(九)对公司合并、分立、解散、清算或者变更公司形式作出决议;

(十)修改公司章程;

(十一)公司章程规定的其他职权。

对前款所列事项股东以书面形式一致表示同意的,可以不召开股东会会议,直接作出决定,并由全体股东在决定文件上签名、盖章。

第三十八条　首次股东会会议由出资最多的股东召集和主持,依照本法规定行使职权。

第三十九条　股东会会议分为定期会议和临时会议。

定期会议应当依照公司章程的规定按时召开。代表十分之一以上表决权的股东,三分之一以上的董事,监事会或者不设监事会的公司的监事提议召开临时会议的,应当召开临时会议。

第四十条　有限责任公司设立董事会的,股东会会议由董事会召集,董事长主持;董事长不能履行职务或者不履行职务的,由副董事长主持;副董事长不能履行职务或者不履行职务的,由半数以上董事共同推举一名董事主持。

有限责任公司不设董事会的，股东会会议由执行董事召集和主持。

董事会或者执行董事不能履行或者不履行召集股东会会议职责的，由监事会或者不设监事会的公司的监事召集和主持；监事会或者监事不召集和主持的，代表十分之一以上表决权的股东可以自行召集和主持。

第四十一条 召开股东会会议，应当于会议召开十五日前通知全体股东；但是，公司章程另有规定或者全体股东另有约定的除外。

股东会应当对所议事项的决定作成会议记录，出席会议的股东应当在会议记录上签名。

第四十二条 股东会会议由股东按照出资比例行使表决权；但是，公司章程另有规定的除外。

第四十三条 股东会的议事方式和表决程序，除本法有规定的外，由公司章程规定。

股东会会议作出修改公司章程、增加或者减少注册资本的决议，以及公司合并、分立、解散或者变更公司形式的决议，必须经代表三分之二以上表决权的股东通过。

第四十四条 有限责任公司设董事会，其成员为三人至十三人；但是，本法第五十一条另有规定的除外。

两个以上的国有企业或者两个以上的其他国有投资主体投资设立的有限责任公司，其董事会成员中应当有公司职工代表；其他有限责任公司董事会成员中可以有公司职工代表。董事会中的职工代表由公司职工通过职工代表大会、职工大会或者其他形式民主选举产生。

董事会设董事长一人，可以设副董事长。董事长、副董事长的产生办法由公司章程规定。

第四十五条 董事任期由公司章程规定，但每届任期不得超过三年。董事任期届满，连选可以连任。

董事任期届满未及时改选，或者董事在任期内辞职导致董事会成员低于法定人数的，在改选出的董事就任前，原董事仍应当依照法律、行政法规和公司章程的规定，履行董事职务。

第四十六条 董事会对股东会负责，行使下列职权：

（一）召集股东会会议，并向股东会报告工作；

（二）执行股东会的决议；

（三）决定公司的经营计划和投资方案；

（四）制订公司的年度财务预算方案、决算方案；

（五）制订公司的利润分配方案和弥补亏损方案；

（六）制订公司增加或者减少注册资本以及发行公司债券的方案；

（七）制订公司合并、分立、解散或者变更公司形式的方案；

（八）决定公司内部管理机构的设置；

（九）决定聘任或者解聘公司经理及其报酬事项，并根据经理的提名决定聘任或者解聘公司副经理、财务负责人及其报酬事项；

（十）制定公司的基本管理制度；

（十一）公司章程规定的其他职权。

第四十七条 董事会会议由董事长召集和主持；董事长不能履行职务或者不履行职务的，由副董事长召集和主持；副董事长不能履行职务或者不履行职务的，由半数以上董事共同推举一名董事召集和主持。

第四十八条 董事会的议事方式和表决程序，除本法有规定的外，由公司章程规定。

董事会应当对所议事项的决定作成会议记录，出席会议的董事应当在会议记录上签名。

董事会决议的表决，实行一人一票。

第四十九条 有限责任公司可以设经理，由董事会决定聘任或者解聘。经理对董事会负责，行使下列职权：

（一）主持公司的生产经营管理工作，组织实施董事会决议；

（二）组织实施公司年度经营计划和投资方案；

（三）拟订公司内部管理机构设置方案；

（四）拟订公司的基本管理制度；

（五）制定公司的具体规章；

（六）提请聘任或者解聘公司副经理、财务负责人；

（七）决定聘任或者解聘除应由董事会决定聘任或者解聘以外的负责管理人员；

（八）董事会授予的其他职权。

公司章程对经理职权另有规定的，从其规定。

经理列席董事会会议。

第五十条 股东人数较少或者规模较小的有限责任公司，可以设一名执行董事，不设董事会。执行董事可以兼任公司经理。

执行董事的职权由公司章程规定。

第五十一条 有限责任公司设监事会，其成员不得少于三人。股东人数较少或者规模较小的有限责任公司，可以设一至二名监事，不设监事会。

监事会应当包括股东代表和适当比例的公司职工代表，其中职工代表的比例不得低于三分之一，具体比例由公司章程规定。监事会中的职工代表由公司职工通过职工代表大会、职工大会或者其他形式民主选举产生。

监事会设主席一人，由全体监事过半数选举产生。监事会主席召集和主持监事会会议；监事会主席不能履行职务或者不履行职务的，由半数以上监事共同推举一名监事召集和主持监事会会议。

董事、高级管理人员不得兼任监事。

第五十二条 监事的任期每届为三年。监事任期届满，连选可以连任。

监事任期届满未及时改选，或者监事在任期内辞职导致监事会成员低于法定人数的，在改选出的监事就任前，原监事仍应当依照法律、行政法规和公司章程的规定，履行监事职务。

第五十三条 监事会、不设监事会的公司的监事行使下列职权：

（一）检查公司财务；

（二）对董事、高级管理人员执行公司职务的行为进行监督，对违反法律、行政法规、公司章程或者股东会决议的董事、高级管理人员提出罢免的建议；

（三）当董事、高级管理人员的行为损害公司的利益时，要求董事、高级管理人员予以纠正；

(四)提议召开临时股东会会议,在董事会不履行本法规定的召集和主持股东会会议职责时召集和主持股东会会议;

(五)向股东会会议提出提案;

(六)依照本法第一百五十一条的规定,对董事、高级管理人员提起诉讼;

(七)公司章程规定的其他职权。

第五十四条 监事可以列席董事会会议,并对董事会决议事项提出质询或者建议。

监事会、不设监事会的公司的监事发现公司经营情况异常,可以进行调查;必要时,可以聘请会计师事务所等协助其工作,费用由公司承担。

第五十五条 监事会每年度至少召开一次会议,监事可以提议召开临时监事会会议。

监事会的议事方式和表决程序,除本法有规定的外,由公司章程规定。

监事会决议应当经半数以上监事通过。

监事会应当对所议事项的决定作成会议记录,出席会议的监事应当在会议记录上签名。

第五十六条 监事会、不设监事会的公司的监事行使职权所必需的费用,由公司承担。

第三节 一人有限责任公司的特别规定

第五十七条 一人有限责任公司的设立和组织机构,适用本节规定;本节没有规定的,适用本章第一节、第二节的规定。

本法所称一人有限责任公司,是指只有一个自然人股东或者一个法人股东的有限责任公司。

第五十八条 一个自然人只能投资设立一个一人有限责任公司。该一人有限责任公司不能投资设立新的一人有限责任公司。

第五十九条 一人有限责任公司应当在公司登记中注明自然人独资或者法人独资,并在公司营业执照中载明。

第六十条 一人有限责任公司章程由股东制定。

第六十一条 一人有限责任公司不设股东会。股东作出本法第三十七条第一款所列决定时，应当采用书面形式，并由股东签名后置备于公司。

第六十二条 一人有限责任公司应当在每一会计年度终了时编制财务会计报告，并经会计师事务所审计。

第六十三条 一人有限责任公司的股东不能证明公司财产独立于股东自己的财产的，应当对公司债务承担连带责任。

第四节 国有独资公司的特别规定

第六十四条 国有独资公司的设立和组织机构，适用本节规定；本节没有规定的，适用本章第一节、第二节的规定。

本法所称国有独资公司，是指国家单独出资、由国务院或者地方人民政府授权本级人民政府国有资产监督管理机构履行出资人职责的有限责任公司。

第六十五条 国有独资公司章程由国有资产监督管理机构制定，或者由董事会制订报国有资产监督管理机构批准。

第六十六条 国有独资公司不设股东会，由国有资产监督管理机构行使股东会职权。国有资产监督管理机构可以授权公司董事会行使股东会的部分职权，决定公司的重大事项，但公司的合并、分立、解散、增加或者减少注册资本和发行公司债券，必须由国有资产监督管理机构决定；其中，重要的国有独资公司合并、分立、解散、申请破产的，应当由国有资产监督管理机构审核后，报本级人民政府批准。

前款所称重要的国有独资公司，按照国务院的规定确定。

第六十七条 国有独资公司设董事会，依照本法第四十六条、第六十六条的规定行使职权。董事每届任期不得超过三年。董事会成员中应当有公司职工代表。

董事会成员由国有资产监督管理机构委派；但是，董事会成员中的职工代表由公司职工代表大会选举产生。

董事会设董事长一人，可以设副董事长。董事长、副董事长由国有资产监督管理机构从董事会成员中指定。

第六十八条 国有独资公司设经理，由董事会聘任或者解聘。经理依照本法第四十九条规定行使职权。

经国有资产监督管理机构同意，董事会成员可以兼任经理。

第六十九条 国有独资公司的董事长、副董事长、董事、高级管理人员，未经国有资产监督管理机构同意，不得在其他有限责任公司、股份有限公司或者其他经济组织兼职。

第七十条 国有独资公司监事会成员不得少于五人，其中职工代表的比例不得低于三分之一，具体比例由公司章程规定。

监事会成员由国有资产监督管理机构委派；但是，监事会成员中的职工代表由公司职工代表大会选举产生。监事会主席由国有资产监督管理机构从监事会成员中指定。

监事会行使本法第五十三条第（一）项至第（三）项规定的职权和国务院规定的其他职权。

第三章 有限责任公司的股权转让

第七十一条 有限责任公司的股东之间可以相互转让其全部或者部分股权。

股东向股东以外的人转让股权，应当经其他股东过半数同意。股东应就其股权转让事项书面通知其他股东征求同意，其他股东自接到书面通知之日起满三十日未答复的，视为同意转让。其他股东半数以上不同意转让的，不同意的股东应当购买该转让的股权；不购买的，视为同意转让。

经股东同意转让的股权，在同等条件下，其他股东有优先购买权。两个以上股东主张行使优先购买权的，协商确定各自的购买比例；协商不成的，按照转让时各自的出资比例行使优先购买权。

公司章程对股权转让另有规定的，从其规定。

第七十二条 人民法院依照法律规定的强制执行程序转让股东的股权时，应当通知公司及全体股东，其他股东在同等条件下有优先购买权。其他股东自人民法院通知之日起满二十日不行使优先购买权的，视为放弃优先购买权。

第七十三条 依照本法第七十一条、第七十二条转让股权后，公司应当注销原股东的出资证明书，向新股东签发出资证明书，并相应修改公司章程和股东名册中有关股东及其出资额的记载。对公司章程的该项修改不需再由股东会表决。

第七十四条 有下列情形之一的，对股东会该项决议投反对票的股东可以请求公司按照合理的价格收购其股权：

（一）公司连续五年不向股东分配利润，而公司该五年连续盈利，并且符合本法规定的分配利润条件的；

（二）公司合并、分立、转让主要财产的；

（三）公司章程规定的营业期限届满或者章程规定的其他解散事由出现，股东会会议通过决议修改章程使公司存续的。

自股东会会议决议通过之日起六十日内，股东与公司不能达成股权收购协议的，股东可以自股东会会议决议通过之日起九十日内向人民法院提起诉讼。

第七十五条 自然人股东死亡后，其合法继承人可以继承股东资格；但是，公司章程另有规定的除外。

第四章 股份有限公司的设立和组织机构

第一节 设 立

第七十六条 设立股份有限公司，应当具备下列条件：

（一）发起人符合法定人数；

（二）发起人认购和募集的股本达到法定资本最低限额；

（三）股份发行、筹办事项符合法律规定；

（四）发起人制订公司章程，采用募集方式设立的经创立大会通过；

（五）有公司名称，建立符合股份有限公司要求的组织机构；

（六）有公司住所。

第七十七条 股份有限公司的设立，可以采取发起设立或者募集设立的方式。

发起设立，是指由发起人认购公司应发行的全部股份而设立公司。

募集设立，是指由发起人认购公司应发行股份的一部分，其余股份向社会公开募集或者向特定对象募集而设立公司。

第七十八条 设立股份有限公司，应当有二人以上二百人以下为发起人，其中须有半数以上的发起人在中国境内有住所。

第七十九条 股份有限公司发起人承担公司筹办事务。

发起人应当签订发起人协议，明确各自在公司设立过程中的权利和义务。

第八十条 股份有限公司采取发起设立方式设立的，注册资本为在公司登记机关登记的全体发起人认购的股本总额。在发起人认购的股份缴足前，不得向他人募集股份。

股份有限公司采取募集方式设立的，注册资本为在公司登记机关登记的实收股本总额。

法律、行政法规以及国务院决定对股份有限公司注册资本实缴、注册资本最低限额另有规定的，从其规定。

第八十一条 股份有限公司章程应当载明下列事项：

（一）公司名称和住所；

（二）公司经营范围；

（三）公司设立方式；

（四）公司股份总数、每股金额和注册资本；

（五）发起人的姓名或者名称、认购的股份数、出资方式和出资时间；

（六）董事会的组成、职权和议事规则；

（七）公司法定代表人；

（八）监事会的组成、职权和议事规则；

（九）公司利润分配办法；

（十）公司的解散事由与清算办法；

（十一）公司的通知和公告办法；

（十二）股东大会会议认为需要规定的其他事项。

第八十二条 发起人的出资方式,适用本法第二十七条的规定。

第八十三条 以发起设立方式设立股份有限公司的,发起人应当书面认足公司章程规定其认购的股份,并按照公司章程规定缴纳出资。以非货币财产出资的,应当依法办理其财产权的转移手续。

发起人不依照前款规定缴纳出资的,应当按照发起人协议承担违约责任。

发起人首次缴纳出资后,应当选举董事会和监事会,由董事会向公司登记机关报送公司章程、由依法设定的验资机构出具的验资证明以及法律、行政法规规定的其他文件,申请设立登记。

第八十四条 以募集设立方式设立股份有限公司的,发起人认购的股份不得少于公司股份总数的百分之三十五;但是,法律、行政法规另有规定的,从其规定。

第八十五条 发起人向社会公开募集股份,必须公告招股说明书,并制作认股书。认股书应当载明本法第八十七条所列事项,由认股人填写认购股数、金额、住所,并签名、盖章。认股人按照所认购股数缴纳股款。

第八十六条 招股说明书应当附有发起人制订的公司章程,并载明下列事项:

(一)发起人认购的股份数;

(二)每股的票面金额和发行价格;

(三)无记名股票的发行总数;

(四)募集资金的用途;

(五)认股人的权利、义务;

(六)本次募股的起止期限及逾期未募足时认股人可以撤回所认股份的说明。

第八十七条 发起人向社会公开募集股份,应当由依法设立的证券公司承销,签订承销协议。

第八十八条 发起人向社会公开募集股份,应当同银行签订代收股款协议。

代收股款的银行应当按照协议代收和保存股款,向缴纳股款的认股人出具收款单据，并负有向有关部门出具收款证明的义务。

第八十九条 发行股份的股款缴足后，必须经依法设立的验资机构验资并出具证明。发起人应当自股款缴足之日起三十日内主持召开公司创立大会。创立大会由发起人、认股人组成。

发行的股份超过招股说明书规定的截止期限尚未募足的，或者发行股份的股款缴足后，发起人在三十日内未召开创立大会的，认股人可以按照所缴股款并加算银行同期存款利息，要求发起人返还。

第九十条 发起人应当在创立大会召开十五日前将会议日期通知各认股人或者予以公告。创立大会应有代表股份总数过半数的发起人、认股人出席，方可举行。

创立大会行使下列职权：

（一）审议发起人关于公司筹办情况的报告；

（二）通过公司章程；

（三）选举董事会成员；

（四）选举监事会成员；

（五）对公司的设立费用进行审核；

（六）对发起人用于抵作股款的财产的作价进行审核；

（七）发生不可抗力或者经营条件发生重大变化直接影响公司设立的，可以作出不设立公司的决议。

创立大会对前款所列事项作出决议，必须经出席会议的认股人所持表决权过半数通过。

第九十一条 发起人、认股人缴纳股款或者交付抵作股款的出资后，除未按期募足股份、发起人未按期召开创立大会或者创立大会决议不设立公司的情形外，不得抽回其股本。

第九十二条 董事会应于创立大会结束后三十日内，向公司登记机关报送下列文件，申请设立登记：

（一）公司登记申请书；

（二）创立大会的会议记录；

（三）公司章程；

（四）验资证明；

（五）法定代表人、董事、监事的任职文件及其身份证明；

（六）发起人的法人资格证明或者自然人身份证明；

（七）公司住所证明。

以募集方式设立股份有限公司公开发行股票的，还应当向公司登记机关报送国务院证券监督管理机构的核准文件。

第九十三条 股份有限公司成立后，发起人未按照公司章程的规定缴足出资的，应当补缴；其他发起人承担连带责任。

股份有限公司成立后，发现作为设立公司出资的非货币财产的实际价额显著低于公司章程所定价额的，应当由交付该出资的发起人补足其差额；其他发起人承担连带责任。

第九十四条 股份有限公司的发起人应当承担下列责任：

（一）公司不能成立时，对设立行为所产生的债务和费用负连带责任；

（二）公司不能成立时，对认股人已缴纳的股款，负返还股款并加算银行同期存款利息的连带责任；

（三）在公司设立过程中，由于发起人的过失致使公司利益受到损害的，应当对公司承担赔偿责任。

第九十五条 有限责任公司变更为股份有限公司时，折合的实收股本总额不得高于公司净资产额。有限责任公司变更为股份有限公司，为增加资本公开发行股份时，应当依法办理。

第九十六条 股份有限公司应当将公司章程、股东名册、公司债券存根、股东大会会议记录、董事会会议记录、监事会会议记录、财务会计报告置备于本公司。

第九十七条 股东有权查阅公司章程、股东名册、公司债券存根、股东大会会议记录、董事会会议决议、监事会会议决议、财务会计报告，对公司的经营提出建议或者质询。

第二节　股东大会

第九十八条　股份有限公司股东大会由全体股东组成。股东大会是公司的权力机构，依照本法行使职权。

第九十九条　本法第三十七条第一款关于有限责任公司股东会职权的规定，适用于股份有限公司股东大会。

第一百条　股东大会应当每年召开一次年会。有下列情形之一的，应当在两个月内召开临时股东大会：

（一）董事人数不足本法规定人数或者公司章程所定人数的三分之二时；

（二）公司未弥补的亏损达实收股本总额三分之一时；

（三）单独或者合计持有公司百分之十以上股份的股东请求时；

（四）董事会认为必要时；

（五）监事会提议召开时；

（六）公司章程规定的其他情形。

第一百零一条　股东大会会议由董事会召集，董事长主持；董事长不能履行职务或者不履行职务的，由副董事长主持；副董事长不能履行职务或者不履行职务的，由半数以上董事共同推举一名董事主持。

董事会不能履行或者不履行召集股东大会会议职责的，监事会应当及时召集和主持；监事会不召集和主持的，连续九十日以上单独或者合计持有公司百分之十以上股份的股东可以自行召集和主持。

第一百零二条　召开股东大会会议，应当将会议召开的时间、地点和审议的事项于会议召开二十日前通知各股东；临时股东大会应当于会议召开十五日前通知各股东；发行无记名股票的，应当于会议召开三十日前公告会议召开的时间、地点和审议事项。

单独或者合计持有公司百分之三以上股份的股东，可以在股东大会召开十日前提出临时提案并书面提交董事会；董事会应当在收到提案后二日内通知其他股东，并将该临时提案提交股东大会审议。临时提案的内容应当属于股东大会职权范围，并有明确议题和具体决议事项。

股东大会不得对前两款通知中未列明的事项作出决议。

无记名股票持有人出席股东大会会议的，应当于会议召开五日前至股东大会闭会时将股票交存于公司。

第一百零三条 股东出席股东大会会议，所持每一股份有一表决权。但是，公司持有的本公司股份没有表决权。

股东大会作出决议，必须经出席会议的股东所持表决权过半数通过。但是，股东大会作出修改公司章程、增加或者减少注册资本的决议，以及公司合并、分立、解散或者变更公司形式的决议，必须经出席会议的股东所持表决权的三分之二以上通过。

第一百零四条 本法和公司章程规定公司转让、受让重大资产或者对外提供担保等事项必须经股东大会作出决议的，董事会应当及时召集股东大会会议，由股东大会就上述事项进行表决。

第一百零五条 股东大会选举董事、监事，可以依照公司章程的规定或者股东大会的决议，实行累积投票制。

本法所称累积投票制，是指股东大会选举董事或者监事时，每一股份拥有与应选董事或者监事人数相同的表决权，股东拥有的表决权可以集中使用。

第一百零六条 股东可以委托代理人出席股东大会会议，代理人应当向公司提交股东授权委托书，并在授权范围内行使表决权。

第一百零七条 股东大会应当对所议事项的决定作成会议记录，主持人、出席会议的董事应当在会议记录上签名。会议记录应当与出席股东的签名册及代理出席的委托书一并保存。

第三节 董事会、经理

第一百零八条 股份有限公司设董事会，其成员为五人至十九人。

董事会成员中可以有公司职工代表。董事会中的职工代表由公司职工通过职工代表大会、职工大会或者其他形式民主选举产生。

本法第四十五条关于有限责任公司董事任期的规定，适用于股份有限公司董事。

本法第四十六条关于有限责任公司董事会职权的规定,适用于股份有限公司董事会。

第一百零九条 董事会设董事长一人,可以设副董事长。董事长和副董事长由董事会以全体董事的过半数选举产生。

董事长召集和主持董事会会议,检查董事会决议的实施情况。副董事长协助董事长工作,董事长不能履行职务或者不履行职务的,由副董事长履行职务;副董事长不能履行职务或者不履行职务的,由半数以上董事共同推举一名董事履行职务。

第一百一十条 董事会每年度至少召开两次会议,每次会议应当于会议召开十日前通知全体董事和监事。

代表十分之一以上表决权的股东、三分之一以上董事或者监事会,可以提议召开董事会临时会议。董事长应当自接到提议后十日内,召集和主持董事会会议。

董事会召开临时会议,可以另定召集董事会的通知方式和通知时限。

第一百一十一条 董事会会议应有过半数的董事出席方可举行。董事会作出决议,必须经全体董事的过半数通过。

董事会决议的表决,实行一人一票。

第一百一十二条 董事会会议,应由董事本人出席;董事因故不能出席,可以书面委托其他董事代为出席,委托书中应载明授权范围。

董事会应当对会议所议事项的决定作成会议记录,出席会议的董事应当在会议记录上签名。

董事应当对董事会的决议承担责任。董事会的决议违反法律、行政法规或者公司章程、股东大会决议,致使公司遭受严重损失的,参与决议的董事对公司负赔偿责任。但经证明在表决时曾表明异议并记载于会议记录的,该董事可以免除责任。

第一百一十三条 股份有限公司设经理,由董事会决定聘任或者解聘。

本法第四十九条关于有限责任公司经理职权的规定,适用于股份有限公司经理。

第一百一十四条 公司董事会可以决定由董事会成员兼任经理。

第一百一十五条 公司不得直接或者通过子公司向董事、监事、高级管理人员提供借款。

第一百一十六条 公司应当定期向股东披露董事、监事、高级管理人员从公司获得报酬的情况。

第四节 监 事 会

第一百一十七条 股份有限公司设监事会,其成员不得少于三人。

监事会应当包括股东代表和适当比例的公司职工代表,其中职工代表的比例不得低于三分之一,具体比例由公司章程规定。监事会中的职工代表由公司职工通过职工代表大会、职工大会或者其他形式民主选举产生。

监事会设主席一人,可以设副主席。监事会主席和副主席由全体监事过半数选举产生。监事会主席召集和主持监事会会议;监事会主席不能履行职务或者不履行职务的,由监事会副主席召集和主持监事会会议;监事会副主席不能履行职务或者不履行职务的,由半数以上监事共同推举一名监事召集和主持监事会会议。

董事、高级管理人员不得兼任监事。

本法第五十二条关于有限责任公司监事任期的规定,适用于股份有限公司监事。

第一百一十八条 本法第五十四条、第五十五条关于有限责任公司监事会职权的规定,适用于股份有限公司监事会。

监事会行使职权所必需的费用,由公司承担。

第一百一十九条 监事会每六个月至少召开一次会议。监事可以提议召开临时监事会会议。

监事会的议事方式和表决程序,除本法有规定的外,由公司章程规定。

监事会决议应当经半数以上监事通过。

监事会应当对所议事项的决定作成会议记录,出席会议的监事应当在会议记录上签名。

第五节　上市公司组织机构的特别规定

第一百二十条　本法所称上市公司，是指其股票在证券交易所上市交易的股份有限公司。

第一百二十一条　上市公司在一年内购买、出售重大资产或者担保金额超过公司资产总额百分之三十的，应当由股东大会作出决议，并经出席会议的股东所持表决权的三分之二以上通过。

第一百二十二条　上市公司设立独立董事，具体办法由国务院规定。

第一百二十三条　上市公司设董事会秘书，负责公司股东大会和董事会会议的筹备、文件保管以及公司股东资料的管理，办理信息披露事务等事宜。

第一百二十四条　上市公司董事与董事会会议决议事项所涉及的企业有关联关系的，不得对该项决议行使表决权，也不得代理其他董事行使表决权。该董事会会议由过半数的无关联关系董事出席即可举行，董事会会议所作决议须经无关联关系董事过半数通过。出席董事会的无关联关系董事人数不足三人的，应将该事项提交上市公司股东大会审议。

第五章　股份有限公司的股份发行和转让

第一节　股份发行

第一百二十五条　股份有限公司的资本划分为股份，每一股的金额相等。

公司的股份采取股票的形式。股票是公司签发的证明股东所持股份的凭证。

第一百二十六条　股份的发行，实行公平、公正的原则，同种类的每一股份应当具有同等权利。

同次发行的同种类股票，每股的发行条件和价格应当相同；任何单位或者个人所认购的股份，每股应当支付相同价额。

第一百二十七条　股票发行价格可以按票面金额，也可以超过票面金额，但不得低于票面金额。

第一百二十八条 股票采用纸面形式或者国务院证券监督管理机构规定的其他形式。

股票应当载明下列主要事项：

(一)公司名称；

(二)公司成立日期；

(三)股票种类、票面金额及代表的股份数；

(四)股票的编号。

股票由法定代表人签名，公司盖章。

发起人的股票，应当标明发起人股票字样。

第一百二十九条 公司发行的股票，可以为记名股票，也可以为无记名股票。

公司向发起人、法人发行的股票，应当为记名股票，并应当记载该发起人、法人的名称或者姓名，不得另立户名或者以代表人姓名记名。

第一百三十条 公司发行记名股票的，应当置备股东名册，记载下列事项：

(一)股东的姓名或者名称及住所；

(二)各股东所持股份数；

(三)各股东所持股票的编号；

(四)各股东取得股份的日期。

发行无记名股票的，公司应当记载其股票数量、编号及发行日期。

第一百三十一条 国务院可以对公司发行本法规定以外的其他种类的股份，另行作出规定。

第一百三十二条 股份有限公司成立后，即向股东正式交付股票。公司成立前不得向股东交付股票。

第一百三十三条 公司发行新股，股东大会应当对下列事项作出决议：

(一)新股种类及数额；

(二)新股发行价格；

(三)新股发行的起止日期；

(四)向原有股东发行新股的种类及数额。

第一百三十四条 公司经国务院证券监督管理机构核准公开发行新股时，必须公告新股招股说明书和财务会计报告，并制作认股书。

本法第八十七条、第八十八条的规定适用于公司公开发行新股。

第一百三十五条 公司发行新股，可以根据公司经营情况和财务状况，确定其作价方案。

第一百三十六条 公司发行新股募足股款后，必须向公司登记机关办理变更登记，并公告。

第二节 股份转让

第一百三十七条 股东持有的股份可以依法转让。

第一百三十八条 股东转让其股份，应当在依法设立的证券交易场所进行或者按照国务院规定的其他方式进行。

第一百三十九条 记名股票，由股东以背书方式或者法律、行政法规规定的其他方式转让；转让后由公司将受让人的姓名或者名称及住所记载于股东名册。

股东大会召开前二十日内或者公司决定分配股利的基准日前五日内，不得进行前款规定的股东名册的变更登记。但是，法律对上市公司股东名册变更登记另有规定的，从其规定。

第一百四十条 无记名股票的转让，由股东将该股票交付给受让人后即发生转让的效力。

第一百四十一条 发起人持有的本公司股份，自公司成立之日起一年内不得转让。公司公开发行股份前已发行的股份，自公司股票在证券交易所上市交易之日起一年内不得转让。

公司董事、监事、高级管理人员应当向公司申报所持有的本公司的股份及其变动情况，在任职期间每年转让的股份不得超过其所持有本公司股份总数的百分之二十五；所持本公司股份自公司股票上市交易之日起一年内不得转让。上述人员离职后半年内，不得转让其所持有的本公司股份。公司章程可以对公司董事、监事、高级管理人员转让其所持有的本公司股份作出其他限制性规定。

第一百四十二条 公司不得收购本公司股份。但是,有下列情形之一的除外:

(一)减少公司注册资本;

(二)与持有本公司股份的其他公司合并;

(三)将股份奖励给本公司职工;

(四)股东因对股东大会作出的公司合并、分立决议持异议,要求公司收购其股份的。

公司因前款第(一)项至第(三)项的原因收购本公司股份的,应当经股东大会决议。公司依照前款规定收购本公司股份后,属于第(一)项情形的,应当自收购之日起十日内注销;属于第(二)项、第(四)项情形的,应当在六个月内转让或者注销。

公司依照第一款第(三)项规定收购的本公司股份,不得超过本公司已发行股份总额的百分之五;用于收购的资金应当从公司的税后利润中支出;所收购的股份应当在一年内转让给职工。

公司不得接受本公司的股票作为质押权的标的。

第一百四十三条 记名股票被盗、遗失或者灭失,股东可以依照《中华人民共和国民事诉讼法》规定的公示催告程序,请求人民法院宣告该股票失效。人民法院宣告该股票失效后,股东可以向公司申请补发股票。

第一百四十四条 上市公司的股票,依照有关法律、行政法规及证券交易所交易规则上市交易。

第一百四十五条 上市公司必须依照法律、行政法规的规定,公开其财务状况、经营情况及重大诉讼,在每会计年度内半年公布一次财务会计报告。

第六章 公司董事、监事、高级管理人员的资格和义务

第一百四十六条 有下列情形之一的,不得担任公司的董事、监事、高级管理人员:

(一)无民事行为能力或者限制民事行为能力;

（二）因贪污、贿赂、侵占财产、挪用财产或者破坏社会主义市场经济秩序，被判处刑罚，执行期满未逾五年，或者因犯罪被剥夺政治权利，执行期满未逾五年；

（三）担任破产清算的公司、企业的董事或者厂长、经理，对该公司、企业的破产负有个人责任的，自该公司、企业破产清算完结之日起未逾三年；

（四）担任因违法被吊销营业执照、责令关闭的公司、企业的法定代表人，并负有个人责任的，自该公司、企业被吊销营业执照之日起未逾三年；

（五）个人所负数额较大的债务到期未清偿。

公司违反前款规定选举、委派董事、监事或者聘任高级管理人员的，该选举、委派或者聘任无效。

董事、监事、高级管理人员在任职期间出现本条第一款所列情形的，公司应当解除其职务。

第一百四十七条 董事、监事、高级管理人员应当遵守法律、行政法规和公司章程，对公司负有忠实义务和勤勉义务。

董事、监事、高级管理人员不得利用职权收受贿赂或者其他非法收入，不得侵占公司的财产。

第一百四十八条 董事、高级管理人员不得有下列行为：

（一）挪用公司资金；

（二）将公司资金以其个人名义或者以其他个人名义开立账户存储；

（三）违反公司章程的规定，未经股东会、股东大会或者董事会同意，将公司资金借贷给他人或者以公司财产为他人提供担保；

（四）违反公司章程的规定或者未经股东会、股东大会同意，与本公司订立合同或者进行交易；

（五）未经股东会或者股东大会同意，利用职务便利为自己或者他人谋取属于公司的商业机会，自营或者为他人经营与所任职公司同类的业务；

（六）接受他人与公司交易的佣金归为己有；

（七）擅自披露公司秘密；

（八）违反对公司忠实义务的其他行为。

董事、高级管理人员违反前款规定所得的收入应当归公司所有。

第一百四十九条 董事、监事、高级管理人员执行公司职务时违反法律、行政法规或者公司章程的规定，给公司造成损失的，应当承担赔偿责任。

第一百五十条 股东会或者股东大会要求董事、监事、高级管理人员列席会议的，董事、监事、高级管理人员应当列席并接受股东的质询。

董事、高级管理人员应当如实向监事会或者不设监事会的有限责任公司的监事提供有关情况和资料，不得妨碍监事会或者监事行使职权。

第一百五十一条 董事、高级管理人员有本法第一百四十九条规定的情形的，有限责任公司的股东、股份有限公司连续一百八十日以上单独或者合计持有公司百分之一以上股份的股东，可以书面请求监事会或者不设监事会的有限责任公司的监事向人民法院提起诉讼；监事有本法第一百四十九条规定的情形的，前述股东可以书面请求董事会或者不设董事会的有限责任公司的执行董事向人民法院提起诉讼。

监事会、不设监事会的有限责任公司的监事，或者董事会、执行董事收到前款规定的股东书面请求后拒绝提起诉讼，或者自收到请求之日起三十日内未提起诉讼，或者情况紧急、不立即提起诉讼将会使公司利益受到难以弥补的损害的，前款规定的股东有权为了公司的利益以自己的名义直接向人民法院提起诉讼。

他人侵犯公司合法权益，给公司造成损失的，本条第一款规定的股东可以依照前两款的规定向人民法院提起诉讼。

第一百五十二条 董事、高级管理人员违反法律、行政法规或者公司章程的规定，损害股东利益的，股东可以向人民法院提起诉讼。

第七章 公司债券

第一百五十三条 本法所称公司债券，是指公司依照法定程序发行、约定在一定期限还本付息的有价证券。

公司发行公司债券应当符合《中华人民共和国证券法》规定的发行条件。

第一百五十四条 发行公司债券的申请经国务院授权的部门核准后，应当公告公司债券募集办法。

公司债券募集办法中应当载明下列主要事项：

（一）公司名称；

（二）债券募集资金的用途；

（三）债券总额和债券的票面金额；

（四）债券利率的确定方式；

（五）还本付息的期限和方式；

（六）债券担保情况；

（七）债券的发行价格、发行的起止日期；

（八）公司净资产额；

（九）已发行的尚未到期的公司债券总额；

（十）公司债券的承销机构。

第一百五十五条 公司以实物券方式发行公司债券的，必须在债券上载明公司名称、债券票面金额、利率、偿还期限等事项，并由法定代表人签名，公司盖章。

第一百五十六条 公司债券，可以为记名债券，也可以为无记名债券。

第一百五十七条 公司发行公司债券应当置备公司债券存根簿。

发行记名公司债券的，应当在公司债券存根簿上载明下列事项：

（一）债券持有人的姓名或者名称及住所；

（二）债券持有人取得债券的日期及债券的编号；

（三）债券总额，债券的票面金额、利率、还本付息的期限和方式；

（四）债券的发行日期。

发行无记名公司债券的，应当在公司债券存根簿上载明债券总额、利率、偿还期限和方式、发行日期及债券的编号。

第一百五十八条 记名公司债券的登记结算机构应当建立债券登记、存管、付息、兑付等相关制度。

第一百五十九条 公司债券可以转让，转让价格由转让人与受让人约定。

公司债券在证券交易所上市交易的,按照证券交易所的交易规则转让。

第一百六十条 记名公司债券,由债券持有人以背书方式或者法律、行政法规规定的其他方式转让;转让后由公司将受让人的姓名或者名称及住所记载于公司债券存根簿。

无记名公司债券的转让,由债券持有人将该债券交付给受让人后即发生转让的效力。

第一百六十一条 上市公司经股东大会决议可以发行可转换为股票的公司债券,并在公司债券募集办法中规定具体的转换办法。上市公司发行可转换为股票的公司债券,应当报国务院证券监督管理机构核准。

发行可转换为股票的公司债券,应当在债券上标明可转换公司债券字样,并在公司债券存根簿上载明可转换公司债券的数额。

第一百六十二条 发行可转换为股票的公司债券的,公司应当按照其转换办法向债券持有人换发股票,但债券持有人对转换股票或者不转换股票有选择权。

第八章 公司财务、会计

第一百六十三条 公司应当依照法律、行政法规和国务院财政部门的规定建立本公司的财务、会计制度。

第一百六十四条 公司应当在每一会计年度终了时编制财务会计报告,并依法经会计师事务所审计。

财务会计报告应当依照法律、行政法规和国务院财政部门的规定制作。

第一百六十五条 有限责任公司应当依照公司章程规定的期限将财务会计报告送交各股东。

股份有限公司的财务会计报告应当在召开股东大会年会的二十日前置备于本公司,供股东查阅;公开发行股票的股份有限公司必须公告其财务会计报告。

第一百六十六条 公司分配当年税后利润时,应当提取利润的百分之十列入公司法定公积金。公司法定公积金累计额为公司注册资本的百分之五十以上的,可以不再提取。

公司的法定公积金不足以弥补以前年度亏损的,在依照前款规定提取法定公积金之前,应当先用当年利润弥补亏损。

公司从税后利润中提取法定公积金后,经股东会或者股东大会决议,还可以从税后利润中提取任意公积金。

公司弥补亏损和提取公积金后所余税后利润,有限责任公司依照本法第三十五条的规定分配;股份有限公司按照股东持有的股份比例分配,但股份有限公司章程规定不按持股比例分配的除外。

股东会、股东大会或者董事会违反前款规定,在公司弥补亏损和提取法定公积金之前向股东分配利润的,股东必须将违反规定分配的利润退还公司。

公司持有的本公司股份不得分配利润。

第一百六十七条 股份有限公司以超过股票票面金额的发行价格发行股份所得的溢价款以及国务院财政部门规定列入资本公积金的其他收入,应当列为公司资本公积金。

第一百六十八条 公司的公积金用于弥补公司的亏损、扩大公司生产经营或者转为增加公司资本。但是,资本公积金不得用于弥补公司的亏损。

法定公积金转为资本时,所留存的该项公积金不得少于转增前公司注册资本的百分之二十五。

第一百六十九条 公司聘用、解聘承办公司审计业务的会计师事务所,依照公司章程的规定,由股东会、股东大会或者董事会决定。

公司股东会、股东大会或者董事会就解聘会计师事务所进行表决时,应当允许会计师事务所陈述意见。

第一百七十条 公司应当向聘用的会计师事务所提供真实、完整的会计凭证、会计账簿、财务会计报告及其他会计资料,不得拒绝、隐匿、谎报。

第一百七十一条 公司除法定的会计账簿外,不得另立会计账簿。

对公司资产,不得以任何个人名义开立账户存储。

第九章　公司合并、分立、增资、减资

第一百七十二条　公司合并可以采取吸收合并或者新设合并。

一个公司吸收其他公司为吸收合并，被吸收的公司解散。两个以上公司合并设立一个新的公司为新设合并，合并各方解散。

第一百七十三条　公司合并，应当由合并各方签订合并协议，并编制资产负债表及财产清单。公司应当自作出合并决议之日起十日内通知债权人，并于三十日内在报纸上公告。债权人自接到通知书之日起三十日内，未接到通知书的自公告之日起四十五日内，可以要求公司清偿债务或者提供相应的担保。

第一百七十四条　公司合并时，合并各方的债权、债务，应当由合并后存续的公司或者新设的公司承继。

第一百七十五条　公司分立，其财产作相应的分割。

公司分立，应当编制资产负债表及财产清单。公司应当自作出分立决议之日起十日内通知债权人，并于三十日内在报纸上公告。

第一百七十六条　公司分立前的债务由分立后的公司承担连带责任。但是，公司在分立前与债权人就债务清偿达成的书面协议另有约定的除外。

第一百七十七条　公司需要减少注册资本时，必须编制资产负债表及财产清单。

公司应当自作出减少注册资本决议之日起十日内通知债权人，并于三十日内在报纸上公告。债权人自接到通知书之日起三十日内，未接到通知书的自公告之日起四十五日内，有权要求公司清偿债务或者提供相应的担保。

公司减资后的注册资本不得低于法定的最低限额。

第一百七十八条　有限责任公司增加注册资本时，股东认缴新增资本的出资，依照本法设立有限责任公司缴纳出资的有关规定执行。

股份有限公司为增加注册资本发行新股时，股东认购新股，依照本法设立股份有限公司缴纳股款的有关规定执行。

第一百七十九条　公司合并或者分立，登记事项发生变更的，应当依法向

公司登记机关办理变更登记;公司解散的,应当依法办理公司注销登记;设立新公司的,应当依法办理公司设立登记。

公司增加或者减少注册资本,应当依法向公司登记机关办理变更登记。

第十章　公司解散和清算

第一百八十条　公司因下列原因解散:

(一)公司章程规定的营业期限届满或者公司章程规定的其他解散事由出现;

(二)股东会或者股东大会决议解散;

(三)因公司合并或者分立需要解散;

(四)依法被吊销营业执照、责令关闭或者被撤销;

(五)人民法院依照本法第一百八十二条的规定予以解散。

第一百八十一条　公司有本法第一百八十条第(一)项情形的,可以通过修改公司章程而存续。

依照前款规定修改公司章程,有限责任公司须经持有三分之二以上表决权的股东通过,股份有限公司须经出席股东大会会议的股东所持表决权的三分之二以上通过。

第一百八十二条　公司经营管理发生严重困难,继续存续会使股东利益受到重大损失,通过其他途径不能解决的,持有公司全部股东表决权百分之十以上的股东,可以请求人民法院解散公司。

第一百八十三条　公司因本法第一百八十条第(一)项、第(二)项、第(四)项、第(五)项规定而解散的,应当在解散事由出现之日起十五日内成立清算组,开始清算。有限责任公司的清算组由股东组成,股份有限公司的清算组由董事或者股东大会确定的人员组成。逾期不成立清算组进行清算的,债权人可以申请人民法院指定有关人员组成清算组进行清算。人民法院应当受理该申请,并及时组织清算组进行清算。

第一百八十四条　清算组在清算期间行使下列职权:

(一)清理公司财产,分别编制资产负债表和财产清单;

(二)通知、公告债权人;

(三)处理与清算有关的公司未了结的业务;

(四)清缴所欠税款以及清算过程中产生的税款;

(五)清理债权、债务;

(六)处理公司清偿债务后的剩余财产;

(七)代表公司参与民事诉讼活动。

第一百八十五条 清算组应当自成立之日起十日内通知债权人,并于六十日内在报纸上公告。债权人应当自接到通知书之日起三十日内,未接到通知书的自公告之日起四十五日内,向清算组申报其债权。

债权人申报债权,应当说明债权的有关事项,并提供证明材料。清算组应当对债权进行登记。

在申报债权期间,清算组不得对债权人进行清偿。

第一百八十六条 清算组在清理公司财产、编制资产负债表和财产清单后,应当制定清算方案,并报股东会、股东大会或者人民法院确认。

公司财产在分别支付清算费用、职工的工资、社会保险费用和法定补偿金,缴纳所欠税款,清偿公司债务后的剩余财产,有限责任公司按照股东的出资比例分配,股份有限公司按照股东持有的股份比例分配。

清算期间,公司存续,但不得开展与清算无关的经营活动。公司财产在未依照前款规定清偿前,不得分配给股东。

第一百八十七条 清算组在清理公司财产、编制资产负债表和财产清单后,发现公司财产不足清偿债务的,应当依法向人民法院申请宣告破产。

公司经人民法院裁定宣告破产后,清算组应当将清算事务移交给人民法院。

第一百八十八条 公司清算结束后,清算组应当制作清算报告,报股东会、股东大会或者人民法院确认,并报送公司登记机关,申请注销公司登记,公告公司终止。

第一百八十九条 清算组成员应当忠于职守,依法履行清算义务。

清算组成员不得利用职权收受贿赂或者其他非法收入，不得侵占公司财产。

清算组成员因故意或者重大过失给公司或者债权人造成损失的，应当承担赔偿责任。

第一百九十条 公司被依法宣告破产的，依照有关企业破产的法律实施破产清算。

第十一章 外国公司的分支机构

第一百九十一条 本法所称外国公司是指依照外国法律在中国境外设立的公司。

第一百九十二条 外国公司在中国境内设立分支机构，必须向中国主管机关提出申请，并提交其公司章程、所属国的公司登记证书等有关文件，经批准后，向公司登记机关依法办理登记，领取营业执照。

外国公司分支机构的审批办法由国务院另行规定。

第一百九十三条 外国公司在中国境内设立分支机构，必须在中国境内指定负责该分支机构的代表人或者代理人，并向该分支机构拨付与其所从事的经营活动相适应的资金。

对外国公司分支机构的经营资金需要规定最低限额的，由国务院另行规定。

第一百九十四条 外国公司的分支机构应当在其名称中标明该外国公司的国籍及责任形式。

外国公司的分支机构应当在本机构中置备该外国公司章程。

第一百九十五条 外国公司在中国境内设立的分支机构不具有中国法人资格。

外国公司对其分支机构在中国境内进行经营活动承担民事责任。

第一百九十六条 经批准设立的外国公司分支机构，在中国境内从事业务活动，必须遵守中国的法律，不得损害中国的社会公共利益，其合法权益受中国法律保护。

第一百九十七条 外国公司撤销其在中国境内的分支机构时，必须依法清偿债务，依照本法有关公司清算程序的规定进行清算。未清偿债务之前，不得将其分支机构的财产移至中国境外。

第十二章 法律责任

第一百九十八条 违反本法规定，虚报注册资本、提交虚假材料或者采取其他欺诈手段隐瞒重要事实取得公司登记的，由公司登记机关责令改正，对虚报注册资本的公司，处以虚报注册资本金额百分之五以上百分之十五以下的罚款；对提交虚假材料或者采取其他欺诈手段隐瞒重要事实的公司，处以五万元以上五十万元以下的罚款；情节严重的，撤销公司登记或者吊销营业执照。

第一百九十九条 公司的发起人、股东虚假出资，未交付或者未按期交付作为出资的货币或者非货币财产的，由公司登记机关责令改正，处以虚假出资金额百分之五以上百分之十五以下的罚款。

第二百条 公司的发起人、股东在公司成立后，抽逃其出资的，由公司登记机关责令改正，处以所抽逃出资金额百分之五以上百分之十五以下的罚款。

第二百零一条 公司违反本法规定，在法定的会计账簿以外另立会计账簿的，由县级以上人民政府财政部门责令改正，处以五万元以上五十万元以下的罚款。

第二百零二条 公司在依法向有关主管部门提供的财务会计报告等材料上作虚假记载或者隐瞒重要事实的，由有关主管部门对直接负责的主管人员和其他直接责任人员处以三万元以上三十万元以下的罚款。

第二百零三条 公司不依照本法规定提取法定公积金的，由县级以上人民政府财政部门责令如数补足应当提取的金额，可以对公司处以二十万元以下的罚款。

第二百零四条 公司在合并、分立、减少注册资本或者进行清算时，不依照本法规定通知或者公告债权人的，由公司登记机关责令改正，对公司处以一万元以上十万元以下的罚款。

公司在进行清算时，隐匿财产，对资产负债表或者财产清单作虚假记载或者在未清偿债务前分配公司财产的，由公司登记机关责令改正，对公司处以隐匿财产或者未清偿债务前分配公司财产金额百分之五以上百分之十以下的罚款；对直接负责的主管人员和其他直接责任人员处以一万元以上十万元以下的罚款。

第二百零五条 公司在清算期间开展与清算无关的经营活动的，由公司登记机关予以警告，没收违法所得。

第二百零六条 清算组不依照本法规定向公司登记机关报送清算报告，或者报送清算报告隐瞒重要事实或者有重大遗漏的，由公司登记机关责令改正。

清算组成员利用职权徇私舞弊、谋取非法收入或者侵占公司财产的，由公司登记机关责令退还公司财产，没收违法所得，并可以处以违法所得一倍以上五倍以下的罚款。

第二百零七条 承担资产评估、验资或者验证的机构提供虚假材料的，由公司登记机关没收违法所得，处以违法所得一倍以上五倍以下的罚款，并可以由有关主管部门依法责令该机构停业、吊销直接责任人员的资格证书，吊销营业执照。

承担资产评估、验资或者验证的机构因过失提供有重大遗漏的报告的，由公司登记机关责令改正，情节较重的，处以所得收入一倍以上五倍以下的罚款，并可以由有关主管部门依法责令该机构停业、吊销直接责任人员的资格证书，吊销营业执照。

承担资产评估、验资或者验证的机构因其出具的评估结果、验资或者验证证明不实，给公司债权人造成损失的，除能够证明自己没有过错的外，在其评估或者证明不实的金额范围内承担赔偿责任。

第二百零八条 公司登记机关对不符合本法规定条件的登记申请予以登记，或者对符合本法规定条件的登记申请不予登记的，对直接负责的主管人员和其他直接责任人员，依法给予行政处分。

第二百零九条 公司登记机关的上级部门强令公司登记机关对不符合本

法规定条件的登记申请予以登记,或者对符合本法规定条件的登记申请不予登记的,或者对违法登记进行包庇的,对直接负责的主管人员和其他直接责任人员依法给予行政处分。

第二百一十条 未依法登记为有限责任公司或者股份有限公司,而冒用有限责任公司或者股份有限公司名义的,或者未依法登记为有限责任公司或者股份有限公司的分公司,而冒用有限责任公司或者股份有限公司的分公司名义的,由公司登记机关责令改正或者予以取缔,可以并处十万元以下的罚款。

第二百一十一条 公司成立后无正当理由超过六个月未开业的,或者开业后自行停业连续六个月以上的,可以由公司登记机关吊销营业执照。

公司登记事项发生变更时,未依照本法规定办理有关变更登记的,由公司登记机关责令限期登记;逾期不登记的,处以一万元以上十万元以下的罚款。

第二百一十二条 外国公司违反本法规定,擅自在中国境内设立分支机构的,由公司登记机关责令改正或者关闭,可以并处五万元以上二十万元以下的罚款。

第二百一十三条 利用公司名义从事危害国家安全、社会公共利益的严重违法行为的,吊销营业执照。

第二百一十四条 公司违反本法规定,应当承担民事赔偿责任和缴纳罚款、罚金的,其财产不足以支付时,先承担民事赔偿责任。

第二百一十五条 违反本法规定,构成犯罪的,依法追究刑事责任。

第十三章 附 则

第二百一十六条 本法下列用语的含义:

(一)高级管理人员,是指公司的经理、副经理、财务负责人,上市公司董事会秘书和公司章程规定的其他人员。

(二)控股股东,是指其出资额占有限责任公司资本总额百分之五十以上或者其持有的股份占股份有限公司股本总额百分之五十以上的股东;出资额或者持有股份的比例虽然不足百分之五十,但依其出资额或者持有的股份所享有的表决权已足以对股东会、股东大会的决议产生重大影响的股东。

（三）实际控制人，是指虽不是公司的股东，但通过投资关系、协议或者其他安排，能够实际支配公司行为的人。

（四）关联关系，是指公司控股股东、实际控制人、董事、监事、高级管理人员与其直接或者间接控制的企业之间的关系，以及可能导致公司利益转移的其他关系。但是，国家控股的企业之间不仅因为同受国家控股而具有关联关系。

第二百一十七条 外商投资的有限责任公司和股份有限公司适用本法；有关外商投资的法律另有规定的，适用其规定。

第二百一十八条 本法自2006年1月1日起施行。

最高人民法院《关于适用〈中华人民共和国公司法〉若干问题的规定（三）》

为正确适用《中华人民共和国公司法》，结合审判实践，就人民法院审理公司设立、出资、股权确认等纠纷案件适用法律问题作出如下规定。

第一条 为设立公司而签署公司章程、向公司认购出资或者股份并履行公司设立职责的人，应当认定为公司的发起人，包括有限责任公司设立时的股东。

第二条 发起人为设立公司以自己名义对外签订合同，合同相对人请求该发起人承担合同责任的，人民法院应予支持。

公司成立后对前款规定的合同予以确认，或者已经实际享有合同权利或者履行合同义务，合同相对人请求公司承担合同责任的，人民法院应予支持。

第三条 发起人以设立中公司名义对外签订合同，公司成立后合同相对人请求公司承担合同责任的，人民法院应予支持。

公司成立后有证据证明发起人利用设立中公司的名义为自己的利益与相对人签订合同，公司以此为由主张不承担合同责任的，人民法院应予支持，但相对人为善意的除外。

第四条 公司因故未成立，债权人请求全体或者部分发起人对设立公司行为所产生的费用和债务承担连带清偿责任的，人民法院应予支持。

部分发起人依照前款规定承担责任后，请求其他发起人分担的，人民法院应当判令其他发起人按照约定的责任承担比例分担责任；没有约定责任承担比例的，按照约定的出资比例分担责任；没有约定出资比例的，按照均等份额分担责任。

因部分发起人的过错导致公司未成立，其他发起人主张其承担设立行为所产生的费用和债务的，人民法院应当根据过错情况，确定过错一方的责任范围。

第五条 发起人因履行公司设立职责造成他人损害,公司成立后受害人请求公司承担侵权赔偿责任的,人民法院应予支持;公司未成立,受害人请求全体发起人承担连带赔偿责任的,人民法院应予支持。

公司或者无过错的发起人承担赔偿责任后,可以向有过错的发起人追偿。

第六条 股份有限公司的认股人未按期缴纳所认股份的股款,经公司发起人催缴后在合理期间内仍未缴纳,公司发起人对该股份另行募集的,人民法院应当认定该募集行为有效。认股人延期缴纳股款给公司造成损失,公司请求该认股人承担赔偿责任的,人民法院应予支持。

第七条 出资人以不享有处分权的财产出资,当事人之间对于出资行为效力产生争议的,人民法院可以参照物权法第一百零六条的规定予以认定。

以贪污、受贿、侵占、挪用等违法犯罪所得的货币出资后取得股权的,对违法犯罪行为予以追究、处罚时,应当采取拍卖或者变卖的方式处置其股权。

第八条 出资人以划拨土地使用权出资,或者以设定权利负担的土地使用权出资,公司、其他股东或者公司债权人主张认定出资人未履行出资义务的,人民法院应当责令当事人在指定的合理期间内办理土地变更手续或者解除权利负担;逾期未办理或者未解除的,人民法院应当认定出资人未依法全面履行出资义务。

第九条 出资人以非货币财产出资,未依法评估作价,公司、其他股东或者公司债权人请求认定出资人未履行出资义务的,人民法院应当委托具有合法资格的评估机构对该财产评估作价。评估确定的价额显著低于公司章程所定价额的,人民法院应当认定出资人未依法全面履行出资义务。

第十条 出资人以房屋、土地使用权或者需要办理权属登记的知识产权等财产出资,已经交付公司使用但未办理权属变更手续,公司、其他股东或者公司债权人主张认定出资人未履行出资义务的,人民法院应当责令当事人在指定的合理期间内办理权属变更手续;在前述期间内办理了权属变更手续的,人民法院应当认定其已经履行了出资义务;出资人主张自其实际交付财产给公司使用时享有相应股东权利的,人民法院应予支持。

出资人以前款规定的财产出资,已经办理权属变更手续但未交付给公司使用,公司或者其他股东主张其向公司交付、并在实际交付之前不享有相应股东权利的,人民法院应予支持。

第十一条 出资人以其他公司股权出资,符合下列条件的,人民法院应当认定出资人已履行出资义务:

(一)出资的股权由出资人合法持有并依法可以转让;

(二)出资的股权无权利瑕疵或者权利负担;

(三)出资人已履行关于股权转让的法定手续;

(四)出资的股权已依法进行了价值评估。

股权出资不符合前款第(一)、(二)、(三)项的规定,公司、其他股东或者公司债权人请求认定出资人未履行出资义务的,人民法院应当责令该出资人在指定的合理期间内采取补正措施,以符合上述条件;逾期未补正的,人民法院应当认定其未依法全面履行出资义务。

股权出资不符合本条第一款第(四)项的规定,公司、其他股东或者公司债权人请求认定出资人未履行出资义务的,人民法院应当按照本规定第九条的规定处理。

第十二条 公司成立后,公司、股东或者公司债权人以相关股东的行为符合下列情形之一且损害公司权益为由,请求认定该股东抽逃出资的,人民法院应予支持:

(一)制作虚假财务会计报表虚增利润进行分配;

(二)通过虚构债权债务关系将其出资转出;

(三)利用关联交易将出资转出;

(四)其他未经法定程序将出资抽回的行为。

第十三条 股东未履行或者未全面履行出资义务,公司或者其他股东请求其向公司依法全面履行出资义务的,人民法院应予支持。

公司债权人请求未履行或者未全面履行出资义务的股东在未出资本息范围内对公司债务不能清偿的部分承担补充赔偿责任的,人民法院应予支持;未履行或者未全面履行出资义务的股东已经承担上述责任,其他债权人提出相同请求的,人民法院不予支持。

股东在公司设立时未履行或者未全面履行出资义务,依照本条第一款或者第二款提起诉讼的原告,请求公司的发起人与被告股东承担连带责任的,人民法院应予支持;公司的发起人承担责任后,可以向被告股东追偿。

股东在公司增资时未履行或者未全面履行出资义务,依照本条第一款或者第二款提起诉讼的原告,请求未尽公司法第一百四十七条第一款规定的义务而使出资未缴足的董事、高级管理人员承担相应责任的,人民法院应予支持;董事、高级管理人员承担责任后,可以向被告股东追偿。

第十四条 股东抽逃出资,公司或者其他股东请求其向公司返还出资本息、协助抽逃出资的其他股东、董事、高级管理人员或者实际控制人对此承担连带责任的,人民法院应予支持。

公司债权人请求抽逃出资的股东在抽逃出资本息范围内对公司债务不能清偿的部分承担补充赔偿责任、协助抽逃出资的其他股东、董事、高级管理人员或者实际控制人对此承担连带责任的,人民法院应予支持;抽逃出资的股东已经承担上述责任,其他债权人提出相同请求的,人民法院不予支持。

第十五条 出资人以符合法定条件的非货币财产出资后,因市场变化或者其他客观因素导致出资财产贬值,公司、其他股东或者公司债权人请求该出资人承担补足出资责任的,人民法院不予支持。但是,当事人另有约定的除外。

第十六条 股东未履行或者未全面履行出资义务或者抽逃出资,公司根据公司章程或者股东会决议对其利润分配请求权、新股优先认购权、剩余财产分配请求权等股东权利作出相应的合理限制,该股东请求认定该限制无效的,人民法院不予支持。

第十七条 有限责任公司的股东未履行出资义务或者抽逃全部出资,经公司催告缴纳或者返还,其在合理期间内仍未缴纳或者返还出资,公司以股东会决议解除该股东的股东资格,该股东请求确认该解除行为无效的,人民法院不予支持。

在前款规定的情形下,人民法院在判决时应当释明,公司应当及时办理法定减资程序或者由其他股东或者第三人缴纳相应的出资。在办理法定减资程序或者其他股东或者第三人缴纳相应的出资之前,公司债权人依照本规定第十三条或者第十四条请求相关当事人承担相应责任的，人民法院应予支持。

第十八条 有限责任公司的股东未履行或者未全面履行出资义务即转让股权，受让人对此知道或者应当知道，公司请求该股东履行出资义务、受让人对此承担连带责任的，人民法院应予支持；公司债权人依照本规定第十三条第二款向该股东提起诉讼，同时请求前述受让人对此承担连带责任的，人民法院应予支持。

受让人根据前款规定承担责任后，向该未履行或者未全面履行出资义务的股东追偿的，人民法院应予支持。但是，当事人另有约定的除外。

第十九条 公司股东未履行或者未全面履行出资义务或者抽逃出资，公司或者其他股东请求其向公司全面履行出资义务或者返还出资，被告股东以诉讼时效为由进行抗辩的，人民法院不予支持。

公司债权人的债权未过诉讼时效期间，其依照本规定第十三条第二款、第十四条第二款的规定请求未履行或者未全面履行出资义务或者抽逃出资的股东承担赔偿责任，被告股东以出资义务或者返还出资义务超过诉讼时效期间为由进行抗辩的，人民法院不予支持。

第二十条 当事人之间对是否已履行出资义务发生争议，原告提供对股东履行出资义务产生合理怀疑证据的，被告股东应当就其已履行出资义务承担举证责任。

第二十一条 当事人向人民法院起诉请求确认其股东资格的，应当以公司为被告，与案件争议股权有利害关系的人作为第三人参加诉讼。

第二十二条 当事人之间对股权归属发生争议，一方请求人民法院确认其享有股权的，应当证明以下事实之一：

（一）已经依法向公司出资或者认缴出资，且不违反法律法规强制性规定；

（二）已经受让或者以其他形式继受公司股权，且不违反法律法规强制性规定。

第二十三条 当事人依法履行出资义务或者依法继受取得股权后，公司未根据公司法第三十一条、第三十二条的规定签发出资证明书、记载于股东名册并办理公司登记机关登记，当事人请求公司履行上述义务的，人民法院应予支持。

第二十四条 有限责任公司的实际出资人与名义出资人订立合同,约定由实际出资人出资并享有投资权益,以名义出资人为名义股东,实际出资人与名义股东对该合同效力发生争议的,如无合同法第五十二条规定的情形,人民法院应当认定该合同有效。

前款规定的实际出资人与名义股东因投资权益的归属发生争议,实际出资人以其实际履行了出资义务为由向名义股东主张权利的,人民法院应予支持。名义股东以公司股东名册记载、公司登记机关登记为由否认实际出资人权利的,人民法院不予支持。

实际出资人未经公司其他股东半数以上同意,请求公司变更股东、签发出资证明书、记载于股东名册、记载于公司章程并办理公司登记机关登记的,人民法院不予支持。

第二十五条 名义股东将登记于其名下的股权转让、质押或者以其他方式处分,实际出资人以其对于股权享有实际权利为由,请求认定处分股权行为无效的,人民法院可以参照物权法第一百零六条的规定处理。

名义股东处分股权造成实际出资人损失,实际出资人请求名义股东承担赔偿责任的,人民法院应予支持。

第二十六条 公司债权人以登记于公司登记机关的股东未履行出资义务为由,请求其对公司债务不能清偿的部分在未出资本息范围内承担补充赔偿责任,股东以其仅为名义股东而非实际出资人为由进行抗辩的,人民法院不予支持。

名义股东根据前款规定承担赔偿责任后,向实际出资人追偿的,人民法院应予支持。

第二十七条 股权转让后尚未向公司登记机关办理变更登记,原股东将仍登记于其名下的股权转让、质押或者以其他方式处分,受让股东以其对于股权享有实际权利为由,请求认定处分股权行为无效的,人民法院可以参照物权法第一百零六条的规定处理。

原股东处分股权造成受让股东损失,受让股东请求原股东承担赔偿责任、对于未及时办理变更登记有过错的董事、高级管理人员或者实际控制人承担相应责任的,人民法院应予支持;受让股东对于未及时办理变更登记也有过错的,可以适当减轻上述董事、高级管理人员或者实际控制人的责任。

第二十八条 冒用他人名义出资并将该他人作为股东在公司登记机关登记的,冒名登记行为人应当承担相应责任;公司、其他股东或者公司债权人以未履行出资义务为由,请求被冒名登记为股东的承担补足出资责任或者对公司债务不能清偿部分的赔偿责任的,人民法院不予支持。

全国中小企业股份转让系统有限责任公司管理暂行办法

第一章 总 则

第一条 为加强对全国中小企业股份转让系统有限责任公司(以下简称全国股份转让系统公司)的管理,明确其职权与责任,维护股票挂牌转让及相关活动的正常秩序,根据《公司法》、《证券法》等法律、行政法规,制定本办法。

第二条 全国中小企业股份转让系统(以下简称全国股份转让系统)是经国务院批准设立的全国性证券交易场所。

第三条 股票在全国股份转让系统挂牌的公司(以下简称挂牌公司)为非上市公众公司,股东人数可以超过200人,接受中国证券监督管理委员会(以下简称中国证监会)的统一监督管理。

第四条 全国股份转让系统公司负责组织和监督挂牌公司的股票转让及相关活动,实行自律管理。

第五条 全国股份转让系统公司应当坚持公益优先的原则,维护公开、公平、公正的市场环境,保证全国股份转让系统的正常运行,为全国股份转让系统各参与人提供优质、高效、低成本的金融服务。

第六条 全国股份转让系统的股票挂牌转让及相关活动,必须遵守法律、行政法规和各项规章规定,禁止欺诈、内幕交易、操纵市场等违法违规行为。

第七条 中国证监会依法对全国股份转让系统公司、全国股份转让系统的各项业务活动及各参与人实行统一监督管理,维护全国股份转让系统运行秩序,依法查处违法违规行为。

第二章　全国股份转让系统公司的职能

第八条　全国股份转让系统公司的职能包括：

（一）建立、维护和完善股票转让相关技术系统和设施；

（二）制定和修改全国股份转让系统业务规则；

（三）接受并审查股票挂牌及其他相关业务申请，安排符合条件的公司股票挂牌；

（四）组织、监督股票转让及相关活动；

（五）对主办券商等全国股份转让系统参与人进行监管；

（六）对挂牌公司及其他信息披露义务人进行监管；

（七）管理和公布全国股份转让系统相关信息；

（八）中国证监会批准的其他职能。

第九条　全国股份转让系统公司应当就股票挂牌、股票转让、主办券商管理、挂牌公司管理、投资者适当性管理等依法制定基本业务规则。

全国股份转让系统公司制定与修改基本业务规则，应当经中国证监会批准。制定与修改其他业务规则，应当报中国证监会备案。

第十条　全国股份转让系统挂牌新的证券品种或采用新的转让方式，应当报中国证监会批准。

第十一条　全国股份转让系统公司应当为组织公平的股票转让提供保障，公布股票转让即时行情。未经全国股份转让系统公司许可，任何单位和个人不得发布、使用或传播股票转让即时行情。

第十二条　全国股份转让系统公司收取的资金和费用应当符合有关主管部门的规定，并优先用于维护和完善相关技术系统和设施。

全国股份转让系统公司应当制定专项财务管理规则，并报中国证监会备案。

第十三条　全国股份转让系统公司应当从其收取的费用中提取一定比例的金额设立风险基金。风险基金提取和使用的具体办法，由中国证监会另行制定。

第十四条 全国股份转让系统的登记结算业务由中国证券登记结算有限责任公司负责。全国股份转让系统公司应当与其签订业务协议，并报中国证监会备案。

第三章 全国股份转让系统公司的组织结构

第十五条 全国股份转让系统公司应当按照《公司法》等法律、行政法规和中国证监会的规定，制定公司章程，明确股东会、董事会、监事会和经理层之间的职责划分，建立健全内部组织机构，完善公司治理。

全国股份转让系统公司章程的制定和修改，应当经中国证监会批准。

第十六条 全国股份转让系统公司的股东应当具备法律、行政法规和中国证监会规定的资格条件，股东持股比例应当符合中国证监会的有关规定。

全国股份转让系统公司新增股东或原股东转让所持股份的，应当报中国证监会批准。

第十七条 全国股份转让系统公司董事会、监事会的组成及议事规则应当符合有关法律、行政法规和中国证监会的规定，并报中国证监会备案。

第十八条 全国股份转让系统公司董事长、副董事长、监事会主席及高级管理人员由中国证监会提名，任免程序和任期遵守《公司法》和全国股份转让系统公司章程的有关规定。

前款所述高级管理人员的范围，由全国股份转让系统公司章程规定。

第十九条 全国股份转让系统公司应当根据需要设立专门委员会。各专门委员会的组成及议事规则报中国证监会备案。

第四章 全国股份转让系统公司的自律监管

第二十条 全国股份转让系统实行主办券商制度。在全国股份转让系统从事主办券商业务的证券公司称为主办券商。

主办券商业务包括推荐股份公司股票挂牌，对挂牌公司进行持续督导，代理投资者买卖挂牌公司股票，为股票转让提供做市服务及其他全国股份转让系统公司规定的业务。

第二十一条 全国股份转让系统公司依法对股份公司股票挂牌、定向发行等申请及主办券商推荐文件进行审查，出具审查意见。

全国股份转让系统公司应当与符合条件的股份公司签署挂牌协议，确定双方的权利义务关系。

第二十二条 全国股份转让系统公司应当督促申请股票挂牌的股份公司、挂牌公司及其他信息披露义务人，依法履行信息披露义务，真实、准确、完整、及时地披露信息，不得有虚假记载、误导性陈述或者重大遗漏。

第二十三条 挂牌公司应当符合全国股份转让系统持续挂牌条件，不符合持续挂牌条件的，全国股份转让系统公司应当及时作出股票暂停或终止挂牌的决定，及时公告，并报中国证监会备案。

第二十四条 挂牌股票转让可以采取做市方式、协议方式、竞价方式或证监会批准的其他转让方式。

第二十五条 全国股份转让系统实行投资者适当性管理制度。参与股票转让的投资者应当具备一定的证券投资经验和相应的风险识别和承担能力，了解熟悉相关业务规则。

第二十六条 因突发性事件而影响股票转让的正常进行时，全国股份转让系统公司可以采取技术性停牌措施；因不可抗力的突发性事件或者为维护股票转让的正常秩序，可以决定临时停市。

全国股份转让系统公司采取技术性停牌或者决定临时停市，应当及时报告中国证监会。

第二十七条 全国股份转让系统公司应当建立市场监控制度及相应技术系统，配备专门市场监察人员，依法对股票转让实行监控，及时发现、及时制止内幕交易、市场操纵等异常转让行为。

对违反法律法规及业务规则的，全国股份转让系统公司应当及时采取自律监管措施，并视情节轻重或根据监管要求，及时向中国证监会报告。

第二十八条 全国股份转让系统公司应当督促主办券商、律师事务所、会计师事务所等为挂牌转让等相关业务提供服务的证券服务机构和人员，诚实守信、勤勉尽责，严格履行法定职责，遵守法律法规和行业规范，并对出具文件的真实性、准确性、完整性负责。

第二十九条 全国股份转让系统公司发现相关当事人违反法律法规及业务规则的，可以依法采取自律监管措施，并报中国证监会备案。依法应当由中国证监会进行查处的，全国股份转让系统公司应当向中国证监会提出查处建议。

第五章 监督管理

第三十条 全国股份转让系统公司应当向中国证监会报告股东会、董事会、监事会、总经理办公会议和其他重要会议的会议纪要，全国股份转让系统运行情况，全国股份转让系统公司自律监管职责履行情况、日常工作动态以及中国证监会要求报告的其他信息。

全国股份转让系统公司的其他报告义务，比照执行证券交易所管理有关规定。

第三十一条 中国证监会有权要求全国股份转让系统公司对其章程和业务规则进行修改。

第三十二条 中国证监会依法对全国股份转让系统公司进行监管，开展定期、不定期的现场检查，并对其履职和运营情况进行评估和考核。

全国股份转让系统公司及相关人员违反本办法规定，在监管工作中不履行职责，或者不履行本办法规定的有关义务，中国证监会比照证券交易所管理有关规定进行查处。

第六章 附 则

第三十三条 全国股份转让系统公司为其他证券品种提供挂牌转让服务

的，比照本办法执行。

第三十四条　在证券公司代办股份转让系统的原STAQ、NET系统挂牌公司和退市公司及其股份转让相关活动，由全国股份转让系统公司负责监督管理。

第三十五条　本办法公布之日起施行。

全国中小企业股份转让系统
业务规则（试行）

第一章　总　　则

1.1　为规范全国中小企业股份转让系统(以下简称“全国股份转让系统”)运行,维护市场正常秩序,保护投资者合法权益,根据《中华人民共和国公司法》(以下简称《公司法》)、《中华人民共和国证券法》以及《非上市公众公司监督管理办法》(以下简称《管理办法》)、《全国中小企业股份转让系统有限责任公司管理暂行办法》等法律、行政法规、部门规章,制定本业务规则。

1.2　在全国股份转让系统挂牌的股票、可转换公司债券及其他证券品种,适用本业务规则。本业务规则未作规定的,适用全国中小企业股份转让系统有限责任公司(以下简称“全国股份转让系统公司”)的其他有关规定。

1.3　全国股份转让系统的证券公开转让及相关活动,实行公开、公平、公正的原则,禁止证券欺诈、内幕交易、操纵市场等违法违规行为。

市场参与人应当遵循自愿、有偿、诚实信用的原则。

1.4　申请挂牌公司、挂牌公司及其董事、监事、高级管理人员、股东、实际控制人,主办券商、会计师事务所、律师事务所、其他证券服务机构及其相关人员,投资者应当遵守法律、行政法规、部门规章、本业务规则及全国股份转让系统公司其他业务规定。

1.5　申请挂牌公司、挂牌公司及其他信息披露义务人、主办券商应当真实、准确、完整、及时地披露信息,不得有虚假记载、误导性陈述或者重大遗漏。

申请挂牌公司、挂牌公司的董事、监事、高级管理人员应当忠实、勤勉地履行职责,保证公司披露信息的真实、准确、完整、及时、公平。

申请挂牌公司、挂牌公司及其他信息披露义务人、主办券商依法披露的信息,应当第一时间在全国股份转让系统指定信息披露平台(www. neeq. com. cn 或 www. neeq. cc)公布。

1.6 全国股份转让系统实行主办券商制度。主办券商应当对所推荐的挂牌公司履行持续督导义务。

1.7 主办券商、会计师事务所、律师事务所、其他证券服务机构及其相关人员在全国股份转让系统从事相关业务,应严格履行法定职责,遵守行业规范,勤勉尽责,诚实守信,并对出具文件的真实性、准确性、完整性负责。

1.8 全国股份转让系统实行投资者适当性管理制度。投资者应当具备一定的证券投资经验和相应的风险识别和承担能力,知悉相关业务规则,自行承担投资风险。

1.9 挂牌公司、主办券商、投资者等市场参与人,应当按照规定交纳相关税费。

1.10 挂牌公司是经中国证监会核准的非上市公众公司,股东人数可以超过二百人。

《管理办法》实施前股东人数为二百人以上的股份有限公司,依照有关法律、行政法规、部门规章进行规范并经中国证监会确认后,符合本业务规则规定条件的,可以向全国股份转让系统公司申请挂牌。

1.11 全国股份转让系统公司依法对申请挂牌公司、挂牌公司及其他信息披露义务人、主办券商等市场参与人进行自律监管。

第二章 股票挂牌

2.1 股份有限公司申请股票在全国股份转让系统挂牌,不受股东所有制性质的限制,不限于高新技术企业,应当符合下列条件:

(一)依法设立且存续满两年。有限责任公司按原账面净资产值折股整体变更为股份有限公司的,存续时间可以从有限责任公司成立之日起计算;

(二)业务明确,具有持续经营能力;

(三)公司治理机制健全,合法规范经营;

(四)股权明晰,股票发行和转让行为合法合规;

(五)主办券商推荐并持续督导;

(六)全国股份转让系统公司要求的其他条件。

2.2 申请挂牌公司应当与主办券商签订推荐挂牌并持续督导协议,按照全国股份转让系统公司的有关规定编制申请文件,并向全国股份转让系统公司申报。

2.3 全国股份转让系统公司对挂牌申请文件审查后,出具是否同意挂牌的审查意见。

2.4 申请挂牌公司取得全国股份转让系统公司同意挂牌的审查意见及中国证监会核准文件后,按照全国股份转让系统公司规定的有关程序办理挂牌手续。

申请挂牌公司应当在其股票挂牌前与全国股份转让系统公司签署挂牌协议,明确双方的权利、义务和有关事项。

2.5 申请挂牌公司应当在其股票挂牌前依照全国股份转让系统公司的规定披露公开转让说明书等文件。

2.6 申请挂牌公司在其股票挂牌前实施限制性股票或股票期权等股权激励计划且尚未行权完毕的,应当在公开转让说明书中披露股权激励计划等情况。

2.7 申请挂牌公司在其股票挂牌前,应当与中国证券登记结算有限责任公司(以下简称"中国结算")签订证券登记及服务协议,办理全部股票的集中登记。

2.8 挂牌公司控股股东及实际控制人在挂牌前直接或间接持有的股票分三批解除转让限制,每批解除转让限制的数量均为其挂牌前所持股票的三分之一,解除转让限制的时间分别为挂牌之日、挂牌期满一年和两年。

挂牌前十二个月以内控股股东及实际控制人直接或间接持有的股票进行过转让的,该股票的管理按照前款规定执行,主办券商为开展做市业务取得的做市初始库存股票除外。

因司法裁决、继承等原因导致有限售期的股票持有人发生变更的，后续持有人应继续执行股票限售规定。

2.9　股票解除转让限制，应由挂牌公司向主办券商提出，由主办券商报全国股份转让系统公司备案。全国股份转让系统公司备案确认后，通知中国结算办理解除限售登记。

第三章　股票转让

第一节　一般规定

3.1.1　股票转让采用无纸化的公开转让形式，或经中国证监会批准的其他转让形式。

3.1.2　股票转让可以采取协议方式、做市方式、竞价方式或其他中国证监会批准的转让方式。经全国股份转让系统公司同意，挂牌股票可以转换转让方式。

3.1.3　挂牌股票采取协议转让方式的，全国股份转让系统公司同时提供集合竞价转让安排。

3.1.4　挂牌股票采取做市转让方式的，须有 2 家以上从事做市业务的主办券商（以下简称“做市商”）为其提供做市报价服务。

做市商应当在全国股份转让系统持续发布买卖双向报价，并在报价价位和数量范围内履行与投资者的成交义务。做市转让方式下，投资者之间不能成交。全国股份转让系统公司另有规定的除外。

3.1.5　全国股份转让系统为证券转让提供相关设施，包括交易主机、交易单元、报盘系统及相关通信系统等。

3.1.6　主办券商进入全国股份转让系统进行证券转让，应当先向全国股份转让系统公司申请取得转让权限，成为转让参与人。

3.1.7　股票转让时间为每周一至周五上午 9:15 至 11:30，下午 13:00 至 15:00。转让时间内因故停市，转让时间不作顺延。

遇法定节假日和全国股份转让系统公司公告的休市日,全国股份转让系统休市。

3.1.8 全国股份转让系统对股票转让不设涨跌幅限制。全国股份转让系统公司另有规定的除外。

3.1.9 投资者买卖挂牌公司股票,应当开立证券账户和资金账户,并与主办券商签订证券买卖委托代理协议。

投资者开立证券账户,应当按照中国结算的相关规定办理。

3.1.10 主办券商接受投资者的买卖委托后,应当确认投资者具备相应股票或资金,并按照投资者委托的时间先后顺序向全国股份转让系统申报。

3.1.11 买卖挂牌公司股票,申报数量应当为1000股或其整数倍。

卖出挂牌公司股票时,余额不足1000股部分,应当一次性申报卖出。

3.1.12 股票转让的计价单位为“每股价格”。股票转让的申报价格最小变动单位为0.01元人民币。

3.1.13 全国股份转让系统公司可以根据市场需要,调整股票单笔买卖申报数量和申报价格的最小变动单位。

3.1.14 申报当日有效。投资者可以撤销委托申报的未成交部分。

3.1.15 买卖申报经交易主机成交确认后,转让即告成立,买卖双方必须承认转让结果,履行清算交收义务,本规则另有规定的除外。

3.1.16 中国结算作为共同对手方,为股票转让提供清算和多边净额担保交收服务;或不作为共同对手方,提供其他清算、交收等服务。

3.1.17 投资者卖出股票,须委托代理其买入该股票的主办券商办理。如需委托另一家主办券商卖出该股票,须办理股票转托管手续。

3.1.18 投资者因司法裁决、继承等特殊原因需要办理股票过户的,依照中国结算的规定办理。

第二节 转让信息

3.2.1 全国股份转让系统公司每个转让日发布股票转让即时行情、股票转让公开信息等转让信息,及时编制反映市场转让情况的各类报表,并通过全国股份转让系统指定信息披露平台或其他媒体予以公布。

3.2.2　全国股份转让系统公司负责全国股份转让系统信息的统一管理和发布。未经全国股份转让系统公司许可,任何机构和个人不得发布、使用和传播转让信息。经全国股份转让系统公司许可使用转让信息的机构和个人,未经同意不得将转让信息提供给其他机构和个人使用或予以传播。

3.2.3　全国股份转让系统公司可以根据市场发展需要,编制综合指数、成分指数、分类指数等证券指数,随即时行情发布。

证券指数的设置和编制方法,由全国股份转让系统公司另行规定。

第三节　监控与异常情况处理

3.3.1　全国股份转让系统公司对股票转让中出现的异常转让行为进行重点监控,并可以视情况采取盘中临时停止股票转让等措施。

3.3.2　发生下列转让异常情况之一,导致部分或全部转让不能正常进行的,全国股份转让系统公司可以决定单独或同时采取暂缓进入清算交收程序、技术性停牌或临时停市等措施:

(一)不可抗力;

(二)意外事件;

(三)技术故障;

(四)全国股份转让系统公司认定的其他异常情况。

3.3.3　全国股份转让系统公司对暂缓进入清算交收程序、技术性停牌或临时停市决定予以公告。技术性停牌或临时停市原因消除后,全国股份转让系统公司可以决定恢复转让,并予以公告。

因转让异常情况及全国股份转让系统公司采取的相应措施造成损失的,全国股份转让系统公司不承担赔偿责任。

3.3.4　转让异常情况处理的具体规定,由全国股份转让系统公司另行制定并报中国证监会批准。

第四章 挂牌公司

第一节 公司治理

4.1.1 挂牌公司应当按照法律、行政法规、部门规章、全国股份转让系统公司相关业务规定完善公司治理,确保所有股东,特别是中小股东享有平等地位,充分行使合法权利。

4.1.2 挂牌公司应当依据《公司法》及有关非上市公众公司章程必备条款的规定制定公司章程并披露。

挂牌公司应当依照公司章程的规定,规范重大事项的内部决策程序。

4.1.3 挂牌公司与控股股东、实际控制人及其控制的其他企业应实行人员、资产、财务分开,各自独立核算、独立承担责任和风险。

4.1.4 控股股东、实际控制人及其控制的其他企业应切实保证挂牌公司的独立性,不得利用其股东权利或者实际控制能力,通过关联交易、垫付费用、提供担保及其他方式直接或者间接侵占挂牌公司资金、资产,损害挂牌公司及其他股东的利益。

4.1.5 挂牌公司董事会做出的对公司治理机制的讨论评估应当在年度报告中披露。

4.1.6 挂牌公司可以实施股权激励,具体办法另行规定。

第二节 信息披露

4.2.1 挂牌公司应当按照全国股份转让系统公司相关规定编制并披露定期报告和临时报告;上述文件披露前,挂牌公司应当依据公司章程履行内部程序。

挂牌公司应当按照《企业会计准则》的要求编制财务报告,全国股份转让系统公司另有规定的除外。

挂牌公司发生的或者与之有关的事件没有达到全国股份转让系统公司规定的披露标准,或者全国股份转让系统公司没有具体规定,但公司董事会认为该事件对公司股票转让价格可能产生较大影响的,公司应当及时披露。

4.2.2 若挂牌公司有充分依据证明其拟披露的信息属于国家机密、商业秘密,可能导致其违反国家有关保密法律、行政法规规定或者严重损害挂牌公司利益的,可以向全国股份转让系统公司申请豁免披露或履行相关义务。

4.2.3 挂牌公司应当制定并执行信息披露事务管理制度。

挂牌公司设有董事会秘书的,由董事会秘书负责信息披露管理事务,未设董事会秘书的,挂牌公司应指定一名具有相关专业知识的人员负责信息披露管理事务,并向全国股份转让系统公司报备。负责信息披露管理事务的人员应列席公司的董事会和股东大会。

4.2.4 挂牌公司及其他信息披露义务人应当对其披露信息内容的真实性、准确性、完整性承担责任。

4.2.5 挂牌公司、相关信息披露义务人和其他知情人不得泄露内幕信息。

4.2.6 主办券商应对挂牌公司拟披露的信息披露文件进行审查,履行持续督导职责。

4.2.7 全国股份转让系统公司对挂牌公司及其他信息披露义务人已披露的信息进行审查。

4.2.8 挂牌公司出现下列情形之一的,全国股份转让系统公司对股票转让实行风险警示,在公司股票简称前加注标识并公告:

(一)最近一个会计年度的财务会计报告被出具否定意见或者无法表示意见的审计报告;

(二)最近一个会计年度经审计的期末净资产为负值;

(三)全国股份转让系统公司规定的其他情形。

第三节 定向发行

4.3.1 本业务规则规定的定向发行,是指申请挂牌公司、挂牌公司向特定对象发行股票的行为。

4.3.2 申请挂牌公司、挂牌公司定向发行应当符合全国股份转让系统公司有关投资者适当性管理、信息披露等规定。

4.3.3 按照《管理办法》应申请核准的定向发行,主办券商应当出具推荐文件,挂牌公司取得全国股份转让系统公司同意定向发行的审查意见及中国证监会核准文件后,与全国股份转让系统公司办理定向发行新增股份的挂牌手续。

4.3.4 按照《管理办法》豁免申请核准的定向发行,主办券商应履行持续督导职责并发表意见,挂牌公司在发行验资完毕后填报备案登记表,办理新增股份的登记及挂牌手续。

4.3.5 申请挂牌公司申请股票在全国股份转让系统挂牌的同时定向发行的,应在公开转让说明书中披露。

第四节 暂停与恢复转让

4.4.1 挂牌公司发生下列事项,应当向全国股份转让系统公司申请暂停转让,直至按规定披露或相关情形消除后恢复转让。

(一)预计应披露的重大信息在披露前已难以保密或已经泄露,或公共媒体出现与公司有关传闻,可能或已经对股票转让价格产生较大影响的;

(二)涉及需要向有关部门进行政策咨询、方案论证的无先例或存在重大不确定性的重大事项,或挂牌公司有合理理由需要申请暂停股票转让的其他事项;

(三)向中国证监会申请首次公开发行股票并上市,或向证券交易所申请股票上市;

(四)向全国股份转让系统公司主动申请终止挂牌;

(五)未在规定期限内披露年度报告或者半年度报告;

(六)主办券商与挂牌公司解除持续督导协议;

(七)出现依《公司法》第一百八十一条规定解散的情形,或法院依法受理公司重整、和解或者破产清算申请。

挂牌公司未按规定向全国股份转让系统公司申请暂停股票转让的,主办券商应当及时向全国股份转让系统公司报告并提出处理建议。

4.4.2 全国股份转让系统公司可以根据中国证监会的要求或者基于维护

市场秩序的需要,决定挂牌公司股票的暂停与恢复转让事宜。

第五节 终止与重新挂牌

4.5.1 挂牌公司出现下列情形之一的,全国股份转让系统公司终止其股票挂牌:

(一)中国证监会核准其首次公开发行股票申请,或证券交易所同意其股票上市;

(二)终止挂牌申请获得全国股份转让系统公司同意;

(三)未在规定期限内披露年度报告或者半年度报告的,自期满之日起两个月内仍未披露年度报告或半年度报告;

(四)主办券商与挂牌公司解除持续督导协议,挂牌公司未能在股票暂停转让之日起三个月内与其他主办券商签署持续督导协议的;

(五)挂牌公司经清算组或管理人清算并注销公司登记的;

(六)全国股份转让系统公司规定的其他情形。

4.5.2 全国股份转让系统公司在作出股票终止挂牌决定后发布公告,并报中国证监会备案。

挂牌公司应当在收到全国股份转让系统公司的股票终止挂牌决定后及时披露股票终止挂牌公告。

4.5.3 对因本业务规则4.5.1条第(三)、(四)项情形终止挂牌的公司,全国股份转让系统公司可以为其提供股票非公开转让服务。

4.5.4 导致公司终止挂牌的情形消除后,经公司申请、主办券商推荐及全国股份转让系统公司同意,公司股票可以重新挂牌。

第五章 主办券商

5.1 主办券商是指在全国股份转让系统从事下列部分或全部业务的证券公司:

(一)推荐业务:推荐申请挂牌公司股票挂牌,持续督导挂牌公司,为挂牌

公司定向发行、并购重组等提供相关服务;

(二)经纪业务:代理开立证券账户、代理买卖股票等业务;

(三)做市业务;

(四)全国股份转让系统公司规定的其他业务。

从事前款第一项业务的,应当具有证券承销与保荐业务资格;从事前款第二项业务的,应当具有证券经纪业务资格;从事前款第三项业务的,应当具有证券自营业务资格。

5.2 证券公司在全国股份转让系统开展相关业务前,应向全国股份转让系统公司申请备案。

全国股份转让系统公司同意备案的,与其签订协议,出具备案函并公告。

5.3 主办券商应在取得全国股份转让系统公司备案函后五个转让日内,在全国股份转让系统指定信息披露平台披露公司基本情况、主要业务人员情况及全国股份转让系统公司要求披露的其他信息。

主办券商在全国股份转让系统开展业务期间,应按全国股份转让系统公司要求报送并披露相关执业情况等信息。

主办券商所披露信息内容发生变更的,应按规定及时报告全国股份转让系统公司并进行更新。

5.4 主办券商在全国股份转让系统开展业务,应当建立健全各项业务管理制度和业务操作流程,建立健全风险管理制度和合规管理制度,保障业务依法合规进行,严格防范和控制业务风险。

5.5 主办券商应当实现推荐业务、经纪业务、做市业务以及其他业务之间的有效隔离,防范内幕交易,避免利益冲突。

5.6 主办券商开展推荐业务,应勤勉尽责地进行尽职调查和内核,并承担相应责任。

5.7 主办券商应持续督导所推荐挂牌公司诚实守信、规范履行信息披露义务、完善公司治理机制。

主办券商与挂牌公司解除持续督导协议前,应当报告全国股份转让系统公司并说明理由。

5.8　主办券商应当建立健全投资者适当性管理工作制度和业务流程，严格执行全国股份转让系统投资者适当性管理各项要求。

5.9　主办券商发现投资者存在异常交易行为，应提醒投资者；对可能严重影响正常交易秩序的异常交易行为，应及时报告全国股份转让系统公司。

5.10　主办券商开展做市业务不得利用信息优势和资金优势，通过单独或者合谋，以串通报价或相互买卖操纵股票转让价格，损害投资者利益。

5.11　全国股份转让系统公司对主办券商及其从业人员的执业行为进行持续管理，开展现场检查和非现场检查，记录其执业情况、违规行为等信息。

第六章　监管措施与违规处分

6.1　全国股份转让系统公司可以对本业务规则 1.4 条规定的监管对象采取下列自律监管措施：

（一）要求申请挂牌公司、挂牌公司及其他信息披露义务人或者其董事（会）、监事（会）和高级管理人员、主办券商、证券服务机构及其相关人员对有关问题作出解释、说明和披露；

（二）要求申请挂牌公司、挂牌公司聘请中介机构对公司存在的问题进行核查并发表意见；

（三）约见谈话；

（四）要求提交书面承诺；

（五）出具警示函；

（六）责令改正；

（七）暂不受理相关主办券商、证券服务机构或其相关人员出具的文件；

（八）暂停解除挂牌公司控股股东、实际控制人的股票限售；

（九）限制证券账户交易；

（十）向中国证监会报告有关违法违规行为；

（十一）其他自律监管措施。

监管对象应当积极配合全国股份转让系统公司的日常监管，在规定期限内回答问询,按照全国股份转让系统公司的要求提交说明,或者披露相应的更正或补充公告。

6.2 申请挂牌公司、挂牌公司、相关信息披露义务人违反本业务规则、全国股份转让系统公司其他相关业务规定的,全国股份转让系统公司视情节轻重给予以下处分,并记入证券期货市场诚信档案数据库(以下简称“诚信档案”):

(一)通报批评;

(二)公开谴责。

6.3 申请挂牌公司、挂牌公司的董事、监事、高级管理人员违反本业务规则、全国股份转让系统公司其他相关业务规定的,全国股份转让系统公司视情节轻重给予以下处分,并记入诚信档案:

(一)通报批评;

(二)公开谴责;

(三)认定其不适合担任公司董事、监事、高级管理人员。

6.4 主办券商违反本业务规则、全国股份转让系统公司其他相关业务规定的,全国股份转让系统公司视情节轻重给予以下处分,并记入诚信档案:

(一)通报批评;

(二)公开谴责;

(三)限制、暂停直至终止其从事相关业务。

6.5 主办券商的相关业务人员违反本业务规则、全国股份转让系统公司其他相关业务规定的,全国股份转让系统公司视情节轻重给予以下处分,并记入诚信档案:

(一)通报批评;

(二)公开谴责。

6.6 会计师事务所、律师事务所、其他证券服务机构及其工作人员违反本业务规则、全国股份转让系统公司其他相关业务规定的,全国股份转让系统公司视情节轻重给予以下处分,记入诚信档案并向相关行业自律组织通报:

(一)通报批评;

(二)公开谴责。

6.7　全国股份转让系统公司设立纪律处分委员会对本业务规则规定的纪律处分事项进行审核,作出独立的专业判断并形成审核意见。全国股份转让系统公司根据纪律处分委员会的审核意见,作出是否给予纪律处分的决定。

监管对象不服全国股份转让系统公司作出的纪律处分决定的,可自收到处分通知之日起15个工作日内向全国股份转让系统公司申请复核,复核期间该处分决定不停止执行。

第七章　附　　则

7.1　原证券公司代办股份转让系统挂牌的STAQ、NET系统公司和退市公司的股票转让、信息披露等事项另行规定。

7.2　本业务规则所称"以上"、"以内"含本数,"超过"不含本数。

7.3　本业务规则由全国股份转让系统公司负责解释。

7.4　本业务规则经中国证监会批准后生效,自发布之日起实施。

全国中小企业股份转让系统股票挂牌条件适用基本标准指引（试行）

全国中小企业股份转让系统有限责任公司按照“可把控、可举证、可识别”的原则，对《全国中小企业股份转让系统业务规则（试行）》规定的六项挂牌条件进行细化，形成基本标准如下：

一、依法设立且存续满两年

（一）依法设立，是指公司依据《公司法》等法律、法规及规章的规定向公司登记机关申请登记，并已取得《企业法人营业执照》。

1. 公司设立的主体、程序合法、合规。

（1）国有企业需提供相应的国有资产监督管理机构或国务院、地方政府授权的其他部门、机构关于国有股权设置的批复文件。

（2）外商投资企业须提供商务主管部门出具的设立批复文件。

（3）《公司法》修改（2006 年 1 月 1 日）前设立的股份公司，须取得国务院授权部门或者省级人民政府的批准文件。

2. 公司股东的出资合法、合规，出资方式及比例应符合《公司法》相关规定。

（1）以实物、知识产权、土地使用权等非货币财产出资的，应当评估作价，核实财产，明确权属，财产权转移手续办理完毕。

（2）以国有资产出资的，应遵守有关国有资产评估的规定。

（3）公司注册资本缴足，不存在出资不实情形。

（二）存续两年是指存续两个完整的会计年度。

（三）有限责任公司按原账面净资产值折股整体变更为股份有限公司的，

存续时间可以从有限责任公司成立之日起计算。整体变更不应改变历史成本计价原则，不应根据资产评估结果进行账务调整，应以改制基准日经审计的净资产额为依据折合为股份有限公司股本。申报财务报表最近一期截止日不得早于改制基准日。

二、业务明确，具有持续经营能力

（一）业务明确，是指公司能够明确、具体地阐述其经营的业务、产品或服务、用途及其商业模式等信息。

（二）公司可同时经营一种或多种业务，每种业务应具有相应的关键资源要素，该要素组成应具有投入、处理和产出能力，能够与商业合同、收入或成本费用等相匹配。

1. 公司业务如需主管部门审批，应取得相应的资质、许可或特许经营权等。

2. 公司业务须遵守法律、行政法规和规章的规定，符合国家产业政策以及环保、质量、安全等要求。

（三）持续经营能力，是指公司基于报告期内的生产经营状况，在可预见的将来，有能力按照既定目标持续经营下去。

1. 公司业务在报告期内应有持续的营运记录，不应仅存在偶发性交易或事项。营运记录包括现金流量、营业收入、交易客户、研发费用支出等。

2. 公司应按照《企业会计准则》的规定编制并披露报告期内的财务报表，公司不存在《中国注册会计师审计准则第 1324 号——持续经营》中列举的影响其持续经营能力的相关事项，并由具有证券期货相关业务资格的会计师事务所出具标准无保留意见的审计报告。

财务报表被出具带强调事项段的无保留审计意见的，应全文披露审计报告正文以及董事会、监事会和注册会计师对强调事项的详细说明，并披露董事会和监事会对审计报告涉及事项的处理情况，说明该事项对公司的影响是否重大、影响是否已经消除、违反公允性的事项是否已予纠正。

3. 公司不存在依据《公司法》第一百八十一条规定解散的情形，或法院依法受理重整、和解或者破产申请。

三、公司治理机制健全,合法规范经营

(一)公司治理机制健全,是指公司按规定建立股东大会、董事会、监事会和高级管理层(以下简称“三会一层”)组成的公司治理架构,制定相应的公司治理制度,并能证明有效运行,保护股东权益。

1.公司依法建立“三会一层”,并按照《公司法》、《非上市公众公司监督管理办法》及《非上市公众公司监管指引第3号——章程必备条款》等规定建立公司治理制度。

2.公司“三会一层”应按照公司治理制度进行规范运作。在报告期内的有限公司阶段应遵守《公司法》的相关规定。

3.公司董事会应对报告期内公司治理机制执行情况进行讨论、评估。

(二)合法合规经营,是指公司及其控股股东、实际控制人、董事、监事、高级管理人员须依法开展经营活动,经营行为合法、合规,不存在重大违法违规行为。

1.公司的重大违法违规行为是指公司最近24个月内因违犯国家法律、行政法规、规章的行为,受到刑事处罚或适用重大违法违规情形的行政处罚。

(1)行政处罚是指经济管理部门对涉及公司经营活动的违法违规行为给予的行政处罚。

(2)重大违法违规情形是指,凡被行政处罚的实施机关给予没收违法所得、没收非法财物以上行政处罚的行为,属于重大违法违规情形,但处罚机关依法认定不属于的除外;被行政处罚的实施机关给予罚款的行为,除主办券商和律师能依法合理说明或处罚机关认定该行为不属于重大违法违规行为的外,都视为重大违法违规情形。

(3)公司最近24个月内不存在涉嫌犯罪被司法机关立案侦查,尚未有明确结论意见的情形。

2.控股股东、实际控制人合法合规,最近24个月内不存在涉及以下情形的重大违法违规行为:

(1)控股股东、实际控制人受刑事处罚;

(2)受到与公司规范经营相关的行政处罚,且情节严重;情节严重的界定参照前述规定;

(3)涉嫌犯罪被司法机关立案侦查,尚未有明确结论意见。

3. 现任董事、监事和高级管理人员应具备和遵守《公司法》规定的任职资格和义务,不应存在最近24个月内受到中国证监会行政处罚或者被采取证券市场禁入措施的情形。

(三)公司报告期内不应存在股东包括控股股东、实际控制人及其关联方占用公司资金、资产或其他资源的情形。如有,应在申请挂牌前予以归还或规范。

(四)公司应设有独立财务部门进行独立的财务会计核算,相关会计政策能如实反映企业财务状况、经营成果和现金流量。

四、股权明晰,股票发行和转让行为合法合规

(一)股权明晰,是指公司的股权结构清晰,权属分明,真实确定,合法合规,股东特别是控股股东、实际控制人及其关联股东或实际支配的股东持有公司的股份不存在权属争议或潜在纠纷。

1. 公司的股东不存在国家法律、法规、规章及规范性文件规定不适宜担任股东的情形。

2. 申请挂牌前存在国有股权转让的情形,应遵守国资管理规定。

3. 申请挂牌前外商投资企业的股权转让应遵守商务部门的规定。

(二)股票发行和转让合法合规,是指公司的股票发行和转让依法履行必要内部决议、外部审批(如有)程序,股票转让须符合限售的规定。

1. 公司股票发行和转让行为合法合规,不存在下列情形:

(1)最近36个月内未经法定机关核准,擅自公开或者变相公开发行过证券;

(2)违法行为虽然发生在36个月前,目前仍处于持续状态,但《非上市公众公司监督管理办法》实施前形成的股东超200人的股份有限公司经中国证监会确认的除外。

2. 公司股票限售安排应符合《公司法》和《全国中小企业股份转让系统业务规则(试行)》的有关规定。

(三)在区域股权市场及其他交易市场进行权益转让的公司,申请股票在全国股份转让系统挂牌前的发行和转让等行为应合法合规。

(四)公司的控股子公司或纳入合并报表的其他企业的发行和转让行为需符合本指引的规定。

五、主办券商推荐并持续督导

(一)公司须经主办券商推荐,双方签署了《推荐挂牌并持续督导协议》。

(二)主办券商应完成尽职调查和内核程序,对公司是否符合挂牌条件发表独立意见,并出具推荐报告。

六、全国股份转让系统公司要求的其他条件

全国中小企业股份转让系统主办券商尽职调查工作指引（试行）

第一章　总　　则

第一条　为指导主办券商做好对申请股票在全国中小企业股份转让系统（以下简称"全国股份转让系统"）公开转让的股份有限公司（以下简称"公司"）的尽职调查工作，制定本指引。

第二条　尽职调查是指主办券商遵循勤勉尽责、诚实守信原则，以形成有利于投资者做出投资决策的信息披露文件为目的，对公司进行调查，以有充分理由确信：

（一）公司符合《全国中小企业股份转让系统业务规则（试行）》规定的挂牌条件；

（二）公开转让说明书中所披露的信息真实、准确和完整。

第三条　本指引是对主办券商尽职调查工作的一般要求。主办券商应按照本指引要求，认真履行尽职调查义务。

除对本指引已列示的一般性内容进行调查外，主办券商还应根据公司的具体情况，对其在公开转让说明书中应披露的、足以影响投资者决策的其他事项进行调查。

除本指引已列示的调查方法外，主办券商可针对具体调查事项，采用其他适当的调查方法进行调查。

第四条　项目小组的尽职调查可以在注册会计师、律师等外部专业人士意见的基础上进行，如果认为专业人士发表意见所基于的工作不够充分，或对专业人士的意见有疑义,项目小组应进行独立调查。

项目小组在引用专业人士意见时,应对所引用的意见负责。

第五条 项目小组应在尽职调查工作完成后,出具尽职调查报告,各成员应在尽职调查报告上签名并声明对其负责。

第六条 主办券商应建立健全尽职调查工作底稿制度,真实、准确、完整地反映其所实施的尽职调查工作。尽职调查工作底稿应成为主办券商出具尽职调查报告、推荐报告和编制挂牌申请文件的基础。

第二章 尽职调查主要内容和方法

第一节 业 务 调 查

第七条 业务调查主要包括分析公司所处细分行业的情况和风险,调查公司商业模式、经营目标和计划。

公司的商业模式是指公司如何使用其拥有的关键资源,通过有效的业务流程,形成一个完整的运行系统,并通过这一运行系统向客户提供产品或服务,满足客户需求并向客户提供了价值,从而获得收入、利润和现金流。

第八条 通过搜集与公司所处行业有关的行业研究或报道,与公司管理层交谈,比较市场公开数据,搜集行业主管部门制定的发展规划、行业管理方面的法律法规及规范性文件,以及主办券商内部行业分析师的分析研究等方法,审慎、客观分析公司所处细分行业的基本情况和特有风险(如行业风险、市场风险、政策风险等)。包括但不限于:

(一)行业所处的生命周期和行业规模;

(二)行业与行业上下游的关系(即行业价值链的构成);

(三)行业的竞争程度及行业壁垒;

(四)国家对该行业的监管体制和政策扶持或限制,以及产业政策对该行业的影响;

(五)影响该行业发展的有利和不利因素。

第九条 通过与公司经营管理层交谈,实地考察公司产品或服务,访谈公司客户等方法，调查公司产品或服务及其用途，了解产品种类、功能或服务种类及其满足的客户需求。包括但不限于：

（一）产品或服务的种类；

（二）调查每种产品的功能和用途以及特定消费群体，或服务所满足的客户需求及特定消费群体；

（三）每种产品的技术含量（所应用的关键技术及所达到的技术指标）或服务的质量；

（四）每种产品或服务是否向消费者提供保障（售后服务等）；

（五）报告期内各期每种产品或服务的规模，需求状况及其对价格的影响；

（六）各类产品或服务在公司业务中的重要性，包括在销售收入及利润中的比重，在行业中所占的市场份额和变动趋势；

（七）公司对提高现有产品或服务质量、增强竞争力等方面将采取的措施以及公司新产品或服务种类的开发计划。

第十条 通过实地考察、与管理层交谈、查阅公司主要知识产权文件等方法，结合公司行业特点，调查公司业务所依赖的关键资源，包括但不限于：

（一）公司独特的、可持续的技术优势（包括分析主要产品或服务的核心技术、可替代性以及核心技术的保护措施等）；

（二）研发能力和技术储备（包括分析公司的研发机构和研发人员情况、研发费用投入占公司业务收入的比重、自主技术占核心技术的比重等）；

（三）商标、专利、非专利技术等无形资产的数量、取得情况、实际使用情况、使用期限或保护期、最近一期末账面价值、存在纠纷情况等；

（四）取得的业务许可资格或资质情况；

（五）特许经营权（如有）的取得、期限、费用标准；

（六）提供产品或服务时所使用主要设备和固定资产的情况；

（七）公司高级管理人员与核心技术（业务）人员的简要情况，主要包括：姓名、国籍等基本信息、职业经历（参加工作以来的职业及职务情况）、曾经担任的重要职务及任期、现任职务及任期，根据其业务经历、行业或专业背景，评价高级管理人员的经验和能力，整体评价整个管理团队是否有互补性；

(八)调查公司管理层及核心技术(业务)人员的薪酬,持股情况和激励政策(包括股权激励)。最近两年上述人员的主要变动情况、原因和对公司经营的影响,了解公司为稳定上述人员已采取或拟采取的措施,并评价管理层及核心技术(业务)人员的稳定性;

(九)公司的员工情况,主要包括:员工人数、年龄和工龄结构、任职分布、学历学位结构、地域分布等;

(十)其他体现所处行业或业态特征的资源要素;

(十一)在公司所处细分行业中,从公司的技术优势、产品的技术指标或服务的标准要求、研发投入能力和技术储备、专利数量等方面,分析公司与竞争对手及潜在竞争对手之间的优劣势。如果竞争对手的信息不存在,可分析公司与行业平均水平相比的优劣势。

第十一条 通过查阅公司业务制度、实地考察企业经营过程涉及的业务环节、对主要供应商和客户访谈等方法,结合公司行业特点,了解公司关键业务流程。包括但不限于:

(一)供应链及其管理,公司对供应商的依赖程度及存在的经营风险;

(二)主要产品的生产流程或服务流程、生产工艺、质量控制、安全生产等;

(三)营销体系,包括销售方式、是否有排他性销售协议等壁垒、市场推广计划、客户管理,公司对客户的依赖程度及存在的风险;

(四)核心产品或服务的研发流程、周期以及更新换代计划;

(五)根据产业链分工情况,调查公司是否将营运环节交给利益相关者,如有,阐明其合作关系或商业联盟关系以及风险利益分配机制;

(六)重要资本投资项目(如规模化生产、重要设备投资等)的投资流程,包括投资决策机制、可行性和投资回报分析等;

(七)其他体现所处行业或业态特征的业务环节。

第十二条 通过查阅商业合同,走访客户和供应商等方法,结合对公司产品或服务、关键资源和关键业务流程的调查,了解公司如何获得收益。包括但不限于:

(一)收入构成情况,包括产品或服务的规模、定价方式和依据;收入变化情况和影响其变化的原因；

（二）成本结构及其变动情况和变动原因；

（三）分析每种产品或服务的毛利率及其变动趋势和变动原因；

（四）公司的现金流情况，尤其是与经营活动有关的现金流量，即经营的现金收入是否能抵补有关支出；

（五）在公司所处的细分行业中，分析比较公司与竞争对手之间在产品或服务分布、成本结构、营销模式和产品或服务毛利率等方面的优劣势，并预估公司在细分行业的发展趋势（主要地区或市场的占有率及其变化）。如果竞争对手的信息不存在，可分析公司与行业平均水平相比的优劣势。

第十三条 通过与公司管理层交谈，查阅董事会会议记录、重大业务合同等方法，结合公司所处行业的发展趋势及公司目前所处的发展阶段，了解公司整体发展规划和各个业务板块的中长期发展目标，分析公司经营目标和计划是否与现有商业模式一致，揭示公司业务发展过程中的主要风险（区别一般风险和特殊风险）及风险管理机制。

第二节 公司治理调查

第十四条 通过查阅公司章程，了解公司组织结构，查阅股东大会、董事会、监事会（以下简称“三会”）有关文件，调查公司三会的建立健全及运行情况，说明上述机构和人员履行职责的情况，关注公司章程和三会议事规则是否合法合规，是否建立健全投资者关系管理制度，是否在公司章程中约定纠纷解决机制。

第十五条 公司董事会对公司治理机制进行讨论评估，内容包括现有公司治理机制在给股东提供合适的保护以及保证股东充分行使知情权、参与权、质询权和表决权等权利方面所发挥的作用、所存在的不足及解决方法等。

第十六条 调查公司治理机制的执行情况并出具核查意见，调查内容包括但不限于：

（一）是否依据有关法律法规和公司章程发布通知并按期召开三会；会议文件是否完整，会议记录中时间、地点、出席人数等要件是否齐备，会议文件是

否归档保存;会议记录是否正常签署;

(二)董事会和监事会是否按照有关法律法规和公司章程及时进行换届选举;

(三)董事会是否参与了公司战略目标的制订,检查其执行情况;董事会对管理层业绩进行评估的机制和执行情况;

(四)涉及关联董事、关联股东或其他利益相关者应当回避的,公司是否建立了表决权回避制度,检查其执行情况;

(五)监事会是否正常发挥作用,是否具备切实的监督手段,包括职工代表监事履行职责的情况;

(六)三会决议的实际执行情况,未能执行的会议决议,相关执行者是否向决议机构汇报并说明原因。

第十七条 调查公司股东的情况,核实公司股东股权的合法性和真实性,包括但不限于:

(一)通过查阅公司股权结构图、股东名册、公司重要会议记录、决议以及公司历次股权变动的相关文件,调查公司的股权结构,股东持股比例(包括直接和间接持股比例),以及直接或间接持股是否存在质押或其他有争议的情况,判断公司控股股东及实际控制人。

(二)通过查阅具有资格的中介机构出具的验资报告,咨询公司律师或法律顾问,询问管理层和会计人员,到工商行政管理部门查询公司注册登记资料,调查公司股东的出资是否及时到位,出资方式是否符合有关法律、法规的规定。通过查阅资产评估报告,询问资产评估机构等方法,对以实物、工业产权、非专利技术、土地使用权等非现金资产出资的,调查所使用的评估方法与评估值的合理性。

(三)调查公司股东之间是否存在关联情况,股东中是否有专业投资机构以及其参与公司治理的情况。

(四)调查公司管理层及核心技术人员的持股情况和所持股份的锁定情况。

第十八条 调查公司董事、监事的简要情况,主要包括:姓名、国籍及境外居留权、性别、年龄、学历、职称；职业经历（参加工作以来的职业及职务情况）；曾经担任的重要职务及任期；现任职务及任期；本人及其近亲属持有公司股份的情况；是否存在对外投资与公司存在利益冲突的情况。

第十九条 调查公司与控股股东、实际控制人及其控制的其他企业在业务、资产、人员、财务和机构方面的分开情况，判断其独立性，包括但不限于：

（一）通过查阅公司组织结构文件，结合公司的生产、采购和销售记录考察公司的产、供、销系统，分析公司是否具有完整的业务流程、独立的生产经营场所以及供应、销售部门和渠道，通过计算公司的关联采购额和关联销售额分别占公司当期采购总额和销售总额的比例，分析是否存在影响公司独立性的重大或频繁的关联方交易，判断公司业务独立性。

（二）通过查阅相关会议记录、资产产权转移合同、资产交接手续和购货合同及发票，确定公司固定资产权属情况；通过查阅房产证、土地使用权证等权属证明文件，了解公司的房产、土地使用权、专利与非专利技术及其他无形资产的权属情况；关注金额较大、期限较长的其他应收款、其他应付款、预收及预付账款产生的原因及交易记录、资金流向等；判断公司资产独立性。

调查公司最近两年内是否存在资产被控股股东、实际控制人及其控制的其他企业占用，或者为控股股东、实际控制人及其控制的其他企业提供担保的情形；调查公司为防止股东及关联方资金占用或者转移公司资金、资产及其他资源的行为所采取的措施和相应的制度安排；对不存在以上情形的，应取得公司的说明，并根据调查结果判断公司资产独立性。

（三）通过查阅股东单位员工名册及劳务合同、公司工资明细表、公司福利费缴纳凭证、与管理层及员工交谈，取得高级管理人员的书面声明等方法，调查公司高级管理人员从公司关联企业领取报酬及其他情况，调查公司员工的劳动、人事、工资报酬以及相应的社会保障是否完全独立管理，判断其人员独立性。

（四）通过与管理层和相关业务人员交谈，查阅公司财务会计制度、银行开户资料、纳税资料等方法，调查公司会计核算体系，财务管理和风险控制等内部管理制度的建立健全情况，并判断公司财务独立性。

(五)通过实地调查、查阅股东大会和董事会决议关于设立相关机构的记录、查阅各机构内部规章制度,了解公司的机构是否与控股股东完全分开且独立运作,是否存在混合经营、合署办公的情形,是否完全拥有机构设置自主权等,判断其机构独立性。

第二十条 调查公司与控股股东、实际控制人及其控制的其他企业是否存在同业竞争。

通过询问公司控股股东、实际控制人,查阅营业执照,实地走访生产或销售部门等方式,调查公司控股股东、实际控制人及其控制的其他企业的业务范围,从业务性质、客户对象、可替代性、市场差别等方面判断是否与公司从事相同、相似业务,从而构成同业竞争。对存在同业竞争的,要求公司就其合理性作出解释,并调查公司为避免同业竞争采取的措施以及作出的承诺。

第二十一条 调查公司对外担保、重大投资、委托理财、关联方交易等重要事项的政策及制度安排,调查决策权限及程序等规定,并核查最近两年的执行情况,包括对上述事项的决策是否符合股东大会、董事会的职责分工,对该事项的表决是否履行了公司法和公司章程中规定的程序,以及决策是否得到有效执行。

取得管理层就公司对外担保、重大投资、委托理财、关联方交易等事项的情况、是否符合法律法规和公司章程的规定,及其对公司影响的书面声明。

第二十二条 调查公司管理层的诚信情况,取得经公司管理层签字的关于诚信状况的书面声明,书面声明至少包括以下内容:

(一)最近两年内是否因违反国家法律、行政法规、部门规章、自律规则等受到刑事、民事、行政处罚或纪律处分;

(二)是否存在因涉嫌违法违规行为处于调查之中尚无定论的情形;

(三)最近两年内是否对所任职(包括现任职和曾任职)公司因重大违法违规行为而被处罚负有责任;

(四)是否存在个人负有数额较大债务到期未清偿的情形;

(五)是否有欺诈或其他不诚实行为等情况。

通过查询中国人民银行征信系统、工商行政管理部门的企业信用信息系统等公共诚信系统，咨询税务部门、公司贷款银行等部门或机构，咨询公司律师或法律顾问，查阅相关记录以及其他合理方式，核实公司管理层是否存在不诚信行为的记录，评价公司管理层的诚信状况。

第三节　公司财务调查

第二十三条　通过考察控制环境、风险识别与评估、控制活动与措施、信息沟通与反馈、监督与评价等基本要素，评价公司内部控制制度是否充分、合理、有效。

第二十四条　通过与公司管理层及员工交谈，查阅公司规章制度等方法，调查公司是否建立会计核算体系、财务管理和风险控制等制度，确保公司财务报告真实可靠及行为合法合规。

第二十五条　通过与公司管理层及员工交谈，查阅董事会、总经理办公会等会议记录，查阅公司规章制度等方法，

评价公司是否有积极的控制环境：包括考察董事会是否负责批准并定期审查公司的经营战略和重大决策、确定经营风险的可接受水平；考察高级管理人员是否执行董事会批准的战略和政策，以及高级管理人员和董事会间的责任、授权和报告关系是否明确；考察管理层是否促使公司员工了解公司内部控制制度并在其中发挥作用等。

第二十六条　通过与公司管理层交谈、查阅公司相关规章制度和风险评估报告等，考察管理层为识别和评估对公司实现整体目标有负面影响的风险因素所建立的制度或采取的措施，评价公司风险识别与评估体系的有效性。

第二十七条　通过与公司管理层及主要业务流程所涉及部门的负责人交谈，查阅业务流程相关文件，了解业务流程和其中的控制措施，包括授权与审批、复核与查证、业务规程与操作程序、岗位权限与职责分工、相互独立与制衡、应急与预防等措施。

项目小组应选择一定数量的控制活动样本，采取验证、观察、询问、重新操作等测试方法，评价公司的内部控制措施是否有效实施。

第二十八条　通过与公司管理层和员工交谈，查阅公司相关规章制度等，

评价信息沟通与反馈是否有效,包括公司是否建立了能够涵盖其全部重要活动,并对内部和外部信息进行搜集和整理的有效信息系统,以及公司是否建立了有效的信息沟通和反馈渠道,确保员工能充分理解和执行公司政策和程序,并保证相关信息能够传达到应被传达到的人员。

第二十九条 通过与公司管理层及内部审计部门交谈,采用询问、验证、查阅内部审计报告和监事会报告等方法,考察公司内部控制监督和评价制度的有效性。

第三十条 调查公司在报告期内的主要会计政策和会计估计是否有针对性地结合了公司的业务特点,是否起到有效防范公司特有财务风险的作用。

第三十一条 在上述调查基础上,听取注册会计师意见,评价公司现有内部控制制度在合理保证公司遵守现行法律法规、提高经营效率、保证财务报告的可靠性等方面的效果,关注内部控制制度的缺陷及其可能导致的财务和经营风险。

第三十二条 通过调查公司的财务风险,综合评价公司财务风险和经营风险,判断公司财务状况是否良好。可通过以下方法调查公司的财务风险:

根据经审计的财务报告,分析公司最近两年及一期的主要财务指标,并对其进行逐年比较。主要包括毛利率、净资产收益率(包括扣除非经常性损益后净资产收益率)、基本每股收益、稀释每股收益、每股净资产、每股经营活动产生的现金流量净额、资产负债率(以母公司报表为基础)、流动比率、速动比率、应收账款周转率和存货周转率等。除特别指出外,上述财务指标应以合并财务报表的数据为基础进行计算。相关指标的计算应执行中国证监会的有关规定。

在此基础上,分析公司的盈利能力、长短期偿债能力、营运能力及获取现金能力,综合评价公司财务风险和经营风险,判断公司财务状况是否良好。各项财务指标与同行业公司平均水平相比有较大偏离的,或各项财务指标及相关会计项目有较大变动或异常的,应分析原因并进行重点调查。

根据经审计的财务报告,对公司收入、成本、费用的配比性进行分析性复核。通过分析公司收入、成本、费用的变动趋势、比例关系等,比较同行业其他公司的情况,评价公司收入与成本、费用,成本、费用与相关资产摊销等财务数据之间的配比或钩稽关系是否合理。对明显缺乏合理的配比或钩稽关系的事项,应要求公司管理层作出说明。

第三十三条 调查公司应收款项的真实性、准确性、完整性和合理性。

查阅公司应收账款明细资料,结合公司行业特点和业务收入状况等因素,评价应收账款余额及其变动是否合理。抽查大额应收账款,调查其真实性、收回可能性及潜在的风险。

取得公司其他应收款明细资料,了解大额其他应收款余额的形成原因,分析其合理性、真实性、收回可能性及潜在的风险。

核查大额预付账款产生的原因、时间和相关采购业务的执行情况。调查应收票据取得、背书、抵押和贴现等情况,关注由此产生的风险。

分析公司应收款项账龄,评价账龄的合理性,了解账龄较长款项的形成原因及公司采取的措施,查核公司是否按规定提取坏账准备、提取是否充分。

第三十四条 调查公司存货的真实性、准确性、完整性和合理性。

通过查阅公司存货明细资料,结合生产循环特点,分析原材料、在产品、产成品余额之间的比例及其变动是否合理。通过实地查看存货,评估其真实性和完整性。

分析比较公司存货账龄,评价账龄是否合理,了解是否有账龄较长的存货,查核公司是否按规定提取存货跌价准备、提取是否充分。

第三十五条 调查公司投资的真实性、准确性、完整性和合理性。

通过与公司管理层及相关负责人交谈,了解公司投资的决策程序、管理层对投资风险及其控制所采取的措施,重点关注风险较大的投资项目。

采用与公司管理层交谈,查阅股东大会、董事会、总经理办公会等会议记录,查阅投资合同,查阅账簿、股权或债权投资凭证等方法,调查公司长短期投资的计价及收益确认方法是否符合会计准则的相关规定。

关注公司对纳入合并财务报表范围子公司的投资核算方法是否恰当。听取注册会计师的意见,关注影响子公司财务状况的重要方面,评价其财务报表信息的真实性。

第三十六条 调查公司固定资产和折旧的真实性、准确性、完整性和合理性。

通过查阅公司经审计的财务报告,询问会计人员,了解公司固定资产的计价政策、固定资产折旧方法、固定资产使用年限和残值率的估计,评价相关会计政策和估计是否符合会计准则的相关规定。通过查阅账簿、实地查看等方法,考察公司固定资产的构成及状况。

根据公司固定资产折旧政策,对固定资产折旧进行重新计算。分析累计折旧占固定资产原值的比重,判断固定资产是否面临淘汰、更新、大修、技术升级等情况,并评价其对公司财务状况和持续经营能力的影响程度。

关注公司购建、处置固定资产等是否履行了必要的审批程序,手续是否齐全。

第三十七条 调查公司无形资产的真实性、准确性、完整性和合理性。

通过查阅公司经审计的财务报告、询问会计人员,了解公司无形资产的计价政策、摊销方法、摊销年限,评价相关会计政策和估计是否符合会计准则的相关规定,判断其合理性。

通过查阅投资合同、资产评估报告、资产权属证明、账簿等方法,对股东投入的无形资产,评价无形资产的入账价值是否有充分的依据,关注投资方取得无形资产的方式是否合法;对公司购买的无形资产,关注出售方与公司是否存在关联方关系,无形资产定价是否合理;对公司自行开发的无形资产,关注其确认时间和价值是否符合会计准则的相关规定。

关注处置无形资产是否履行了必要的审批程序,手续是否齐全。当预计某项无形资产已经不能带来未来经济效益时,关注公司是否已将该项无形资产的账面价值予以转销。

第三十八条 调查公司资产减值准备的真实性、准确性、完整性和合理性。

通过查阅公司经审计的财务报告、询问会计人员等方法,了解公司各项资产减值准备的计提方法是否符合会计准则的相关规定,依据是否充分,比例是否合理。

采用重新计算、分析等方法,考察公司资产减值准备的计提情况是否与资产质量状况相符。

关注公司资产减值准备的计提、冲销和转回等是否履行了必要的审批程序，计提方法和比例是否随意变更，金额是否异常，分析是否存在利用资产减值准备调节利润的情形。

第三十九条 调查公司历次资产评估情况。

通过查阅公司董事会决议，相关的资产评估报告，与公司相关业务人员交谈，咨询专业资产评估机构，调查公司自成立之日起的历次资产评估情况，包括资产评估的原因及相关用途；资产评估机构的名称及主要评估方法，资产评估前的账面值，评估值及增减情况，增减变化幅度较大的，应说明原因。

第四十条 调查公司应付款项的真实性、准确性、完整性和合理性。

查阅公司应付账款明细资料，结合公司行业特点和业务状况等因素，评价应付账款余额及其变动是否合理。抽查大额应付账款，调查其真实性、产生的原因、时间和相关采购业务的执行情况。核查应付票据的产生以及票据的利息核算，关注由此产生的风险。

分析公司应付账款和其他应付款账龄的合理性，了解账龄较长款项的形成原因及公司采取的措施。

第四十一条 调查公司收入的真实性、准确性、完整性和合理性。

通过询问会计人员，查阅银行存款、应收账款、收入等相关账簿，查阅公司销售商品或提供劳务的合同、订单、发出商品或提供劳务的凭证、收款凭证、发票、增值税、关税等完税凭证、销售退回凭证等，了解公司的收入确认会计政策是否符合会计准则的相关规定，核查公司是否虚计收入、是否存在提前或延迟确认收入的情况；了解公司收入构成，分析公司产品的价格、销量等影响因素的变动情况，判断收入是否存在异常变动或重大变动，并调查原因。关注公司销售模式对其收入确认的影响及是否存在异常。

第四十二条 调查公司成本的真实性、准确性、完整性和合理性。

通过查阅公司的生产流程管理文件和财务文件，与公司业务人员、会计人员访谈等方法，了解公司生产经营各环节的成本核算方法和步骤，确认公司的成本核算方法是否与业务情况相符，报告期内是否发生变化；取得公司主要产品或服务的成本明细表，分析产品或服务的单位成本构成情况，并结合公司生产经营情况、市场和同行业企业情况(如原材料市场价格、燃料和动力的耗用量、员工工资水平等),判断公司成本的合理性;关注公司是否存在未及时结转成本的情况。

第四十三条 调查公司广告费、研发费用、利息费等费用项目的真实性、准确性、完整性和合理性。

通过查阅重要广告合同、付款凭证等,分析广告费的确认时间和金额是否符合会计准则的相关规定,关注公司是否存在提前或延迟确认广告费的情况。

查阅账簿、凭证,询问相关业务人员等,调查公司是否存在将研究费用资本化的不合理情况。

通过查阅资本支出凭证、利息支出凭证、开工证明等资料,现场查看固定资产购建情况,重新计算利息费用等方法,调查公司利息费用资本化的情况是否符合会计准则的相关规定。对计入当期损益的利息费用,通过查阅借款合同、资金使用合同、利息支出凭证,重新计算等方法,调查公司利息费用是否真实、完整,关注逾期借款利息、支付给关联方的资金使用费等,评价公司是否存在财务费用负担较重的风险以及有关利息费用支付合同的有效性和公允性。

第四十四条 调查公司非经常性损益的真实性、准确性、完整性和合理性。

取得公司非经常性损益明细表,计算非经常损益及其占利润总额的比例,对非经常性损益占利润总额比例较高的,应通过查阅相关事项法律文件、审批记录、账簿、凭证、合同等方法,分析相关损益同公司正常经营业务的关联程度以及可持续性,判断其对公司财务状况和经营成果的影响。

第四十五条 调查公司最近两年的股利分配政策、实际股利分配情况以及公司股票公开转让后的股利分配政策。

第四十六条 调查公司合并财务报表。

通过查阅公司及其子公司经审计的财务报告,结合对公司投资事项的调查,了解公司与其子公司的股权关系,调查公司合并范围的确定及变动是否合理、公司与其子公司会计期间和会计政策是否一致及不一致时的处理是否符合相关规定、尽职调查所涵盖期间内合并范围是否发生变动,评价公司合并财务报表合并抵销的内容和结果是否准确。

对于纳入合并范围的子公司,应对其财务状况按照本指引的要求一并进行调查。

第四十七条 调查公司的关联方、关联方关系及关联方交易,说明相应的决策权限、决策程序、定价机制等情况,并根据交易的性质和频率,分别评价经常性和偶发性关联交易对公司财务状况和经营成果的影响。

通过与公司管理层交谈、查阅公司股权结构图和组织结构图、查阅公司重要会议记录和重要合同等方法,确认公司的关联方及关联方关系。

通过与公司管理层、会计机构和主要业务部门负责人交谈、查阅账簿和相关合同、听取律师及注册会计师意见等方法,调查公司关联方交易的以下内容:

(一)决策是否按照公司章程或其他规定履行了必要的审批程序;尤其是定价是否公允,与市场独立第三方价格是否有较大差异。如有,管理层应说明原因;

(二)来自关联方的收入占公司主营业务收入的比例、向关联方采购额占公司采购总额的比例;

(三)关联方的应收、应付款项余额分别占公司应收、应付款项余额的比例是否较高,关注关联方交易的真实性和关联方应收款项的可收回性;

(四)关联方交易产生的利润占公司利润总额的比例是否较高;

(五)关联方交易有无大额销售退回情况。如有,关注其对公司财务状况的影响;

(六)是否存在关联方关系非关联化的情形,例如,与非正常业务关系单位或个人发生的偶发性或重大交易,缺乏明显商业理由的交易,实质与形式明显不符的交易,交易价格、条件、形式等明显异常或显失公允的交易,应当考虑是否为虚构的交易、是否实质上是关联方交易、该交易背后是否还有其他安排;

(七)关联方交易存在的必要性和持续性,以及减少和规范关联交易的具体安排。

第四十八条 核查注册会计师对公司财务报告的审计意见。

通过查阅审计报告,核实注册会计师对公司财务报告出具的审计意见类型。如审计意见为带强调事项段的无保留意见,应要求公司董事会和监事会对审计报告涉及事项的处理情况作出说明,并关注该事项对公司的影响是否重大、影响是否已经消除、违反公允性的事项是否已予纠正。

第四十九条 公司最近两年更换会计师事务所的,项目小组应通过咨询会计人员、查阅会议记录、取得公司管理层说明等方法,调查公司更换会计师事务所的原因,履行审批程序情况,以及前后任会计师事务所的专业意见情况等。

第四节 公司合法合规调查

第五十条 调查公司设立及存续情况。

(一)通过查阅公司的设立批准文件、营业执照、公司章程、工商变更登记资料、工商年检等文件,判断公司设立、存续的合法性,核实公司设立、存续是否满二年。

(二)调查公司历次股权变动的情况,包括转让协议,转让价格、资产评估报告(如有),新股东所取得的各种特殊权利(如优先清算权、优先购买权、随售权等),此次转让后变更的公司章程以及董事会的变化情况。

(三)主办券商应对有限责任公司整体变更为股份有限公司(以下简称“改制”)进行重点调查,调查内容包括:查阅公司改制的批准文件、营业执照、公司章程、工商登记资料等文件,判断公司改制的合法合规性;查阅审计报告、验资报告等,调查公司改制时是否以变更基准日经审计的原账面净资产额为依据,折合股本总额是否不高于公司净资产;通过咨询公司律师或法律顾问,查阅董事会和股东会决议等文件,调查公司最近两年内主营业务和董事、高级管理人员是否发生重大变化,实际控制人是否发生变更,如发生变化或变更,判断对公司持续经营的影响。

第五十一条 调查公司最近两年股权变动的合法合规性以及股本总额和股权结构是否发生变化。

第五十二条 调查公司最近两年是否存在重大违法违规行为。

通过咨询公司律师或法律顾问,查阅已生效的判决书、行政处罚决定书以及其他能证明公司存在违法违规行为的证据性文件,判断公司是否存在重大违法违规行为。

通过询问公司管理层,查阅公司档案,向税务部门等查询,了解公司是否有违法违规记录。

第五十三条 通过与公司股东或股东的法定代表人交谈,查阅工商变更登记资料等,调查公司股份是否存在转让限制的情形,并取得公司股东或股东的法定代表人的股份是否存在质押等转让限制情形、是否存在股权纠纷或潜在纠纷的书面声明。

第五十四条 调查公司主要财产的合法性,是否存在法律纠纷或潜在纠纷以及其他争议。

通过查阅公司房产,土地使用权,商标、专利、版权、特许经营权等无形资产,以及主要生产经营设备等主要财产的权属凭证、相关合同等资料,咨询公司律师或法律顾问的意见,必要时进行实地查看,重点关注公司是否具备完整、合法的财产权属凭证,商标权、专利权、版权、特许经营权等的权利期限情况,判断是否存在法律纠纷或潜在纠纷。

第五十五条 调查公司的重大债务,重点关注将要履行、正在履行以及虽已履行完毕但可能存在潜在纠纷的重大合同的合法性、有效性;是否有因环境保护、知识产权、产品质量、劳动安全、人身权等原因产生的债务;以及公司金额较大的其他应付款是否因正常的生产经营活动发生,是否合法。

第五十六条 调查了解公司的纳税情况是否符合法律、法规和规范性文件的要求。

通过询问公司税务负责人,查阅公司税务登记证,了解公司及其控股子公司执行的税种、税率,查阅公司的纳税申报表、税收缴款书、税务处理决定书或税务稽查报告等资料,关注公司纳税情况是否符合法律、法规和规范性文件的要求,公司是否存在拖欠税款的情形,是否受过税务部门的处罚。

通过查阅公司有关税收优惠、财政补贴的依据性文件,判断公司享受优惠政策、财政补贴是否合法、合规、真实、有效。

第五十七条 调查公司环境保护和产品质量、技术标准是否符合相关要求。

通过询问公司管理层及相关部门负责人,咨询公司律师或法律顾问,取得公司有关书面声明等,关注公司生产经营活动是否符合环境保护的要求,是否受过环境保护部门的处罚;公司产品是否符合有关产品质量及技术标准,是否受过产品质量及技术监督部门的处罚。

第五十八条 通过对公司控股股东、实际控制人、董监高、核心技术(业务)人员访谈,询问公司律师或法律顾问,核查公司是否存在违约金或诉讼、仲裁费用的支出,走访公司住所地的法院和仲裁机构等方法,调查公司是否存在重大诉讼、仲裁和其他重大或有事项,分析该等已决和未决诉讼、仲裁与其他重大或有事项对公司的重大影响,并取得管理层对公司重大诉讼、仲裁和其他重大或有事项情况及其影响的书面声明。

第三章 尽职调查报告

第五十九条 在尽职调查报告扉页,财务会计调查人员、法律事项调查人员、行业分析师应分别声明:其已按照本指引的要求,对公司的财务会计相关事项、对公司的法律相关事项、对公司的行业和业务相关事项进行了尽职调查,有充分理由确信尽职调查报告内容不致因上述内容出现虚假记载、误导性陈述及重大遗漏,并对报告的真实性、准确性和完整性承担相应责任。

此外,项目小组负责人应声明:其已按照本指引的要求,对公司进行了尽职调查,有充分理由确信尽职调查报告无虚假记载、误导性陈述及重大遗漏,并对报告真实性、准确性和完整性承担相应责任。

第六十条 项目小组应在尽职调查报告中说明尽职调查涵盖的期间、调查范围、调查事项、调查程序和方法、发现的问题及存在的风险、评价或判断的依据等。项目小组应在尽职调查报告中说明公司对不规范事项的整改情况。

第六十一条 项目小组应在尽职调查报告中对公司的下列事项发表独立意见:

(一)公司控股股东、实际控制人情况及持股数量;

(二)公司的独立性;

(三)公司治理情况;

(四)公司规范经营风险;

(五)公司的法律风险;

(六)公司的财务风险;

(七)公司的持续经营能力;

(八)公司是否符合挂牌条件。

第六十二条 项目小组各成员应在尽职调查报告上签字,并加盖主办券商公章和注明报告日期。

第六十三条 除诸如有关公司基本情况等介绍性内容外,尽职调查报告应避免与挂牌申请文件中其他材料的有关内容重复。

第四章 尽职调查工作底稿

第六十四条 尽职调查工作底稿(以下简称"工作底稿"),是指项目小组在尽职调查过程中获取和制作的、与推荐挂牌业务相关的各种工作记录和重要资料的总称。

第六十五条 工作底稿应真实、准确、完整地反映所实施的尽职调查工作,并应成为出具尽职调查报告、推荐报告的基础。工作底稿是评价项目小组是否诚实守信、勤勉尽责地开展尽职调查工作的重要依据。

第六十六条 主办券商及相关人员对工作底稿中的未公开披露的信息负有保密责任。

第六十七条 本章的规定仅是对工作底稿的一般要求。无论本章是否有明确规定,凡对项目小组履行尽职调查职责有重大影响的文件资料及信息,均应作为工作底稿予以留存。

公司子公司对公司业务经营或财务状况有重大影响的,主办券商应参照本章根据重要性和合理性原则对该子公司单独编制工作底稿。

第六十八条 工作底稿包括工作记录和附件,其中工作记录用于记录调查过程、调查内容、方法和结论等;附件是项目小组取得或制作的、能够证明所实施的调查工作、支持调查结论的相关资料,是进一步说明工作记录的支撑性文件;附件应直接附于工作记录之后。

第六十九条 工作底稿应内容完整、格式规范、记录清晰、结论明确。工作记录内容至少包括:公司名称、调查事项的时间或期间、调查人员、调查日期、调查地点、调查过程、调查内容、方法和结论、其他应说明的事项等。工作底稿应有调查人员及与调查相关人员的签字。

对于从公司或第三方取得并经确认的相关资料,除注明资料来源外,调查人员还应实施必要的调查程序,形成相应的调查记录和必要的签字。

第七十条 对于取得的附件,如为公司出具的,应要求公司加盖公章;如为第三方出具的,应由第三方加盖公章;如第三方无法加盖公章,应由公司加盖公章,以确认与原件一致。对于访谈笔录,应由访谈人和被访谈人签字确认。项目小组成员自行制作的附件,项目小组成员应签字确认。

第七十一条 工作底稿可以纸质文档、电子文档或者其他介质形式的文档留存,其中重要的工作底稿应采用纸质文档的形式。以纸质以外的其他介质形式存在的工作底稿,应以可独立保存的形式留存。

第七十二条 主办券商应对工作底稿建立统一目录以便于查阅与核对。

工作底稿中的工作记录和附件均应标有索引编号。索引编号应统一规范、清晰有序。工作底稿各章节之间应有明显的分隔标识。相关工作底稿之间,应保持清晰的钩稽关系。相互引用时,相关工作底稿上应交叉注明索引编号。

第七十三条 主办券商应建立工作底稿管理制度,明确工作底稿收集整理的责任人员、归档保管流程、借阅程序与检查办法等。

工作底稿的纸制与电子文档保存期不少于十年。

第五章 附 则

第七十四条 本指引由全国股份转让系统公司负责解释。

第七十五条 本指引自发布之日起施行。

图书在版编目(CIP)数据

掘金新三板之股权兵法 / 陈影主编. —北京:法律出版社,2016.1
ISBN 978-7-5118-9085-6

Ⅰ.①掘… Ⅱ.①陈… Ⅲ.①中小企业—企业融资—研究—中国 Ⅳ.①F279.243

中国版本图书馆 CIP 数据核字(2016)第 006839 号

掘金新三板之股权兵法
陈影 主编

策划编辑 邢艳萍
责任编辑 邢艳萍
装帧设计 汪奇峰

开本 720 毫米×960 毫米 1/16
版本 2016 年 1 月第 1 版
出版 法律出版社
总发行 中国法律图书有限公司
印刷 三河市龙大印装有限公司
印张 22.25 **字数** 328 千
印次 2016 年 1 月第 1 次印刷
编辑统筹 大众出版分社
经销 新华书店
责任印制 沙 磊

法律出版社/北京市丰台区莲花池西里 7 号(100073)
电子邮件/info@lawpress.com.cn
网址/www.lawpress.com.cn
销售热线/010-63939792/9779
咨询电话/010-63939796

中国法律图书有限公司/北京市丰台区莲花池西里 7 号(100073)
全国各地中法图分、子公司电话:
第一法律书店/010-63939781/9782
重庆公司/023-65382816/2908
北京分公司/010-62534456
西安分公司/029-85388843
上海公司/021-62071010/1636
深圳公司/0755-83072995

书号:ISBN 978-7-5118-9085-6
定价:56.00 元
(如有缺页或倒装,中国法律图书有限公司负责退换)